PATRIOT HEARTS

阳光终将闪耀

温哥华冬奥会主席
约翰·福隆自述

[加]约翰·福隆 著　王晶晶 译

中国画报出版社·北京

图书在版编目（CIP）数据

阳光终将闪耀：温哥华冬奥会主席约翰·福隆自述 /（加）约翰·福隆著；王晶晶译. -- 北京：中国画报出版社，2017.7（2017.7 重印）
书名原文：Patriot Hearts:inside the olympics that changed a country
ISBN 978-7-5146-1453-4

Ⅰ. ①阳… Ⅱ. ①约… ②王… Ⅲ. ①约翰·福隆-自传 Ⅳ. ① K837.115.47

中国版本图书馆 CIP 数据核字 (2017) 第 018635 号

北京市版权局著作权合同登记号：图字 01-2017-0330

阳光终将闪耀：温哥华冬奥会主席约翰·福隆自述
约翰·福隆 著　王晶晶 译

出 版 人：	于九涛
责任编辑：	刘晓雪
图　　片：	约翰·福隆
装帧设计：	詹方圆
责任印制：	焦　洋
出版发行：	中国画报出版社
	（中国北京市海淀区车公庄西路 33 号 邮编：100048）
开　　本：	16 开（710mm×1000mm）
印　　张：	20.5
字　　数：	300 千字
版　　次：	2017 年 7 月第 1 版　2017 年 7 月第 2 次印刷
印　　刷：	北京通州皇家印刷厂
定　　价：	68.00 元

总编室兼传真：010-88417359　版权部：010-88417359
发 行 部：010-68469781　010-68414683（传真）

致凯瑟琳
及加拿大精神

目录

——引言
金牌梦 9

——1
"欢迎来到加拿大——请让我们更美好" 17

——2
加入杰克·普尔团队 36

——3
飞往温哥华的2010号航班 60

——4
头号员工 80

——5
让我下台的呼声 110

——6
锱铢必争 127

——7
圣火的力量 152

——8
小巨人　174

——9
惠斯勒的悲剧　195

——10
赛普里斯山——特殊问题特殊处理　215

——11
阳光终将闪耀　237

——12
登上领奖台　264

——13
大幕落下　283

——14
与诺达尔的最后告别　298

后记　319
鸣谢　325

引 言

The **Gold** Goal
金牌梦

2010年冬季奥运会的最后一天是星期天。一早醒来，我的直觉就告诉我，今天将被载入史册。持续17天的焦虑和不安都消失了。虽然一宿没睡，但是对于今天这样的日子根本不打紧。或许是出于老运动员的直觉，在今天的男子冰球决赛中，我看好加拿大队。

即便美国队在早前的锦标赛中击败了我们，我还是对那天下午美加两队的再度交锋充满信心，因而心情异常放松。早在2003年7月，在布拉格赢得本次冬奥会举办权以前，我就对此次比赛翘首以盼。

冬奥会期间，我都住在威斯汀碧湾酒店的套房。一如冬奥会开始后每天清晨那样，我走上阳台查看两件事：海滨的奥运圣火盆和天气。圣火一如既往地熊熊燃烧，让我不禁松了口气，而澄澈的天空令我心情更佳。

有时整个冬奥会都像是一场梦，我从中缓过神后，会发现这一切不过是幻觉。今早我也有这种感觉，想问自己一切是否真实。这么多天都是超现实的体验，我参与了如此盛大的体育赛事，知晓其过程的跌宕起伏，知道它对全体国民的重要性。这是加拿大组织过的最大规模的盛事了。

加拿大国民对体育的热情前所未有地高涨，通过国内冬奥会收视率和阅读冬奥会相关报道的国民数量就不难看出这一点。一天前，加拿大约80%的人都在观看冬奥会的报道。这些数字都是前所未有且不可想象的。欣喜的奥运节目主持人预计，在冰球决赛这天，观看人数将再攀新高。

冰球大战将于中午拉开帷幕。

比赛开始前，我必须参加温哥华奥组委会议，审核各种计划，以应对奥运会最后一天所带来的种种挑战。组委会似乎精力充沛，变得更加年轻，也更加自信。今天对我们来说至关重要。8万观众将涌进两大体育场观看冰球比赛，长达四五个小时的闭幕式也将在这里举行。要使各个事项按预定时间进行，需要采取军事式的精准要求，也需要军队般的纪律。会议结束后，我还要参加在主新闻中心举行的总结性新闻发布会。

在最后一次会议上，记者们提出的问题与两周前截然不同，令我大为惊异。此前，英国媒体普遍认为冬奥会问题不断。如今，同样的记者却报道称，加拿大冬奥会将成为史上最成功的一届。新闻发布会上一片溢美之词。

快到中午11点时，我赶往加拿大冰球场，比赛将在那里举行。一路上，我经过好几家市中心的餐馆、酒吧，数百名身着红白两色衣服的顾客在外等候。我敢打赌，星期天全国各地啤酒销售量肯定都会破纪录。

当我到达体育场时，那里挤满了穿着加拿大队服的人们，这种衣服时下成为了一种标志。尽管距离比赛开始还有一个小时，人们已经吹着号角高唱："夺冠！夺冠！"

我曾希望与执行团队的成员们一起坐下来观看这场比赛。今天是冬奥会的最后一天，而我们已经共同经历了许多风雨。这可能成为加拿大史上最重要的一场比赛。如果赢了，我希望能和团队成员们一起庆祝。在过去几年里，他们已然成为我的家人了。

但我却被安排与国际奥委会主席雅克·罗格和国际冰球联合会主席勒内·法赛尔等重要人物坐在一起，我当然愿意接受这样的安排。

落座后，我向勒内提起，2002年盐湖城冬奥会上我们曾有过一次交谈，当时温哥华还在申办2010年冬奥会。那天也有男子冰球决赛，加拿大队对美国队，加拿大队最终夺冠。我当时对勒内说，想象一下同样的冰球决赛，在温哥华，在加拿大的土地上举行，必将成为举国盛事之一，也将成为国际冰球比赛的盛事之一。勒内对此深信不疑。我想，从那时起，他就期盼加拿大能够成功申办了。

虽然对此次冬奥会冰球比赛结果充满信心，但我需要舒缓一下紧张的情绪，于是我走到大厅里转转，看看那些"蓝夹克"——不知疲倦的志愿者们，他们为奥运会的成功举办发挥了关键性作用。我想感谢每一位辛勤服务的志愿者，于是尽我所能，在掷球前与更多的志愿者交谈。

加拿大人都希望能够获胜，但这可不是在虚张声势。即便我们输了这场球，也不会有人因此认为本届奥运会举办得不成功。我知道我们所取得的成就，我也意识到，奥运会点燃了人们的爱国之情，使他们的情绪高涨，甚至达到了前所未有的程度。但是，我觉得赢得比赛将把这17天的绝佳记忆上升为永恒的荣耀。这枚金牌将成为加拿大在此次冬奥会上获得的第14枚金牌，其数量之巨，为参加冬奥会的各国树立了一个新的奥运纪录，一个难以逾越的纪录。周日下午的胜利也将赋予加拿大最渴求的东西：男子冰球金牌。它将被载入史册，将被作为加拿大独有的瞬间写入书中，被后世传颂，而不仅仅是一场冰球比赛。

裁判掷球后，人们纷纷起立高唱，其噪声之大，胜过我看过的任何一场冰球比赛。想象一下，一架波音747客机的引擎在飞机棚里轰鸣作响——现场嘈杂若此。周围的大人和孩子竭力尖叫着，仿佛心都跳到了嗓子眼。我只能无奈摇头，好奇运动是如何把一群安静如画的加拿大观众变成一股团结而沸腾的动能的。

从爱尔兰来到加拿大以前，我对冰球一无所知。但我很快就认识到，这项运动对加拿大人，就像盖尔式足球对爱尔兰人一样重要。随着对冰球的深入了解，我也越来越意识到，加拿大人之所以喜爱这项运动，是因为它定义了加拿大人和加拿大精神。冰球运动员是所有运动员中最强壮、最无所畏惧的。加拿大人也是最坚韧而勇敢的族群之一。在许多方面，运动与其爱好者是自然匹配的。

我对这场金牌争夺战的诸多方面并不了解。一如冬奥会中的其他日子，我要处理的事情千头万绪。在惠斯勒还要举行一场越野滑雪比赛，而闭幕式将在几小时后举行。组织6万人进入卑诗体育馆可是项大工程，让人忧心不已。我还要发表演讲，同时又为自己的法语是否过得去而坐立不安。

因此，当加拿大队第一节以1:0领先，第二节将比分优势扩大到2:0的时候，我的注意力并没有完全放在赛场上，说不上来是谁进的球。当然，现在我肯定知道是谁得的分，乔纳森·泰福斯和科瑞·佩里，感谢你们。但是，我永远不会忘记进球时刻全场的轰鸣，爆发的号角声和观众们的狂热。就连雅克·罗格这个平日里保守而克制的人也不禁露出一丝微笑。我心想，他内心是期待加拿大赢得比赛的，因为他深知这场胜利的意义。如果举办国能够赢得冰球比赛，为奥运会画上一个圆满的句号，那么，奥运会和主办国都将永远铭记这次胜利。

然而，在第二节即将结束的时候，莱恩·凯斯勒为美国队打进一球，将比分追成2:1。以前，我经常在这座体育馆里看他为家乡的温哥华加人队打球，现如今他成了对手，这必然让当天比赛的他和许多加人队的球迷不自在。美国队进球后，我感觉观众们有点儿泄气，又有点儿担心和害怕，但我依旧保持着谨慎乐观的态度。而勒内则恰恰相反，他显得十分高兴。"只要等美国队再进一球就行了。"他在第二次中场休息时说。

"什么再进一球！"我冲他大吼，"你是不是疯了？"

"别激动，约翰，"他笑着说，"收视率会飙升的。如果比赛进入点球阶段就再好不过了。"

"好什么好，"我大吼道，"想都别想，知道吗？我们才不想看什么加时赛，也不需要点球。我们想要比赛现在就结束，立刻，马上。"

比赛的大多数时候我都紧紧抓着座椅边缘，而且紧张的不止我一人。我能听到自己的心跳——或许那其实是现场所有人的心跳声。常规赛最后一分钟简直就是折磨。当比赛还剩 24 秒时，扎克·普莱斯帮助美国队扳平了比分。我失望地闭上了眼睛，以手掩面。坐在附近的总理史蒂芬·哈珀也和我一样，越过他只见雅克·罗格面色苍白。我又看了看勒内，他却忍不住笑了。

"勒内，如果美国队在加时赛得分的话，我就拿笔捅穿你的心脏，我会这么做的，勒内，我说到做到。"我从口袋里拿出笔，高举在空中。"给我记着，"我对他说。

我不记得自己当时是否面带笑容。

中场休息时我好像没有离开座位，整个人都因为恐惧瘫倒在座位上。和场内大多数观众一样，我们太渴望一场胜利了，从彼此的脸上都能看出对方的紧张，没有人面带笑容。人们焦躁地摩擦着手掌，有的人则不停地咬着手指，信徒们则虔诚地祈祷着。

我好像一直在屏气凝神，直至加时赛进行到 7 分 40 秒的时候才放松。希尼·克罗斯比进球的时候，我激动地从座位上跳了起来，高举起双手。整个体育场轰动了，爆发出美妙的能量。观众们彼此拥抱、亲吻，雀跃不已。很多人都流泪了，看上去安心了许多。有些人似乎

引言：金牌梦 | 13

疲惫不堪，仿佛在场上拼搏的是他们自己。从某种程度上而言确实如此：举国上下都与球员们并肩作战。

我看了看雅克·罗格，他似乎也放松了下来。我又看看勒内，他依旧笑容满面。我知道，尽管他希望来一场点球大战，但他还是衷心希望加拿大能够获胜的。他热爱冰球运动，也深知这场决赛对于我们这个为冰球痴狂的国家而言意味着什么。

正当全场观众继续吟咏歌唱、沉浸在此刻的时候，我则静静地看着，一言不发，脑海里浮现出电影《火战车》中的美妙场景。这部电影始终是我的最爱，我看了不下 20 遍。埃里克·里达尔是一名虔诚的苏格兰基督徒，他参加了 1924 年巴黎奥运会 400 米中长跑项目，但赛前并不被看好。他原是 100 米短跑项目的夺冠热门人选，但因比赛是在星期日举行，与其信仰相悖，所以他选择退赛。最终，他排除万难，夺得了 400 米项目的冠军。当镜头转向观众席时，埃里克的教练桑迪·麦克拉斯就站在欢呼雀跃的观众中间，双手插兜，脸上洋溢着满意的微笑。他没有狂喜，只是默默地沉浸在喜悦之中。

当观众们放声歌唱，挥舞着加拿大国旗的时候，我就和桑迪一样默默地站在人群里，看着、欣赏着并沉浸在这一刻。突然，我感到有人在拽我的夹克。原来是我 12 岁的小外孙亨瑞克，我女儿玛利亚的孩子。

"你怎么来的？"我问道。

"妈妈带我来的。"

"比赛好看吗？"

"太棒了！"

我搂着他的肩膀，和他一同望向赛场内。运动员们正在欢庆，接过球迷手中一面巨大的加拿大国旗，轮流在场上滑行。

"为什么不把妈妈叫来呢？"亨瑞克说着就跑了出去。

几分钟后，玛利亚来到我身边。她是个高挑、健壮、自律的人，经常跑马拉松。我常想，她继承了我的竞争力和强健。我们的关系曾一度陷入紧张，很久以后才恢复了正常、健康的父女关系。如今我们都站在观众席上，俯视球场，没怎么说话。红毯铺开，雅克·罗格正准备颁发金牌。

他从守门员罗伯托·卢翁戈开始颁奖。罗伯托是温哥华加人队守门员，也是当地的英雄，球迷们经常在比赛时为他的精彩表现喝彩，高喊"罗喔—喔—喔—喔"。雅克把金牌挂在他脖子上的时候，观众们开始高喊："罗喔—喔—喔—喔。"最后，轮到给加时赛进球的英雄希尼·克罗斯比颁发金牌，全场陷入了疯狂。雅克停顿了几秒钟才把金牌颁给他，好让这位新诞生的加拿大冰球英雄能够更加享受此刻。随后开始放加拿大国歌。

随着加拿大国旗冉冉升起，全场开始高唱国歌。我看着玛利亚，伸手搂住她，她正边唱国歌边流泪。对我们两人而言，这真是一个温暖而幸福的时刻。颁奖结束后，我们彼此拥抱道别。我座位后的一排电视正在播放从哈利法克斯到维多利亚街头欢庆的场景。加拿大电视网派出直升机，从空中拍摄这激动人心的瞬间。然后镜头切换到温哥华市中心。数千人涌上街头，加入盛大的狂欢。

我不禁想到，庆祝活动中夹杂着对奥运会接近尾声的感伤。两个星期以来，举国上下都像是庆祝着少有的假日，如今假期结束，又要回去上班了。虽然生活又将回归正轨，但这也许是个新的开始。

在此期间发生了深刻的变化。多亏了奥运会，让数千名加拿大的孩子第二天醒来时，又有了新的偶像和梦想。如今，他们渴望有朝一日，自己能够登上奥林匹克的舞台，驰骋冰球赛场或乘着滑雪板从雪山极速滑行而下。本届冬奥会是献给加拿大未来数代人的礼物。

无论那天下午冰球队的表现如何，这届奥运会都会成为世人眼中一届成功的奥运会。我知道这会成为现实,温哥华奥组委的每一位成员也知道。但是我们想做得更多。为了让人们感受到第二天醒来仿佛置身于一个全新的国度,我们需要一些非凡的成就,而希尼·克罗斯比帮我们做到了。

  我不禁回想起,为了实现此刻而走过的路。这条路复杂曲折,有时甚至困难重重。这段旅程始于爱尔兰,源于我自己的奥运金牌梦。

1

" Welcome to **Canada**—Make Us Better"
"欢迎来到加拿大——请让我们更美好"

我的奥运梦始于我 14 岁的时候，准确地说，是在 1964 年 10 月 14 日那一天。当时，我正坐在都柏林家中的客厅里看电视，眼睛一眨不眨地盯着屏幕，观看东京夏季奥运会的报道。从几天前奥运会开始的时候起我就一直如此。这天下午，我正在收看男子 10000 米长跑比赛。最有希望夺冠的是一位名叫罗恩·克拉克的澳大利亚运动员，他是世界纪录保持者。决赛开始阶段，克拉克一路领先。半程后，4 名运动员都与他保持着非常近的距离，其中就包括美国运动员比利·米尔斯。

还剩最后两圈的时候，克拉克仍然保持着较大的领先优势。只有两名运动员足以对其构成威胁——米尔斯和突尼斯运动员穆罕默德·加穆迪。进入最后一圈时，加穆迪开始冲刺，克拉克拼尽全力保持优势。米尔斯看上去好像没什么力气了。进入最后的直道时，这名美国运动员却有如神助，奇迹般地获得了力量，如离弦的箭一样掠过茫然的加穆迪和克拉克，赢得了比赛。

播音员被眼前的一幕惊呆了。体育场的大多数观众也同样不敢相信。米尔斯获得了平生的最好成绩，比以往的最好成绩快了整整 50 秒——真是不可思议的成就。当然，新的奥运会纪录也由此诞生。

不知出于什么原因，这场比赛对我产生了深刻的影响。也许因为它是一个小人物逆袭的故事，是一个爱尔兰工人阶级家庭的孩子可以联系自身的故事。又或许是因为最后冲刺的场景太震撼人心了。记得看完比赛后，我立刻套上一双旧的凯兹运动鞋，奔跑在社区的大街小巷，想象自己置身奥运赛场。我一路跑到凤凰公园——都柏林最大、最知名的公共场所，整整跑了4千米。等我跑回家的时候，感觉自己已经成了一名奥运冠军。

我看过1964年东京奥运会的多场比赛，许多运动员都给我留下了深刻的印象：美国短跑运动员鲍勃·海斯、伟大的澳大利亚中距离赛跑运动员皮特·斯内尔、美国拳击选手乔·弗雷泽。但是令我印象最深的依然是比利·米尔斯。

14岁的时候，生活充满了无限的可能，而且我可能比爱尔兰大多数孩子更爱做梦。我于1950年10月12日出生于克朗梅尔的蒂珀雷里县。这个小镇位于舒尔河北部一个峡谷中，周围环绕着库姆拉山。在爱尔兰的历史上，克朗梅尔因抵御克伦威尔的军队而出名。克伦威尔的部队成功洗劫了周边其他地区，却在此遭遇了抵抗。

我的父亲约翰，曾名杰克，是一名狱警，或者按照爱尔兰的说法，是一名典狱官。典狱官通常住在监狱里，也就是说，我确实是在监狱里长大的。我们经常搬家。6岁时，我们离开克朗梅尔迁往都柏林，在那里呆了3年。后来，我们又举家迁往位于爱尔兰乡下的莱伊什港。等我12岁时，我们又重返都柏林，定居在此。

住在毗邻监狱高墙的家里，感觉截然不同，难以言喻。这取决于我父亲在哪所监狱工作。我们的家与监狱中间以栏杆相隔，我记得自己一度能够透过卧室的窗户看到监狱的院子，看犯人们踢球。克朗梅尔的监狱关押的是危险程度低的罪犯，还有些罪犯会在我们家的平地上干活。我总是能看到这些犯人，但家人不准我和他们说话。

随着父亲升职，我们家旁边犯人的危险等级也越来越高。也许最臭名昭著的当属都柏林的蒙特乔伊监狱。离我们在蒙特乔伊的家不远处有一个石质十字架，那是凯文·巴里之墓。凯文·巴里是爱尔兰共和军的成员，于1920年11月1日英国人接手监狱管理后被处以绞刑。巴里是1920年至1921年在狱中被杀的爱尔兰共和军成员之一，他们被统称为"被遗忘的十人"。

我父亲认为，蒙特乔伊监狱并不适合关押政治重犯。因为该监狱设施过于陈旧，使用的技术也不足以威慑那些头脑富有创造性、总想越狱的罪犯。他从蒙特乔伊监狱退休后不久，3名关押在那里的爱尔兰共和军临时志愿者就登上停在监狱活动场的直升机，成功地越狱了。这次越狱轰动了全世界，成为爱尔兰的一大丑闻。我父亲的看法是对的。

家里共有5个男孩，我排行老三。我的兄弟分别是吉姆、埃蒙、布莱恩和特里。我有一个妹妹，名叫罗斯玛丽，在所有的兄弟姐妹里，我们两个人最亲近。

和大多数爱尔兰家庭一样，我们家并不富有，但父亲的工作有保障，所以我们的生活比很多人宽裕，但家里也会精打细算，毫不浪费。当我长大，穿得上父亲鞋子的时候，他就把穿旧的衣服都给了我。这些衣服丑得可笑，每当我穿着上学的时候，都会遭到无情的嘲弄。我备感难堪，于是努力攒钱买了一双崭新的跑鞋，用塑料袋装好，在上学路上，等家人看不见的时候穿上新鞋，换下父亲的旧工作鞋。然后在回家的路上再换回来。

我父亲身材魁梧，约6英尺高，英俊、端庄、谦逊、充满智慧且极其自律。他酷爱阅读，精通音律，常常会举办一些歌唱聚会，希望我们全都参加。父亲的世界里很少有灰色地带，在是非问题上更是毫不含糊。考虑到他的工作，这一点就不难理解了。在我们成长的过程中，什么该做，什么不该做，都分得清清楚楚。吃晚餐时，我们总是先询问再动手夹菜。出了家门，我们从不做令家里蒙羞的事，比如偷窃或毁坏公物。家里的房间要打扫得纤尘不染，父亲每周末都要检查。他是一位拉丁语学者，要求我们在学校的拉丁语成绩必须是优。

父亲年轻时是一名伟大的运动员。当我开始从事体育事业，进入顶级赛队，代表爱尔兰参加各种体育赛事的时候，他成了我最忠实的粉丝和最严厉的评论家。我还记得跟随球队外出比赛，到凌晨才回到家的一幕幕场景。通常，父亲都会熬夜等我回家，帮我剖析整场比赛，找出我的错误，让我不致被胜利冲昏头脑。或许我当时并未真正体会到父亲的良苦用心，他其实希望我永远都不要满足于某一次的表现，一直保有改进的空间。

我母亲莫林是一位温柔的女性，高挑、优雅而内敛。她做得一手好菜，把家打理得舒适安逸，并引以为豪。母亲和父亲一样，都是虔诚的信徒。我们家是典型的天主教家庭，随处可见十字架、耶稣和圣徒的画像。每到星期天，我们都要去教堂，平时上学前做弥撒也成了惯例。

每当想起父母，我都觉得他们无比恩爱。家里从没有什么争执，至少他们俩之间没有。实际上，我记得他们从来没有红过脸。可以说，我是在关爱中成长起来的，但这并不是说我的童年毫无烦恼。

我是个内向的孩子，安静、胆小，经常容易紧张。老师在课堂上点到我的名字，我就惴惴不安，担心自己要发言。我觉得造成这种恐惧的原因之一，就在于我们经常搬家，我总是来不及和周围的小朋友们建立起真正的友谊。我们搬回都柏林后，刚上圣·文森特学校没两天，班主任就大声叫着我的名字。"哦不，上帝啊，"我心想。他从桌子之间走到我座位前面。我紧张起来。

"我猜你应该会玩盖尔式足球吧。"老师说。

我从来没玩过，但又不敢承认，只能回答我会。

"那就好，"他立马说道，"因为我们明天有场比赛，希望你能上场。"

放学后，我跑回家把学校的事告诉妈妈。我得买双盖尔式足球鞋——立刻，今天就要。虽然家里没什么钱，但妈妈总有办法弄到我们需要的东西。她总是藏着一些钱应急。于是，那天下午，我们走到镇子上买了双崭新的球鞋。

我在电视上看过盖尔式足球，比赛场地和橄榄球类似，但比那要大得多。每队有15名球员，把圆形的足球踢进或用手捶进对方的球网，或越过球门横梁得分。球员们可以通过传球或踢球在场上带球前进。

但是当时我对战术甚至是规则都一无所知。第二天，在我参加人生的第一场比赛前，教练走过来对我说："福隆，你的任务就是确保对方13号球员不能碰球，你明白吗？"

我完全凭直觉在打球。我基本做到了教练的指示，紧逼对方的左侧角，就像笼罩在爱尔兰海岸的大雾一样。赛后，我坐在更衣室里听教练跟我们分析比赛过程中的对与错。然后，他停下来，径直朝我走来。

"你踢得不错。"他对我说。

我一下子就迷上了体育运动。

性格发生改变后的一天，我路过一处室外篮球场，有孩子在打篮球。我停下来，目不转睛地看他们比赛。"上帝啊，"我心想，"真是太有意思了！"孩子们的教练，一个名叫比尔·凯西的男子走过来问我是否愿意和他们一起玩。"天哪，我当然愿意。"我回答说。短短几分钟，我就迷上了另一种运动项目。

刚刚步入青春期的时候，我沉迷于体育运动。不管球场上玩什么项目，我都玩得最开心。我享受着运动带来的一切：团队协作、紧张刺激、围绕荣誉与公平设立的运动规则。如果你很内向，人们总会欺负或嘲笑你，生活似乎看起来不太公平。然而，运动则讲究公平竞争，没有人欺负我。运动改变了我的人生。

我们家外面监狱的平地上有一片草地网球场。爱尔兰人认为网球是英式体育运动，所以都不玩。我发现这个球场非常适合玩5人制足球赛。有些季节，我们学校禁止玩足球，所以这里是唯一可以玩球的地方。我的心头总是闪现这样的念头：如果把网球场的球网撤掉，做成两张足球网，我们就能拥有一个相当好的足球场了。

后来，有人想出了一个绝妙的点子，设法给球场做标记，这样我们就有球场边界线了。我的一个朋友告诉我，可以把汽油倒在草地上烧。如果我们能找到汽油的话，就可以在新球场上画出边界线了。

我家没有车，但是我父亲的一个朋友有车。每当监狱的副典狱长奥多诺万先生来找父亲时，我都会拿根软管从他的油箱里偷汽油。我的朋友帮我把风，以免我被发现。然后，我们就拿着汽油去画球场的边界线。一切进展顺利，直到有一天，我无意间听见奥多诺万先生跟我父亲抱怨他的车太费油了。我吓得面色苍白，可以想象父亲发现我的所作所为时会多么震怒。

那是我最后一次从奥多诺万先生的车里偷汽油。

从运动中，我吸取了很多经验教训；这些经验教训在我运动生涯结束以后也大有裨益。十八九岁的时候，我被任命为一支盖尔式足球[①]强队的队长。当时我并未真正体会到身为队长的荣耀，因此也不能充分理解队长的作用和职责。我觉得教练之所以会任命我为队长，是因为他们器重我而已。第一次作为队长出赛时，我觉得我们队发挥稳定，甚至比平时还好，我们赢得了比赛。但是，教练却不这么认为。赛后，他在更衣室里转了一圈，穿过人群径直向我走来，有一肚子火要冲我发。

他大意是说，我是个废物，对球队的胜利没有丝毫的贡献。被教练训斥后，我备感屈辱，垂头丧气地回了家。第二天醒来时，我决心一改此前欠佳的表现，拿出自己最好的状态。整整一周，我都刻苦训练，

---

① 主要流行于爱尔兰的一种团队球类运动，译者注。

觉都很少睡。然而，我很难摆脱被教练训斥的空虚感。

下一场比赛终于如期而至。我得了好几分，还在关键时刻撞倒了对方的球员。离场的时候我精疲力尽，浑身都是泥。虽然我们赢得相当轻松，但是我发现，我们队在好几处边线仍只能勉强支撑。一旦遭遇强队，我们就有大麻烦了。即便如此，我还是对自己的表现感到高兴，觉得自己这次不会再被教练痛斥了。

教练踏进更衣室的时候，屋子里就安静了下来。短短几分钟内，他把队员们挨个训了一遍。终于，他把目光盯在了我的身上。"福隆，"他说，"你能不能尽快为球队做点儿事？"

我惊呆了。为球队做点儿事？我刚刚踢了有史以来最漂亮的一场比赛。这家伙到底在说什么？我不记得过了多久，才弄明白教练的意思，但我还是开窍了。他指的并不是我得了多少分或撞倒了几名球员，而是指我对团队的领导力。作为队长，我不能只关注自己。"你的职责是帮助全队取得成功，"教练说，"你应该从各个方面引领这支队伍。"他的意思是让我设法使队员们相信，他们能够称霸全国。我必须教会队员，当我们中的一员倒下时，其他队友应该扶他起来；当其中一人出现漏洞时，其他队友应当立即掩护，而不是无视他人，只顾追求自己的成功。

这才是教练希望我这名队长为球队所做的事。这是我接受过的最好的领导力课程之一。

到了20岁出头的时候，我代表爱尔兰打过篮球赛和欧洲手球赛，还曾代表都柏林打过盖尔式足球赛。数年后我才发现，我在欧洲手球赛场上为爱尔兰打入了有史以来第一粒进球。我在盖尔式足球赛场上的体验是最值得纪念的，当然，如果只考虑比赛规模的话。我们常常在八万观众面前比赛，一旦比砸了，只要看现场观众的反应就知道了。

我永远都不会忘记职业生涯早期的一幕。比赛结束后，我走回更衣室，路遇一名男子和他的儿子。这名男子说，我是他儿子最喜欢的球员，孩子经常穿着印有我球衣号码的毛衣，想问我能否为他儿子签名。那是我第一次感受到运动员对一个孩子所产生的影响。我也立即认识到运动员所肩负的榜样责任。但同时，我也开始思考，处在这样的位置是何等荣耀，可以永久地塑造一个人的思想与观念。

说起运动，我是个疯狂的爱好者，不仅训练刻苦，比赛也全力拼搏。我从来都不是队内最有天赋的球员。如果要拿我和冰球队队员比的话，我只算个二线选手，算不上明星球员，只能比三四线球员好一点儿。我想，教练之所以经常选我当队长，是因为我的奋进心和求胜欲。鲜少有人能够超越我。

23岁时，有人邀请我执教爱尔兰女子篮球队。当时队员们的状况不太好。实际上，她们大多数时候都惨败而归。但是我把这份工作视为挑战，我很少会放过这种挑战。

我满脑子想的都是如何把这些天差地别的女球员整合成一支真正的队伍，决心无论如何都要改善这支球队。我记得当时我站在体育场中，盯着她们每一个人的眼睛，提出各种要求。一开始，队员们都觉得这些要求根本无法完成，每个人都看向我。她们在集中注意力听我说。这听上去似乎无关紧要，但是对只有23岁，而且有点儿怯于接手这份工作的我而言，这至关重要。队员们的关注表明，我已经与她们建立了联系，这使我充满信心，确信自己能够令她们相信此前没有相信过的理念。同时，这也令我确信，我能够掌控全场。我意识到措辞的重要性，以及它们对人们所产生的影响。感谢这些女队员，她们使我懂得，只要你能够正确地领导一支队伍，队员们就愿意追随你。

等到第一场比赛的时候，队员们已经准备好克服一切困难了。我只指导了她们两场比赛；在那之后所发生的事改变了我的人生轨迹，但我仍旧为球队赢得了这两场比赛而感到骄傲。

虽然生活在爱尔兰,但我们却很少受到厄尔斯特问题[①]的影响。晚间打开电视的时候,总有"北爱尔兰问题"蔓延的相关报道,但是对一个青少年而言,这就是电视新闻而已。暴力事件稀松平常,诸如牛奶价格、公交车费和电话公司罢工这类新闻都比天主教和新教冲突导致贝尔法斯特人员伤亡的新闻靠前。然而,1974年5月14日下午以后,一切都发生了改变。这一天,我们家的生活被彻底改变了。

这天下午5:30,正当大多数人都下班回家的时候,都柏林市中心的3个汽车炸弹爆炸。我至今还记得爆炸的冲击波划过我双脚的感觉,当时我正走在街道上,距离爆炸地点很远。不到几分钟,我就听见救护车呼啸着赶往3处不同的爆炸地点。在此次事件中,共有26人死亡。

接下来的几小时里,都柏林所有人都在疯狂打探家人和挚爱之人的消息。我很快给父母报了平安,但是就在傍晚时分,我的姨妈约瑟芬和姨父内德与他们的女儿西沃恩失去了联系。爆炸发生时,她正从市中心下班回家。

西沃恩遇难了。

政府催促失去亲人的人们前往市中心一处临时的太平间认领尸体。这对我姨妈和姨父而言太难以承受了,而且他们家距离市中心有130千米远。我父亲自愿担负起了这个重任。后来,他形容临时太平间的景象惨绝人寰,超出了人们的想象。炸弹把人们炸成了碎片,碎尸被成袋收集,父亲只能通过手指上的戒指确认西沃恩的尸首。

死者中有许多是受雇于政府部门的年轻女性,爆炸发生时,她们正陆续离开办公室。此外,还有300人受伤,很多人都将终身残疾。直至将近20年以后,北爱尔兰志愿军才宣称对此次爆炸事件负责。

---

① 又称北爱尔兰问题,译者注。

可以说，爱尔兰所有的家庭都或多或少地受到此次事件的影响。我感觉这次事件后，这个国家失去了一些东西，再也无法复原了。糟糕的历史再次伤害了我们。

我表姐的葬礼极其哀伤，令人难以坚持全程。记得当时我环视教堂，所有人都泪流满面。姨妈和姨父已然崩溃，哀痛不止，几乎无法辨认尸体。我的父亲也一样。

直至后来我才意识到，这爱尔兰史册中骇人听闻的一页在情感上对我可怜的父亲带来了多么沉重的打击。接下来的几个星期里，父亲几乎不敢谈及这次事件，在太平间的可怕画面一直浮现在他的脑海里，他也无法摆脱认领外甥女尸块时的恐惧感，仿佛永远无法走出震惊的阴影。

6月4日，在那之后不到一个月的时间里，我父亲就突发心脏病了。

他不断地陷入昏迷，又清醒过来。我记得自己当时坐在父亲床边，祈祷能再和他说说话。他醒来动了动，看着我。

"你在这儿干什么？"他虚弱地说，"难道没什么事要做吗？"

这句话确实符合我父亲的性格。难道没什么事要做吗？父亲问这话的意思是说，有些事比起坐在医院里等着和他说话更重要，尤其是那些能够助我前行，使我成功的事。以前父亲和我说过："我们把你们送去好学校，教你们明辨是非，知道不是自己的东西不该拿，弄坏东西要修好。但是，这些道理并不能助你成功。令你与众不同，是你有多努力地工作。"

这些话我永生铭记。

第二天，也就是1974年6月5日，我父亲去世了。他被埋葬在我表姐西沃恩旁边。之后的数年里，有一些日子，每当我看到某些东西，听见某些人说话，就会想起我的父亲。我很想念他，他辞世的时候只有63岁。我花了很长时间才不再对父亲的离世愤愤不平。他的生命戛然而止，太过短暂。辛勤工作了这么多年，本该颐养天年，这一机会却被无情地剥夺了。

父亲去世后不久，我就收获了一份意外的工作。加拿大卑诗省乔治王子城一所高中的招聘人员来到都柏林，找人帮他们建立一个体育项目。我当时是一名只有两年教龄的年轻教师。这份工作很吸引我。我表姐遇难，而后不久父亲的辞世，使我有点儿空虚，亟需新的探险。在两个月前发生的一系列事情之后，我欣然接受了离开爱尔兰的条件。

我决定接受这份工作，想着自己过几年还能回到爱尔兰。

那是1974年的一个秋日，我太太和我把我们的儿子和女儿裹得严严实实的，一起登上了前往加拿大的飞机。

关于那次飞越大西洋上空的漫长旅程，我只记得自己时不时地透过窗户，往白雪皑皑的大地望去，心想着陆的时候会有多冷。中途我不禁马后炮地思索着自己的决定。我曾一度确信自己犯了一个巨大的错误——我还拖着另外3个人和我一起参与这场错误的冒险。

但是如今一切都晚了，再怎么想都是枉然。飞机降落在埃德蒙顿，我们带着护照和我未来工作的学校开具的介绍信来到了边检处。面试我们的工作人员在我离开时说的话令我永生难忘："欢迎来到加拿大，"他一边递还我的文件一边说，"请让我们更美好。"

很快，我就在乔治王子城开始了新的生活。我的工作给我提出了很多挑战，但是我全身心地投入其中，取得了实质性的进展。我建立起了一个体育项目并使之得以运转。我只在学校工作了两年，就受邀管理市内的公园和娱乐设施。这份工作与此前的工作相比，跨度很大。该市拥有体育场、网球场等大量娱乐健身场地。我要负责管理这一切，几乎天天要处理各种协会事务。我当时只有26岁，却得到了这份工作。

如果说，从那以后有什么值得一提的，当属1978年卑诗省政府有人给我打电话这件事了。他想和我谈谈卑诗省北部冬季运动会。这个运动会是几年前开始办的，它汇聚了北部所有的运动员，以便开展一场友好的比赛。来电的政府代表问我是否愿意组建委员会，对这项活动进行重组，从而将其推广到各个社区之中。在运动会创立的3年间，前两届在圣约翰堡举办，如果我们能够重组这项活动的话，接下来，运动会将在邻近的道森克里克举办。于是，我接受了这份工作，与一群同事一起仔细研究了运动会结构，确立了新的发展方式，其过程充满乐趣。

继道森克里克之后，运动会在乔治王子城进行，由我负责实施举办工作。我由衷地希望运动会在我居住的城市里能够取得成功，但我却毫无头绪，一切都是边学边做。运动会开始前两个月，我决定给艾奥娜·坎帕尼奥洛打电话。她是卑诗省北部斯基纳行驶路线议会议员，同时也是业余运动部部长。令我惊喜的是，这位部长接了我的电话，而且当我问及她是否愿意来参加稍后举行的运动会开幕式时，她毫不犹豫地答应了，我简直不敢相信。

好事还在后头。

一两天后，部长给我打了电话。"约翰，"她说，"我把总理也请来，你觉得好不好？"

我激动得差点儿拿不住话筒。当时的总理是皮埃尔·艾略特·特鲁多。虽然我刚到加拿大没多久，对特鲁多总理的明星魅力却早有耳闻，欧洲几乎所有的人都对此了如指掌。他风度翩翩，充满着迷人的魅力。如今，这位总理要来参加我组织的运动会。当时，他有很多棘手的问题要处理。魁北克省的很多人要求独立。我无法理解人们为什么要为此争论不休，也不明白为什么有人想要离开这个了不起的国家。

接下来的两个月里，我与艾奥娜和总理办公室进行了多次沟通。特鲁多总理希望发表演讲，助力运动会开幕式，也希望有朝一日能和运动员们一起溜冰。他需要言简意赅地介绍北部运动会及其重要性。这都将是我的工作。

终于到了运动会开幕式当天，我在总理办公室工作人员的带领下穿梭于北部酒店的工作间。我独自坐着等候，这时门开了，总理走了进来。他同我握手，我们简单交谈了几分钟，然后我开始向他简单介绍北部运动会的历史。他为人亲切温和，幽默而富有个性。然而，我却心怀敬畏，表现糟糕，一直不敢相信自己能和总理交谈。我记得当时我想起了父亲，真希望他尚在人世，这样我就能和他分享这段经历了。

大约一个小时以后，我们一起走到大厅，观众们已经纷纷站了起来。我走在总理身后，感觉自己像个百万富翁。我们快步走上台阶，很快，我就开始介绍这位贵宾，还谈到了魁北克的问题。我说特鲁多总理根本不必担心，没有人愿意离开加拿大这片热土，甚至还有人为我的话喝彩。

很快就轮到特鲁多总理讲话了。他的演讲只有几分钟，却令我目瞪口呆，因为其内容几乎涵盖了我们会面那一小时中，我提到的所有要点，而且他几乎没有做笔记。听着他的演讲，我心想，自己从未见过如此聪慧的人。

一个月以后，我收到了总理寄来的感谢信，感谢我帮助他完成了演讲，也谢谢我为他精心安排的行程。信中附赠了我们的合照，是在我介绍总理，向他表达谢意时拍摄的。直到后来，我才意识到特鲁多总理的演讲对我产生的影响。我从来没有听过谁的演讲，能像他一样引人入胜。他讲话前未写过一个字，但他的演讲却深深地吸引了观众。最终，我发现了其中的奥秘：他的一字一句都发自肺腑。他的演说提到了加拿大，他的祖国，还呼吁观众，如果想要使之强大，必须团结一心，众志成城。

接待特鲁多总理的这段经历让我一下子成熟了10岁，原因是多方面的,其一是因为聆听了他的讲话,其二是因为将其行程安排妥帖所带来的压力。当然,还有一个必然的原因是28岁时组织如此重大的活动所产生的巨大责任感。运动会开幕的第二天,我就开始头疼,后来一直没好。头疼得厉害的时候我不得不住院,医生们告诉我,我患上了严重的偏头痛,他们也在努力医治。如今,走到哪里我都要带着治头疼的药。大多数时候这种疼痛还可以忍受,但有时会疼得厉害。这头疼病是甩不掉了,它无时无刻不在提醒着我,一生中有过这么令人兴奋的时刻,而头疼病也是这个时候落下的。

特鲁多总理到访后不久,我搬去了温哥华岛上的纳奈莫,成为一名管理公园和健身娱乐设施的地区负责人。该地的核心设施是纳奈莫一处名为贝班公园的复合式休闲中心。这里有溜冰场、游泳池、操场和网球场,还有其他设施。它当时正大把亏钱,已经成了当地的负担。我的工作就是扭转这种局面。

我觉得应该借助企业家精神来达成这一目标,于是迅速决定,我们必须通过市场竞争来争取镇子上各种休闲娱乐项目。如果我能加大赌注,设法请一些知名人士光临这个蓝领小镇,我们就能一举扭转颓势。我对开办演唱会一无所知,但我终究会弄明白。不久后,我们就吸引了约翰尼·卡什和格伦·坎贝尔等歌手。

早期,我举办过的最轰动的大型活动是沙滩男孩的演唱会,我租下了当地一个赛车场作为演唱会场。光搭建舞台就花费了25000美元,这在当时是很大一笔钱。不过,演唱会收入达到了六位数,我也借此机会学到了很多娱乐业的管理经验。

我还让纳奈莫市涉足搏击业。一开始,我对这一行一无所知,但在后来下了很多功夫去研究。20世纪70年代末、80年代初的时候,加拿大的多座城市纷纷举办名为"拳王争霸"的业余拳击比赛。一个来自纳奈莫的孩子在比赛中创造了传奇，并成为一名职业选手。他叫戈德·雷赛特，是现实版洛奇①；雷赛特白天当保安，晚上则化身为真正的拳手。他的搏击水平已达到了专业级别，参加过西北大西洋沿岸的各种拳击比赛，当地报纸多次报道了他的成就。我不知道自己从哪里来的灵感，不过我向雷赛特的经纪人托尼·道林提出了一个疯狂的想法：让当时加拿大的重量级卫冕冠军特雷弗·伯比克和当地英雄雷赛特之间进行一场比赛。我们将租用弗兰克·克雷恩竞技场举行比赛，肯定会大获成功，至少我是这么想的。

但是，我必须说服伯比克的团队，证明这是个好点子且无损于伯比克的名望。我觉得高额的出场费能够说服他，于是便坐上飞机前往哈利法克斯与伯比克的团队见面，那时才发现自己想得太过天真了。双方在当地一家酒店会面，我的开价是伯比克出场费 10 万美金，雷赛特 3 万美金。谁知伯比克的团队一口回绝，不停地讨价还价，索要更多。我多一个子儿都没打算给，所以告诉他们这趟算我白跑了。经过几个小时的激烈讨论和讨价还价后，我说很遗憾我们谈不拢，就转身离开了。当时大约是凌晨 4 点，还有 5 个小时我就要坐飞机回去了。于是我决定洗个澡清醒一下，没想到刚进浴室没一会儿就响起了巨大的敲门声。我抓过毛巾去开门，只见门外站着一个 6 英尺 5 英寸的彪形大汉，谈判时他也在场。他说伯比克的团队还想再和我谈谈。

我下了楼，伯比克的律师又开始喋喋不休地讨价还价。我说："行了，我已经说过那是我能出的最高价了，我可没开玩笑。"说完，我抬腿就走。伯比克径直走到桌前，一把抓过合同就签了。"成交，"他说。

简直令人难以置信。等我打电话回纳奈莫通知大家这个消息的时候，很多人也和我一样震惊。那场比赛的门票几小时内就被抢购一空，时至今日，人们还对此津津乐道。第 11 轮的时候，雷赛特被技术性击

---

① 美国电影中的拳手，原文名为 Rocky，译者注。

倒，伯比克获胜，着实经历了一番苦战。

1982年春，经济急转直下，像纳奈莫这样的工业城市受到的打击尤为严重。商务部决定为当地企业举办一场论坛，鼓励人们迎接经济衰退带来的挑战。他们找到我来主持论坛并进行主题发言，希望我谈谈"成功需要具备哪些条件"。

我惊呆了，因为自己从未发表过重要演讲，演讲的前一天晚上，还紧张得肚子疼。上台前，我在提示卡上匆匆写下一些想法，等到反应过来时，已经走上讲台面对600多名观众了。我知道其中有很多人都怀疑演讲能否鼓舞人心。3分钟后，我注意到现场鸦雀无声。这是一种好迹象，说明他们都在仔细听。我告诉他们，作为一个团体，我们不能因为经济形势不好就灰心丧气，反而要更加努力工作，更富有创造力，天上不会掉馅饼，经济也不会自己好转。我们必须自寻出路，创造财富。

40分钟后，我讲完了，观众的反应令我惊叹，他们纷纷站起来，长时间地为我鼓掌，这对我而言是个重要的时刻。回想过去，特鲁多总理的演讲必然给予了我莫大的帮助，其经验是放之四海而皆准的。讲你所知道的，有感而发，充满激情。但那时我还不知道，纳奈莫的演讲只是一个开始，在未来数年里，我将发表数千次演讲。

工作之余，我把热情都投入了壁球运动，就像我在爱尔兰打盖尔式足球、篮球和手球那样，但我并不擅长。在乔治王子城工作的时候，我决心要打好壁球，于是全身心投入，甚至到了痴迷的地步。

来到纳奈莫后，我打壁球还是输多赢少，于是就定下目标，要成为同年龄段的全国壁球冠军。我刻苦训练，常常一天打六七个小时，还会去当地俱乐部与排名前五的高手一一切磋。1986年5月2日，世博会在温哥华开幕，我也进入了温哥华全国壁球锦标赛决赛。通常，在比赛中，我并不是最有天赋的运动员，但是我比任何人都刻苦勤奋。真理再次得到了印证。

参与北部运动会的经历和在壁球运动上取得的成绩，令我在业余体育界声名远播。来到纳奈莫后不久，我就接到了省政府打来的电话，问我是否愿意加入卑诗省代表团，参加当年在安大略省桑德贝市举行的加拿大运动会。我的职务是代表团团长助理，职责是帮助代表团团长处理繁杂的事务，从而让他能够集中精力制定全面的策略。但现实并非如此。

那年的代表团团长举止怪异，患上了严重的神经衰弱症。显然，卑诗代表团的很多人都知道他状态不佳，于是同意他回家休养。于是我接任了代表团团长一职，职责是负责卑诗省队的后勤保障，帮助其取得最佳成绩，因而必须满足运动员的各种要求。在此之前，我从来没有做过与之相关的工作。

我凭直觉开展工作，结果演变成了不可思议的学习过程，我从各个层面上都吸取了经验。安大略省和魁北克省最终仅以微弱优势领先卑诗省，位列运动会的一、二名。

简言之，我在没有任何经验的情况下，肩负起了领导体育代表团的重任。从好的方面来看，我确实学习了很多加拿大业余体育运动体制的知识：其组织架构，关键问题的决策者等。在接下来六届加拿大运动会中，我都是卑诗省代表团的成员之一。

1987年末，我离开纳奈莫，到爱彼特俱乐部任职，这家俱乐部是温哥华富庶的西区一家私人娱乐会所。一开始，猎头公司找我应聘这一职位时，我不太确定是否要接受面试。但是在好奇心的驱使下，我还是去了俱乐部。在与招聘委员会会面前，我在俱乐部里转了转，其经营状况令我震惊。这里曾被誉为加拿大国内最好的私人会所之一，但是我所看到的是一个正在衰落的俱乐部，乏味、过时、年久失修。

我把自己的想法告诉了招聘委员会。

然后我就得到了这份工作。

没过多久，我就意识到部分员工存在欺诈行为。餐饮部损失惨重，查账时发现收入与支出存在出入。这里一定有问题。我雇了一名私家侦探到酒吧监视酒保。她发现，短短3个小时内，酒保就偷窃了18次。于是我解雇了酒保。周末我常到俱乐部，发觉上班的实到人数总是不足。后来才发现，原来有两个维修部的员工为其他员工打了五六次卡，而其他人都没来上班，于是我把他们一并解雇了。这并不是什么愉快的经历。

最大的挑战在于，我要说服董事会，俱乐部需要树立一个新愿景并花费数百万美元改头换面。不能再往烂摊子里面继续投钱了。我竭尽全力游说董事会，希望把俱乐部引入新的发展轨迹。历经长达18个月的详细探讨和辩论后，我们终于组织了一次全体成员会议，对我的提案进行辩论和表决。这是俱乐部史上投票人数最多的一次会议，到了晚上会议结束时，参与投票的950人中，只有11个人投票反对俱乐部转变发展方向。

很快，我们就公开了计划，宣布我们要招募新会员。短短几天内，就有很多人入会。翻修俱乐部的钱都源于会员招募的现金。我在此工作期间，俱乐部获得了好几项行业奖，而且得以持续提升会费，以维持我们陆续推出的顶级服务。

我在爱彼特俱乐部工作的时光，让我学会了如何树立新愿景并让人们相信。同时，这份工作也让我洞察了如何帮助人们达成共识。俱乐部满是腰缠万贯、有权有势的人，他们都极其成功。这些严肃认真的人但凡想要的东西，就一定要得到，他们已经习以为常。在运营俱乐部的问题上，他们想法迥异。我的职责就是在黑暗的水域中摸索。

在爱彼特工作的同时，我还志愿为卑诗运动会服务，并参与加拿大西部运动会的工作。这些经历更加拓展了我在加拿大业余体育界的人脉。我协助评估了加拿大西部运动会申办城市的展示活动。正是在这一过程中，我才明白，一座城市如果想要承办一项大型体育赛事，最终的决定因素并不是其规划能力，而通常是无形的因素决定了申办是否成功。比如，你们是谁？值得信任吗？还有一些命题也是加分项：如果把运动会的主办权交给你们的城市，会获得什么收益？我对阿伯兹福德申办加拿大西部运动会的展示记忆犹新，他们的展示充满激情和愿景，令在场每一个人都不由自主地赞叹。乔治王子城也在申办城市之列，虽然在情感上我更支持这座城市，但我还是不禁把票投给了阿伯兹福德。

我曾担任过卑诗省体育局主席，体育局是该省体育事业的领导机构。任期结束后，我接到了约翰·米尔斯的电话，他当时是体育局首席执行官。那是1996年初夏，当地的一个团体想鼓励人们支持加拿大承办夏季奥运会。当地一家电视台想采访卑诗省体育局的工作人员，了解他们对这一问题的看法。约翰没办法，只能请我帮他接受采访。

"但是我对这事根本不了解啊。"我说。

约翰说服了我，让我小心应付，蒙混过关即可，我也的确做到了。在采访中，我围绕着奥运会如何为加拿大业余运动员开创一个新世界侃侃而谈，成功地让人们以为我很清楚自己在说什么，还顺便称赞了温哥华的美景和其承办奥运会的迷人环境。我试图让观众想象，奥运会能够带来丰富多彩的体验与氛围，这有点儿像劝人设想，听起来很美好，但实际上纯粹是凭感觉碰运气，华而不实。

直至那时，我才开始真正思考温哥华举办奥运会的可能性。不过，我根本想不到，采访时说的话有朝一日能够成真。

2

Enter Jack Poole
加入杰克·普尔团队

早在 20 世纪 60 年代，就有人探讨过卑诗省举办奥运会的问题。但是人们普遍认为，从积极申办到举办本届冬奥会的漫长过程中，最先推动倡议执行的人，是 20 世纪 90 年代中期温哥华旅游局副主席布鲁斯·麦克米兰。

传闻称他走进自己上司里克·安顿森首席执行官的办公室，建议申办 2010 年冬奥会。尔后，任务小组成立，进行了可行性研究。这一想法获得了资金和人民的热情支持，越来越多的人开始推动该想法的实现。

然而，另一部分人则坚持认为，20 世纪 90 年代中期提出这一想法的人，是温哥华北部地区公园与娱乐健身设施负责人加里·扬。在成功举办卑诗省运动会后，加里给卑诗省体育局的约翰·米尔斯打电话，询问是否能够在卑诗省举办冬奥会（当时加拿大申办夏季奥运会失败）。二人会面后邀请了布鲁斯·麦克米兰共进午餐，一同探讨如何推动这一想法的实施。随后，他们推行了后续计划，让卑诗省参与角逐国内申办权，从而进一步申办 2010 年冬奥会。

亚瑟·格里菲斯受邀担任温哥华/惠斯勒 2010 申奥协会的主席，他是前温哥华加人队的所有者，在温哥华商界也颇有人脉。申办的第一道障碍就是获得国内申办权。很多人认为魁北克市具有明显优势，很快就会入选。卡尔加里市也参与了角逐。

我也参与其中，任务是赢得加拿大奥林匹克协会代表们的选票，他们能够决定由哪座城市申办冬奥会。很多选票属于各个业余体育组织负责人，我是为加拿大运动会和后来的卑诗省夏季与冬季运动会志愿工作时与他们结识的。

三座申办冬奥会的城市都避而不谈的一个事实是，多伦多正在角逐2008年夏季奥运会的举办权。业余体育界很多人认为多伦多胜算很大，温哥华申办2010年冬奥会完全是在浪费时间和金钱。但我可不这么认为。在中国首次举办奥运会对国际奥委会而言极具吸引力，他们不会选择其他国家的。中国拥有十几亿人口，近一半是儿童。北京申办2008年奥运会的情感因素太强大了。

1998年11月21日，卡尔加里、魁北克和温哥华三座城市开始游说加拿大奥委会。温哥华的王牌就在于当时的总理格伦·克拉克是卑诗省人。克拉克从申办初期就积极支持温哥华，他不仅热爱体育运动，也看到了体育能够为卑诗省带来的潜在收益，即便其新民主党决策委员会的多名成员都不赞同这一想法。克拉克还是位杰出的公共演说家，往往在没有讲稿、即兴演讲时发挥得最好。他在加拿大奥委会面前来了场特别演讲，着重指出，在稍后进行的国际选拔中，温哥华与卡尔加里和魁北克两市相比，更容易击败其他国家的候选城市。首先，温哥华是个充满活力的运动会举办地。其次，卡尔加里已经举办过冬奥会，国际奥委会不太可能让这座艾伯塔省的城市再举办一次。最后，魁北克市以前申办过冬奥会却惨败而归。

12月，加拿大奥委会宣布温哥华胜出。

如今我们要严阵以待，面对突如其来的重大项目，需要筹备资金，建立一个更庞大的组织，描绘一个更宏大的愿景。我们必须成立申办委员会，该委员包含政府、温哥华旅游局及相关业余体育组织等不同的利益相关团体。

最重要的是，申办过程需要一位首席执行官来领导项目。我的名字也位列竞选名单之中，对此我感到既惊喜又荣幸，认为这是个绝佳的机会，感觉自己能够胜任这份工作。此时，我对奥林匹克运动会已经相当了解，而且做好了充分的思想准备。我的心态很快发生了转变，不再只是简简单单地相信我们的申办计划能够成功，而是全身心投入到申办的过程之中了。

我知道，招聘委员会用来衡量首席执行官能力的一个重要标准，是能否在2003年7月国际奥委会敲定举办城市之前筹集到足够的资金来支持申办活动。雇用员工、旅行、调查研究、制订计划及其他事项的费用预计要3000万美元。我想，委员会一定会寻找在商界颇有人脉的人来担任首席执行官一职。换句话说，他们会选择拥有更杰出商业背景的人士，而不是我。即便如此，我依然认为自己是这一职位的有力角逐者。

面试前一晚，我去温哥华福溪的科学世界看了场有关长野冬奥会的电影。我记得当时和一群赞助人看完电影后，一点儿感觉都没有。长野冬奥会似乎缺少灵魂。电影结束后，我出了电影院，上了车，在车里呆坐了几分钟以后，我决定回去再看一遍电影。我要弄清楚，长野冬奥会究竟有哪些值得温哥华借鉴的不足之处。

又看了一遍电影后，我意识到，想要申办成功，关键在人。我们必须改变传统的申办模式，不能只是着眼于大兴场馆，推动当地经济发展。当然，这些无疑也是奥运会带来的好处，它能创造出巨大的物质和财富遗产。但是，这并不是一种愿景，仅凭这些是无法吸引人们选择温哥华的。

面试于11点开始，我很紧张。我走进市中心一栋建筑的会议室，那里可以清楚地看到北岸山脉和山脚下散布的房屋。委员会主席亚瑟·格里菲斯开门见山地问我，奥运会意味着什么。我指向窗户外说道：

"如果奥运会对于住在那些房子里的人而言毫无意义，"我说，"如果人们不在厨房里谈论奥运会，如果举办奥运会的想法不能打动或鼓舞人们，那么我们成功申办的希望就十分渺茫。"

我表示，温哥华应当向国际奥委会展示我们独有的优势：我们举办的冬奥会将让每一个人参与其中，加拿大广袤大地的各个角落都能感受到奥运会的氛围。相较于其他城市，我们的优势是地理优势，即领土面积非常大。它就像一幅巨大的画布，供我们充分规划，而其他城市却相形见绌。

最后，我谈到了资金的问题。虽然我不像其他候选人那样拥有强大的商业背景，但是我相信，我能够为商界人士描绘出一幅激动人心的奥运会愿景，让他们迫不及待地出资参与。我相信，通过充满激情地阐述冬奥会为加拿大带来的益处，我能够筹集到资金，届时，这将成为最简单的一环。

面试后回去的路上，委员会的一名成员一直把我送上电梯。他告诉我，我是唯一一位描述出奥运会真正愿景的候选人。但就结果看来，这对我竞聘并没有任何帮助。

第二天，我接到通知说，面试并未通过，委员会选择了卑诗省电信公司前任主席堂·考尔德。堂是个可靠的人，有着无懈可击的商业履历。毋庸置疑，我失望透顶，因为我很渴望这份工作，觉得自己通过这一职位能够干出一番事业。

不过，委员会还是看中了我某方面的才能，问我是否愿意担任执行委员，领导战略制定委员会。我答应了。起初我有点儿尴尬，因为堂知道我也是其职位的候选人之一，但很快这种感觉就消失了，我全力以赴地投入了工作。然而，一年后，我们都感到进展不足，诸事不顺，一路跌跌撞撞。我认为堂并不适合这一职位。他决定让贤，委员会又开始寻找新的首席执行官。我的名字又一次出现在候选人名单中。

起初我有些犹豫。老话怎么说来着？一朝被蛇咬，十年怕井绳。而且我觉得招聘委员会之所以让我也参加角逐，只是为了凑人数。无论如何，我还是答应了。这次，面试过程更加严格，问题更加尖锐，更刨根问底。我进一步阐述了我在第一次竞聘时描述的愿景，就筹集资金提出了一些新的想法，建议团结全国上下，让加拿大原住民也参与其中。不过，我的展示内容和一年前相比，总体没有太大变化。

第二天，我接到了拉斯蒂·高培尔的电话，他是雷蒙德杰姆斯金融公司投资公司的高级主管，也是镇上人脉最广的商务人士之一。他是招聘委员会的负责人。

"约翰，我有一个好消息和一个坏消息，"拉斯蒂说，"好消息是我们找到了一个再合适不过的人担任首席执行官。坏消息是那个人不是你，是杰克·普尔。不过，委员会认为应该由两人共同承担这项工作，你和杰克肯定是对好搭档。所以，我们希望你能和杰克坐下来谈谈如何共事。"

这个消息比第一次更让人沮丧，连续两次都折戟而归令我颇受打击。我并不了解杰克，只知道他是镇上出名的地产大亨。我可提不起劲儿和胜者讨论怎样与之共事。不仅如此，我觉得申办委员会强行把人推给新人的做法也不公平。不过拉斯蒂坚持如此，为了保持风度我只好同意。

刚放下话筒不到 10 秒钟，电话又响了。"约翰，"来电者说，"我是杰克·普尔，久仰大名。"

杰克为人亲切友好，宛如我的至交好友。我们聊了 5 分钟，他问我是否愿意与他见面，进一步详谈。于是我们约定两天后在他的办公室里见面。

周二早上，在开车赴约的路上，我打开收音机，感觉像在听"二战"时期的老式广播一般。实时报道称，恐怖分子袭击了纽约的世贸大厦，因此我永远不会忘记我与杰克第一次会面的日子。

见了面，我们继续电话里的话题聊开了。杰克是个让人讨厌不起来的人，他拥有特鲁多总理那种光环效应和肯尼迪式的魅力，英俊、高挑、健壮。我们什么都聊：即将开展的任务、运动和镇上我们都认识的人。他经常开玩笑，还问我觉得申办的愿景是什么。我简单谈了谈我的想法，他也表示同意。结束时，杰克看着我说："约翰，如果你不愿意和我一起共事，我也不会勉强。"

后来我才意识到，当时我已经"被杰克·普尔化了"，这种说法常常用来形容这个人令别人心甘情愿为他做事的能力。我如何能拒绝呢？我们握手告别，然后我就离开了，在楼下人行道上停留了一会儿，抬头仰望杰克的办公室。他希望我能成为他的副手，负责申办过程中的关键事务，可谓责任重大。我站在那儿，不禁思考着此刻的意义。倾我一生，都梦想着参与这种重大项目，但我无论如何也不会料到，如今梦想成真了。我既感到兴奋，又有点儿胆怯。

后来，我离开加拿大去欧洲打高尔夫球，度两天假，但大多数时候却都通过各种付费电话与杰克通话，探讨人员雇用和其他事宜。由于进行申办工作必须向爱彼特俱乐部董事会请假，我请杰克写了封说明信，列举需要我协助的理由。我想，俱乐部首席执行官能够成为这项事业的副手，肯定使董事会备感荣耀。果然，其他董事都同意了。

十月中旬，当我第一天来到温哥华市中心登士梅街宽敞的办公室时，杰克走了进来，迫不及待地向我说明我们的共事方式。"我不负责处理文件，"他说，"你来处理所有文件。"他是认真的。

我们要准备的头一件事，是在新加坡举办的国际单项运动总会联合会会议。会议将持续五天,届时国际体育界1500多名重要人物将云集于此,其中包括100多个国际体育联合会负责人和几乎所有对2010年冬奥会申办享有表决权的国际奥委会官员。我们必须到场向这些能够决定我们命运的人士介绍自己。参与即竞争,我们将由此展开在国际组织间的游说工作,这是个艰巨的任务。我对国际奥委会十分了解,也知道代表们不会浪费时间听你长篇大论。所以需要杰克在场,他让我陪他一起参加会议,我同意了,因为我知道,在满是陌生人的会议上,如果有个认识的人会令他轻松一些。但就在参会前两天,杰克突然来到我办公室说他不去了。

"你说什么?"我说道,"你必须去!杰克,你不明白,你在场有多重要。"

不,他说。他感冒了,觉得不舒服,不能去开会。我们又争执了一会儿,最终我还是败下阵来,我自己去参会,就这么定了。

几天后,我忐忑不安地走进新加坡召开会议的酒店,根本不知道应该如何在这种重要的场合打开局面,好似划艇遇上了"玛丽王后号"皇家邮轮,压力可想而知。

会上也碰到了一些熟悉的面孔,其中就包括保罗·亨德森。他并不是非常知名的冰球选手,但却是多伦多申办2008年夏季奥运会的首要人选,因为他曾是奥运选手,也做过国际奥委会代表。那年夏天,多伦多输给了北京,未能申办成功,保罗很不高兴。他对我不冷不热的,至少在新加坡那次会议上如此,因为他认为温哥华申办冬奥会影响了多伦多的胜算,因为同时申办冬夏两届奥运会会给国际奥委会代表们留下不好的印象:究竟是举办夏季奥运会还是冬季奥运会,加拿大还拿不定主意。

保罗不能接受的事实是,中国申办2008年夏季奥运会后,其他城市就一点儿机会都没有了。虽然多伦多在技术上遥遥领先,为了这次国际角逐也做了精心准备，但还是惨败而归。我可以理解多伦多申奥委员会成员们苦涩的心情，但是因此迁怒于温哥华显然有失公允。新加坡可不是争论这种问题的地方。

另一位在场的加拿大人是鲍勃·斯托瑞。他来自渥太华，是国际有舵雪橇联合会的负责人，聪明而犀利。因此，他在这一领域极具影响力，也认识所有投票表决2010年冬奥会主办权的国际奥委会代表。此前，我们在温哥华见过一面，但是会上我又做了一遍自我介绍，他也很快告诉我他对温哥华申办的看法：胜算不大。他批评我们没有联合卑诗省外颇有地位的加拿大人，因而招致其他地区人士的怨恨，而且认为我们过于天真，没有重点。如果没有鲍勃这样的人帮忙，我们将面临更艰巨的挑战。我恳请他帮我们一把。

探讨很长时间后，他同意了。虽然我当时没有意识到这一点，但这确实是申办阶段最关键的进展之一。

在新加坡开会的5天时间里，我努力与更多人握手致意。只要看到国际奥委会代表，我就会走上去打声招呼。这种感觉很糟糕，就像电话推销，又像在牛津大学卖词典，没有人愿意理会。作为一个很内向的人，这种方法完全行不通，但我别无选择。这就是我的工作，至少在这次会议上我就得这么做。

回国路上，我思考了一下我们面临的严峻局面。新加坡之行让我意识到，申办的过程困难重重，我们还要开展很多工作。与多位国际奥委会成员会面后，我觉得这次会议毫无收获，没有确保我们拿到一张选票。一到温哥华，我就给杰克打了电话，告诉他没去参会是个巨大的错误。"下次不能再这样了。"我说。

第二天，我跟杰克把此次会议的每个片段都进行了详尽的分析，详述了我见过的所有人的名字，并告诉他，申办过程必须慎之又慎，丝毫容不得马虎犯错或误判。很快我们就要面对大量类似的场合，杰克必须在场，向国际奥委会评选代表宣传我们的申办计划。

杰克看着我说："约翰，这是你的工作。"

我吃惊地看着他："你这是什么意思？"

"这事需要年轻人来做，约翰。你还年轻，精力充沛，所以由你负责。"

可我在温哥华的工作怎么办？我是首席运营官，需要组织技术规划，寻找赞助商。谁来负责这些工作呢？

"还是你来负责，"杰克回答，"确实需要我帮忙的时候，我会在场。"

我大吃一惊，没想到他把这件事也交给我负责。我们又反复争辩了30分钟，最后我放弃了，不再说服他这法子行不通。杰克负责申办过程中重大的、有时无法预料的竞选事务，处理和各省、各联邦政府之间的关系，我则专注于游说国际奥委会投票代表，尽力处理好其他事务。可能就是从这时起，我开始从首席运营官向主席转变，角色发生了根本性的变化。至少在国际奥委会代表们看来，我是与之打交道的负责人。从这时起，我还要开始接受大量的媒体采访，这可是我并不感兴趣的事。

盐湖城冬奥会已经结束好几个月了。对于我们而言，那是另一座里程碑。自然年里，国际奥委会成员会举办多次活动，会聚一堂。在奥运年，则有更多的机会向他们进行宣传。就在2002年盐湖城冬奥会如火如荼地进行之际，我们已经制定了争取选票的策略。

我们决定通过加拿大人谦逊的方法开展游说，告诉国际奥委会官员，我们从未申办过冬奥会，请求他们给予帮助和建议。比起自以为是的印象，这种请求帮助的姿态令人更加难以拒绝。同时，我们也希望与美国加以区别，因为我们发现他们与国际奥委会的龃龉甚深。

必须与国际奥委会搞好关系，关系越紧密，代表们就越不可能把票投给其他城市,而且关系越紧密,双方相处得就越融洽,彼此间的信任感就越强。我们坚持的一点是,不要直接请求代表投票给温哥华,这不仅粗俗且过于霸道。我们更倾向于说服这些代表,令其感到我们值得信任,是否投票给温哥华完全由他们自己决定。

几个月后,我们组建的申办国际团队整理出了每一位国际奥委会成员的资料。针对每一个人,我们都收集了大量有用的个人资料,说不定什么时候其中一条就能派上用场。如果聊到女儿从哪所高中毕业能够帮助我们与代表建立联系的话,这条信息就是有用的。

盐湖城给了我们一个实施策略的机会,也让我们能够近距离观察冬奥会。组织者为我们的访问行了方便,其过程既迷人又有点儿令人害怕。我花了大量时间往来于各种社交和体育活动场合,努力结识更多的代表。比起新加坡的那次会议,我从容多了。

如今,我和有舵雪橇联合会主席鲍勃·斯托瑞已经彼此熟悉了,常常拿他的运动项目开玩笑。"谁都能乘着皮划艇滑下冰道。"我说。一天,我在盐湖城接到了鲍勃的电话。"敢不敢玩有舵雪橇?"他说,"我给你留了个位子,不过你得半个小时内赶过来。哦,还有,你要和列支敦士登的诺拉公主坐一台雪橇。"突然,我原本鼓起的勇气立刻消失得无影无踪。

开车去滑雪中心的路上,我很害怕。千真万确,诺拉公主也在场。我知道她是一名国际奥委会代表,能够和她一起体验这项运动自然对我们有所帮助,不过前提是可别出什么事。掌舵的是个美国人,此外还有个英格兰人和我们一起。一名有舵雪橇联合会的官员指导我们手应该抓哪里,脚应该怎么摆放,如何控制自己的头部,以免前后摆动,撞上前面人的头盔。

一开始滑行速度适中。第一个转弯后我觉得不会有什么问题。然后雪橇就像飞出悬崖一样下滑,感觉上是这样的。突然,我们像离弦的箭一样沿滑道俯冲，我的腿牢牢钳住坐在我前面的诺拉公主，她放声尖叫，我这辈子都没听过这么惊恐的叫声。后面英格兰人的头盔撞了我的头盔后部 50 次，就像指导教练说的那样。我们很快滑到了赛道底部；我们都激动不已，庆幸自己还活着。我告诉诺拉公主，自己好像听到她喊妈妈求救。她笑了。我敢肯定，一张选票已被收入囊中。

盐湖城冬奥会的亮点是男子冰球决赛。整个奥运会比赛过程中，加拿大队都承受着巨大的压力。如今，他们有机会在时隔半个世纪以后问鼎奥运会冠军。加拿大高尔夫球手麦克·威尔就坐在我身后。我惊讶地发现，观众席上挥舞加拿大国旗和身着加拿大队服的观众居然还不少。结果，加拿大轻松击败美国队，以 5∶2 获胜，导致后来赛场上出现了奇妙的一幕，各国观众彼此拥抱，放声高唱加拿大国歌。

申办团队在盐湖城的经历大有裨益，但也令人清醒。国际奥委会主席雅克·罗格简洁明了地道出了申办者们的底线。呼吁我们在规则范围内公平竞争时，他说："金牌只有一枚。"当时还有 8 个国家在争取主办权，最终结果产生前，还有很多人要为失败而心碎。

如今，申办团队中内部出现了一些挫折。虽然我们发现问题还没多久，杰克就明白是组织架构的缘故。他已经习惯于职责明晰，但现在还要向委员会报告，况且这个委员会尚未成型。杰克认为决策速度太慢了，如果由他领导委员会会更好，因为他更容易与委员会沟通，快速推进运营决策。这也就意味着现任委员会主席，前奥运选手马里恩·雷必须让贤。杰克坚持己见，委员会待我们从盐湖城回国后就接受了他直觉般的建议。马里恩留任董事，我成为主席。

下一个重大任务是起草申办书。这是为了让国际奥委会对我们的申办内容有个大致的了解，例如场馆如何，如何照料运动员生活等。申办书不必精确计算出举办奥运会的花费，但是要提供充分的信息，让国际奥委会从中筛选出真正的候选城市。

这次，杰克和我产生了严重分歧。他想公开我们的申办书，虽然并不一定非要这么做。通常，申办书是以非公开的方式递交给国际奥委会的，但是杰克认为申办委员会是一个公共组织，花费很多税金，因而有义务尽量保持公开。对此我可以理解，但是这是竞争，为什么要向其他竞争者透露我们的计划？我们怎么知道他人是否会盗用我们的理念，或者设法抵消我们的影响呢？我觉得温哥华在两个领域都领先对手，因而不希望见到其他城市想出和我们一样绝妙的点子。杰克的提议就像冰球运动员在射门前告诉守门员自己要往哪里进球一样。

不过，奥地利递交申办书时在网上公开了内容，韩国也一样。温哥华的新闻媒体立刻要求我们也公开。我们别无选择。很快，我就意识到自己犯了大错，没有发挥良好的判断力。后来我才明白，我们握有对手无法比拟或仿造的珍宝，例如运动员村。福溪这片全世界上选的地域，其他城市如何模仿？同样，哪个国家能像加拿大的申办规划一样，让全民都参与到奥运会中？其他申办国也不像加拿大一样地域辽阔，能够像我们规划的那样盛大而包罗万象。

如果说我从中学到了什么，那就是要尽可能保持透明公开。越隐瞒，越糟糕。

2002年8月，国际奥委会公布进入最终角逐阶段的四座城市。令某些人吃惊的是，温哥华也位列其中。其他三座城市分别为奥地利萨尔茨堡、瑞士伯尔尼和韩国平昌。下一步，国际奥委会将在国际奥委会总部瑞士洛桑进行为期5天的奥运会启蒙课程，教授申办城市如何申办，道德委员会也将进行展示授课，告诫申办城市与国际奥委会成员来往过程中的规范禁忌。我们派出了约6名代表。其间，我和特里·怀特坐在一起，他是我们团队的最佳成员之一，是位后勤保障的天才，在整合我们的技术标书时发挥了重要作用，其内容涵盖了展馆、交通和食宿。此前，他参与过无数省级、国家级和世界级的体育活动筹备工作。能与之共事，我们很幸运，他有着过人的勇气。

我们一起在洛桑听了许多不同的课程。在某节课上，特里提了一个问题，一位国际奥委会官员回答了他。我就问特里是否听懂了，并且期待他说"是的，谢谢"等类似的话。没想到，他声音太大，整屋子的人都听见他说："懂了，他真正想表达的意思是，反复叮嘱我们以便让我们多掏钱。"他的话让我瞠目结舌。那天课程结束时，特里出言不逊的事就传遍了。不止一个人告诉我，奥委会官员会因此对我们产生了不好的印象。他们还说特里的话听上去让人觉得加拿大人既粗鲁又傲慢，好像什么都知道似的。

当晚我就去了特里的房间，把传言告诉了他，他也不好受。我们约定以后再也不犯同样的错误。吃一堑，长一智。这种微不足道的小挫折似乎都会威胁到申办工作的进展，让我们沮丧不已。

最终我们在洛桑挽回了形象。特里工作格外努力，以确保人们不会认为他傲慢自负或自以为是。在最后一节课的末尾，我起身代表所有申办城市向国际奥委会官员们表示感谢，感谢他们拨冗为我们提供指导。课上我们记了很多笔记，意识到任务异常艰巨。

接下来的几个月里，我得像个陀螺一样疯狂地工作，在世界各地四处奔走。其目的只有一个，选票，选票，选票。

我们在国际上游说的策略非常简单，必须依赖欧洲帮我们获胜。我们知道，在亚洲、南美洲大部分地区和非洲，我们得不到几张选票。美国是支持我们的——也可能是我们一厢情愿。所以只剩下欧洲，我们对此还是保持乐观的。后来，伯尔尼退出，因为该市就申办奥运会的问题举行了全民公决，支持人数没有达到法定标准。这为我们争取欧洲国家的支持进一步扫清了障碍。但是，当时的我没有想到，几个月后，加拿大国内也举行了类似的公投。伯尔尼退出后，萨尔茨堡和温哥华就将在争取很多同类代表中展开角逐。

申办过程不太合乎常理。有时我们到处寻找那些微乎其微的机会，结果如何也只能祈祷圣母马利亚，求她保佑了。国际奥委会代表们分散在世界各地，常常很难安排时间与我们见面。一旦有机会，我们就会全力以赴。有一次会面就在8月，当时加拿大正在举办U19世界杯足球赛。有人告诉我们，国际足球联合会（或人们所熟知的国际足联）主席塞普·布拉特这位偶像般的人物就在加拿大，而且他将途经温哥华前往世界杯举办地埃德蒙顿。在加拿大足协朋友的帮助下，我们成功留了他一晚，和他探讨了温哥华申办奥运会的问题。塞普是国际奥委会成员，而且在奥运会申办过程中颇具影响力。我们希望给他留下深刻的印象，于是决定让杰克·普尔及其夫人达琳在他们米慎区的豪宅内设宴款待。米慎区是一个乡村社区，位于温哥华以东，开车约一个半小时能够到达。我们计划派直升机将塞普接回杰克的别墅，顺便展示一下沿路的风景。

塞普刚下飞机，走上别墅的停机坪（没错，就是杰克自己的停机坪），我们就迎了上去。普尔一家散发着无穷的魅力。牛排香嫩爽滑，苹果派也甜香可口。我们与国际体坛最具影响力的领袖之一谈笑风生，度过了美好的夜晚。他对包括国际奥委会在内的体坛政治侃侃而谈。

塞普如鱼得水——他是人们关注的焦点，却丝毫没有压力。我问他对足球的未来有着怎样的期待，他回答："除非世界各地的孩子们都有属于自己的足球，否则我是不会感到满意的。"他是认真回答这个问题的。塞普令人敬畏，他个头不高，身体结实，面相令人印象深刻。他似乎总能掌控局面，但这似乎本应是那些身材魁梧的人才能做到的。那晚结束后，我们成了朋友。一如既往，我们并没有请求塞普投票给温哥华。不过当塞普让我们相信他时，所有人都露出了会心的微笑。

有一个人在我们争取欧洲地区的选票时至关重要，他就是派特·希基。我并不了解他,只知道他来自都柏林,是国际奥委会的一名大人物。我感觉,如果连爱尔兰同胞的选票都争取不到,我们就真的完蛋了。我给住在都柏林的妹夫帕德里克·麦克达马达打电话,问他是否了解希基。他说只知道希基经常上新闻,是个颇有争议的人物,其他不大清楚;不过他会挖掘一些相关的背景资料再给我打电话。几天后,他就回电话说:"简直令人难以置信。你猜他读的哪所高中?是圣·文森特!"

派特早我4年毕业,我们并未见过面,不过这样的校友关系成了我打电话约见派特,开始长篇大论的很好的由头。一个月后,鲍勃·斯托瑞和我在都柏林的一家餐馆里与派特见面了。派特是那种一进屋就气派十足的人,极尽奢华。我告诉他,我们不熟悉本次奥林匹克运动会,在申奥方面信心不足,需要他的帮助,希望他能提携自己的校友,加以指导。这方法起作用了,派特愿意"帮老朋友一把",就像他常说的那样,他会尽量为我们想办法。

于是,派特成了我们重要的知情人。但凡出现对温哥华申办不利的传言,他都会告知我们。一次,他告诉我,另一位申奥人士正在散布谣言,称我们并不打算整修温哥华通往惠斯勒的路,而我们需要拓宽这条道路来赢得主办权。卑诗省政府承诺会修好这条路。派特的提醒至关重要,我们因此得以出面澄清那些流言蜚语。

显然,俄罗斯对我们申奥成功起到关键作用。他们手里握有六七张选票。为了获得他们的支持,我们已经做了相当多的铺垫,承诺加拿大愿意在后来的申办过程中支持俄罗斯。决定选票去向的人名叫尤里·卢日科夫。卢日科夫1992年被鲍里斯·叶利钦任命为莫斯科市市长,后长期担任该职务。从那时起,他就在当地不断巩固权势,成为俄罗斯最具影响力的人物之一。他拥有莫斯科市所有的麦当劳餐厅,相当富有。

申办后期，我们在访问俄罗斯的行程中安排了与卢日科夫的会面。他的办公室靠近红场。会面开始前的一个小时里，十几个人在休息室里进进出出，我不认识他们，也不了解他们的职务。我们并没在休息室等太久，有人告诉我们卢日科夫没办法参加会面，派了副手过来。我一时语塞，跑了大半个地球就只能见个副手。卢日科夫可是位关键人物，能够影响俄罗斯的所有选票。听到这个消息，屋子里的人一下子全散了。

鲍勃·斯托瑞和我又被告知计划有变，很快就被带进一间宽敞华丽的房间，里面装饰着巨大的枝形吊灯和广告牌大小的各种油画。没过几分钟，有人开门走了进来。只见来人个头不高，身材结实，头顶光秃，举手投足一派大将风范，这表明此人不容轻视；他就是卢日科夫。

结果表明，早前的消息是种策略。他告诉我们，如果说自己不会到场，那些追名逐利、溜须拍马、曲意逢迎的人就不会在此盘桓。我们很快就切入正题。莫斯科已正式宣布角逐2012年夏季奥运会的主办权。卢日科夫称俄罗斯希望加拿大在其申办过程中给予协助。我们谈了谈此前与俄罗斯官员达成的协议：我们向俄罗斯展示申办的诀窍，说明申办的准备工作和游说策略，从而换取他们的支持。

在我看来，这似乎相当合理。鲍勃构筑了协议内容，而我们花了几个月的时间进行筹划准备工作，其中没有丝毫违法或违反道德的内容。彼此握手的时候，我坚信卢日科夫将信守诺言。如果说俄罗斯人生活的众多方面中，你最欣赏哪一点，那就是人民忠诚如一。我们履行了承诺，为莫斯科2012年奥运会申办小组举行了正式的研讨会，同样也获得了俄罗斯的关键选票。莫斯科在申办2012年夏季奥运会时惜败伦敦。

2003年7月，申办阶段结束，当时我为了争取选票而走过近200

万千米的里程。有些日子，我真的感觉很辛苦，但又不得不出门，走进马德里、雷克雅未克或墨西哥城的餐厅或参加当地举办的鸡尾酒会，只为与一名国际奥委会成员交谈。不过我认为，只有以身作则，才能够要求成员们挑战自己的忍耐极限，比以前更加努力地工作。同样，我也相信那些最细微、看似最微不足道的举止谈话会对我们产生重大影响。多跑一英里去争取到一张选票，就可能带来天壤之别，让人从沮丧转为狂喜。

但是，有些日子我确实累垮了。我记得有一次出差去圣莫里茨，差不多跑遍了大半个欧洲。白天和晚上大多数时候我都乘车穿过崇山峻岭，前往这个著名的瑞士旅游小镇。到当地一家不知名的酒店入住时，已接近午夜。我进了房间，匆匆披上睡衣就倒在了床上，几秒钟就睡着了。凌晨三点左右，我睡醒了，如坠云雾之中。老实说，我不知道自己置身何处，环顾灯光昏黄的房间来回想，但毫无用处。

我走到楼下大厅，没有人在前台值班。我还是想不起来自己在哪儿，于是又走出酒店，光着脚，穿着睡衣在街上游荡。当时不停地想着：老兄，你到底在干吗？我依旧浑浑噩噩地，直至走过好几个门面，遇到一家甜点铺。我透过窗户往里看，里面展示了一些蛋糕，上面装点着小雪橇和卷形棒棒糖。雪橇。没错，我来这儿是为了参加在圣莫里茨举办的世界有舵雪橇锦标赛！我觉得自己像个傻瓜一样，有些害怕，慌慌张张地跑回酒店，双脚冰凉，暗自祈祷没有人看见。

2002年秋天的大部分时间，我们都在准备申办书。当时，组织成员已有50多人。琳达·奥格洛夫是我们的市场营销总监，她已经筹集到了3000多万美元的资金，与大大小小的赞助商签订了多项合同。因此，我们将制作顶级的申办书，也能够负担得起一流的申奥活动。申办书的内容必须包含确切的计划和预估成本，这是国际奥委会和加拿大民众期望我们承担的责任。任务艰巨，3年以来，我们一直精心准备。2003年1月申办书就将问世，成为温哥华在当年春季向国际奥委会评估委员会隆重推介的基础。

然而，2002年11月国内举行的温哥华市选举着实令我们捏了把冷汗。市长候选人拉里·坎贝尔选举时承诺，一旦当选，将举行公投决定是否举办奥运会。拉里这种民粹主义做法令我十分恼火。不过，我原以为他即便当选也不会信守诺言。没曾想，他以压倒性多数获胜并立即举行公投，好让选民知道自己没有背弃对他们的承诺。

杰克前去会见拉里，劝其放弃公投，但他失败了。于是，我决定向他发起挑战，与之针锋相对，就单刀直入地问他："你知不知道自己在做什么？"

"什么？"拉里回答。

"你这么做其实是在告诉国际奥委会，他们的时间都白费了。"我接着说，"你在暗示，迄今为止，我们向国际奥委会呈现出的温哥华这座城市值得质疑，我们连自己的话都不信，所以需要再三考虑是否申办奥运会。在此期间，国际奥委会多次到访，观看展示，花费了大量的时间。结果，我们自己却不敢确定是否要申办了。"

我的话拉里根本没听进去，他说温哥华市长的职位意味着信任与正直，既然选举时已经许下承诺，当选后就应当践行。我劝他告诉公众，自己重新考虑了支持公投的立场，认为申办前夕举行公投并非明智之举，或者可以称公投花费甚巨。但拉里十分顽固，宣称会游说民众支持申办，这是他能做出的最大让步。

我怒不可遏。类似的公投扼杀了瑞士的主办权，如今温哥华也有可能重蹈覆辙。在公开场合，我并未表示强烈抗议，因为似乎别无选择。如果我公开反对公投，会显得我对结果没有信心。相反，我抱着积极的态度，表明自己坚信人们一定会支持申办。但其他人并非如此。

大卫·波德摩是温哥华市地产商，管理着名为"音乐会地产"的地产公司，这家公司是由他和杰克·普尔共同建立的。市长宣布进行公投后不久，一天，他走进我们的办公室，直截了当地建议我们游说市民投票支持申办，否则负责申办2010年奥运会的委员会就无以为继了。他说，即便大多数温哥华市民支持申办冬奥会，他们也可能觉得这并不重要，懒得出门投票。如果连他们都不挺身支持，那么申办就真的有麻烦了。

大卫说得没错。多亏他愿意领导游说工作，从而为项目注入其特有的活力，引起了人们的关注。大卫挺身而出，杰克就拥有了必胜的信心。在温哥华，鲜少有人向大卫一样才华横溢，因而政府常常请求他出面接手棘手的项目，扭转局面。

公投尚未开始，大卫就不懈地争取市民支持，他参加广播脱口秀节目，与反对申办奥运会的人辩论；还开辟了一个支持申办活动中心作为基地，雇佣数百人参与游说；筹集了约70万美元为游说提供资金。不敢想象，没有大卫的支持，结果会如何。

直至公投那天，我都继续努力说服拉里，感觉他已经开始意识到，一旦反对申办的市民胜出，场面会有多难看。无疑，他也会在当选市长的任期内留下污点，商界也会因此而震怒。2003年2月22日，市民公投以64%支持、36%反对的结果通过冬奥会申办的时候，拉里或许和其他人一样松了口气。当然，支持的市民并不是压倒性多数，但终究是胜利了。更重要的是，申办委员会无须面对公投后的两难境地。杰克已经决定，无论公投结果如何，我们都要继续申办，我则不赞成。因为如果公投输了，那么一切都结束了。不敢想象，在没有授权的情况下我们将如何继续。

现在，我们只剩下两周时间进行准备，迎接国际奥委会评估委员会来访。这将成为影响深远的时刻。评估委员会的职责是进行评估，比较每个申办城市规划的相对优势。访问过程中，我们需要带领评估委员会成员前往惠斯勒，展示我们誓要修缮的糟糕公路和为各种赛事选择的比赛场地。访问过程的高潮是为期一天的现场展示，我们将从18个方面呈现温哥华的申办优势。

评估委员会的意见将产生巨大的影响。如果他们对所见所闻深表满意，那么这一消息不仅会传遍洛桑的国际奥委会执行委员会，而且投票代表也会有所耳闻。任何否定几乎就意味着出局。

为了准备这次接待工作，早在几个月前，我们就组建了模拟评估委员会，其中包括国际团队的几名成员和多位在其他运动会中工作过的成员，例如美国奥运申办顾问乔治·赫斯勒；1996年亚特兰大夏季奥运会组委会执行委员查理·巴托；前瑞士电视台高管和国际滑雪联合会知情人士理查德·邦恩；申奥经验丰富的加拿大人罗杰·杰克森；1994年挪威利勒哈默尔冬奥会首席运营官培特·朗宁根；鲍勃·斯托瑞及其他人。

我们希望展示组能够应对自如，于是要求模拟评估委员会严苛以待，毫不留情。他们确实如此，甚至更加过分。有些评审环节甚至因为模拟委员的刻薄态度而跑题。"你们规划得一团糟，"我记得有位模拟委员这么评价某场展示，"这就是垃圾，你们也特别傲慢。"如此恶劣的语气无益于我执行团队的成员们构筑信心。于是我决定介入，让模拟委员会成员们稍加收敛。一场尤为艰巨而充满考验的评估结束后，我对理查德·邦恩说："你要温和一点儿。我们又不是在这间屋里做心内直视手术。离真正的评估委员会到访还有两周时间。你们是来帮助团队的，不是来给他们压力，让他们更紧张的。"

评估委员会的负责人名叫杰哈德·海伯格，来自挪威，是奥运会的传奇人物。利勒哈默尔冬奥会组织工作出现问题时，就是请他出面解决的。他表现出色，利勒哈默尔冬奥会最终演变成了金标准，所有其他冬奥会都将它作为标杆进行对比。早些时候，有人建议我结识杰哈德，因为他在国际奥委会中拥有举足轻重的地位。我们在奥斯陆见了面，当时新规则尚未公布。新规则禁止举办城市的工作人员在国际奥委会官员的家乡与其会面。早餐时，我们在一家酒店见面，畅谈了几个小时。我早有准备，无论是参军还是成功经商，我对杰哈德的人生经历都了若指掌，深知他的意见对国际奥委会有着巨大的影响力。自此，我们之间就建立了牢固而长久的友谊。尔后，国际奥委会宣布，杰哈德将领导评估委员会对温哥华进行考察。我觉得时运来了。这是个重大的突破。

　　结果表明，在申奥过程中，杰哈德是我仰赖的关键人物之一，期待他能给我们建议。由于他是国际奥委会市场营销委员会的负责人，与全世界顶尖企业都有联系，显然能够在很长一段时间内给予我们帮助，使我们在布拉格胜出。杰哈德具有重要价值且为人正直，我十分欣赏他，也希望能够打动他。虽然并不指望他会直接支持温哥华，但我希望他能够指导我们怎样才不会铸成大错，被踢出局。

　　3月初，18位国际奥委会评估委员会委员抵达温哥华。访问行程安排得十分紧凑，几乎一分一秒都不浪费。第二天就包含了前往惠斯勒的行程，天气晴朗，旅途妙不可言。这种场合，我的朋友杰哈德肯定会保持公正的。

　　我们知道，媒体马上会问及他对温哥华通往惠斯勒公路的看法。这是个悬而未决的问题，这条路既狭窄又不安全，但卑诗省竭力进行改造，从而确保更多车辆能够在此安全行驶。正如杰克·普尔曾对记者描述的那样，这条公路就是申奥的致命要害。"路上横陈着和汽车一般大小的石块，"他说。

　　记者问杰哈德对公路的感想时，他说："到惠斯勒的距离太远了。"

当时我就站在他旁边，不禁感到心灰意冷。杰哈德为媒体提供了生动有趣的素材，而这些观点在短短几分钟内就会传遍全世界。如今，我们面临着一个棘手的问题，必须快速应对。我找时间与杰哈德单独会面，探讨刚刚发生的事。我明白，他对自己所说的话也不太好受，我并不想对此纠缠不休，不过我很坦诚地表达了自己的想法："因为你所说的话，我们的团队严重受挫，他们不太确定如何应对。"他深表理解地点了点头。

"其实，"我继续说，"我基本上没有权利说什么，但是如果我是你的话，应该出面挽救当前的局面。可以对外界说，这条路距离的长短是改变不了的，但是加拿大可以努力使之更安全，更高效，从而对申办成功产生显著的影响。你也有信心能够做到这一点。"杰哈德也表示赞同。

杰哈德稍后澄清了自己此前的言论，有些媒体认为他迫于压力改变了早前的说法，但风波并未持续太久。在委员会考察惠斯勒期间，我们也安排总理让·克雷蒂安来到此处。我询问总理办公室，总理能否花时间与杰哈德谈谈，哪怕只是喝杯啤酒聊聊天。我知道总理在这种氛围中会轻松自在，更重要的是，杰哈德必然深感荣幸，大吃一惊。于是，我们就安排了这次会面。两人边喝边谈，聊了一个多小时。我等候在酒吧外，祈祷一切顺利。

我希望总理能够给杰哈德留下深刻印象，令他感到加拿大举国上下都在努力申奥。当两人握手告别时，我希望杰哈德能够感到，毫无疑问，联邦政府是支持申奥的，这在国际奥委会成员们看来，是一项重要的条件。驱车返回温哥华，与杰哈德交谈时可以明显感到，与总理共度的时光对他而言意义重大。自此，我感觉他暗自希望温哥华能够胜出，因为他喜欢我们。随着工作的进一步推动，我觉得我们可以相信，他在与国际奥委会分散于世界各地的同事们私下聊天时，会对我们赞不绝口。这太重要了。

考察完惠斯勒后,我们返回温哥华,要在此向评估委员会进行展示,内容包含交通、赞助、门票和场馆等一切事务的规划。

此前,我们在市中心泛太平洋酒店布置了一个华丽的展示大厅,让委员们坐在高台带软垫的座椅上,令他们备感尊崇。我们尽量完美地呈现了我们的展示内容。结束后,杰哈德告诉我,规划中有两三处想法应当保密,因为这些点子实在太妙了。等到去布拉格进行最后评比时,再展示诸如火炬接力等细节吧,他说。为什么要把我们的撒手锏透露给对手呢?

最后一天将以达琳·普尔精心准备的晚宴告终。她是位完美的女主人,在伊丽莎白剧院安排了一场娱乐盛会。委员们将乘坐第二天早晨的飞机离开,所以送别时我们希望尽量让他们对温哥华印象良好。我们邀请近 3000 位申奥友人进入剧院。正当杰哈德与委员们接受招待时,我悄悄溜去剧院安排大批观众入场,并站在台上告诉他们,让委员们,尤其是委员会负责人杰哈德·海伯格感到被重视,是多么重要。

克雷蒂安总理,卑诗省省长戈登·坎贝尔和委员会成员抵达剧院,在礼堂门外等待主持人的介绍。当委员会成员入场时,全场沸腾了,这正是我所期待的热烈反应。杰哈德惊讶的表情说明了一切。他看向我,开怀大笑。委员们依次就座,观看演出,其内容包括原住民表演、歌唱和必不可少的演讲。

备受推崇的音乐制作人大卫·福斯特专程从洛杉矶赶来参加表演。当晚人们情绪激昂,总理让·克雷蒂安曾一度在演讲中幽默地说:"如果,也许,假如我们成功申办冬奥会的话,它的意义是什么?没有如果,我们赢定了。"全场都笑了。(一位日本的评估委员不为所动,第二天去机场送别时还建议我们在布拉格时要有所克制。他表示,更加谦逊的态度会给人留下更好的印象。)

终于，轮到我上台讲话并介绍杰哈德了。在我介绍他时，人们纷纷起立欢呼，仿佛布拉德·皮特出场一样。由于掌声不断，他甚至不得不等待了几分钟才开始讲话。在接下来的十分钟里，杰哈德的讲话又数次被打断，人们尖叫、鼓掌，大喊着"申奥成功，申奥成功"。杰哈德一度举起双手说："好吧，好吧，安静一下，我们会把主办权交给温哥华。"大功告成。

第二天，我们把委员会成员送往机场。在枫叶贵宾室里，荷兰的威廉-亚历山大王子把我拉到一边说自己遇到了麻烦："我的裤子裂了道口子。"他弯下腰，只见从裤腰到裤裆有一道裂口。我们团队的成员之一安德莉亚·肖就在附近，她意识到发生了什么事，于是告诉王子自己是位女裁缝，如果他愿意脱下裤子，自己或许能在机场找到针线缝补。随后的20分钟里，荷兰王子就坐在贵宾室，露着双腿阅读文件，若无其事。终于，安德莉亚带着缝补完好的裤子返回贵宾室，化解了危机。

"要知道，"走到门口时，我对王子说，"如果温哥华没有拿到主办权的话，这件糗事就会传出去了。"

闻言，他笑了。

"我知道了，"他说，"我知道了。"

3

Flight 2010 to Vancouver
飞往温哥华的 2010 号航班

评估委员会离开后,我们工作的重点就转向了布拉格的表决日。距离那天只有不足三个月的时间,如果我长时间地思虑此事,我就会心神不宁。这关系到数百万加拿大人的梦想。民调显示,举国上下都支持我们申奥所付出的努力。虽然温哥华和惠斯勒有些人并不支持申奥,但我知道,7月2日那天,当雅克·罗格走上讲台宣读国际奥委会最终裁决结果的时候,这座大城市和小镇都会予以关注。

在此之前,还有很多工作要做。我还有几次重大的行程,包括参加在马德里举办的国际运动总会联合会会议。这次我走进会场的时候,却鲜少有不认识的人了。两年前,我在新加坡战战兢兢地向国际奥委会成员们做自我介绍的场景,仿佛是很久以前发生的事了。我知道在这次马德里举办的会议上,我们两位竞争对手也会使出浑身解数,争取选票,尤其是韩国。很多人认为他们在冲刺阶段位列第三。

我则不这么认为。所有的绝密情报显示,我们暂时领先,但韩国也紧随其后。如果我们了解到的传闻无误,国际奥委会成员们也一如预期的那样做出选择,那么萨尔茨堡才是被远远甩在第三位的城市。不过,在隐晦不明的国际奥委会里,世事难料。

内部讨论代表是否支持温哥华的会议有时会吵成一团。与会者通常包括鲍勃·斯托瑞和我、某些国际团队的成员,他们中的许多人是模拟评估委员会成员(他们的工作是测评向评估委员会展示的内容)。我们按照名单,从上到下地逐个讨论,对他们进行分类:坚定支持我们的,坚决反对我们的,态度尚不明朗的。

在讨论到某位代表的立场时,一旦出现分歧,成员们就不禁开始大声争论。"满嘴瞎话。"你或许会听到有人高喊。我并不在意是否有人会感到难过,只想要一个真实的讨论过程。如果我们不能就某个人的立场达成一致意见,就必须从头开始,看看是否能找到其他信息,或专注于新策略,这或许有助于我们再争取到一张选票。整个过程可谓吃力不讨好。即便你认为某位代表的选票已收入囊中,5分钟后就又开始怀疑这一论断,总是缺乏信任。

我比较担心韩国,觉得他们很会打擦边球,能够在不触犯国际奥委会规则的情况下,向投票代表送礼或者给予奖励,讨好他们。自从盐湖城奥组委成员向国际奥委会代表赠送总价约1000万美元的现金和礼品来换取选票的事件曝光后,这方面的规定就愈加严格起来。如今,送给国际奥委会成员的礼品价值最高不能超过一件小饰品。

还记得有一次在布宜诺斯艾利斯举行的关键会议,所有体育界代表齐聚一堂,但我的重点只放在其中8名与会代表身上。我前往阿根廷,同行的只有卡洛斯·加西亚,他是一位在多伦多工作的同事,也是我们国际团队中的一员,有着深刻的南美渊源,说一口流利的西班牙语。与会的奥地利代表团有3人,韩国则有20多人。更令我惊讶的是,韩国安排了一群年轻貌美的女性走进展示厅,手上拎着礼品袋,里面满是礼品。我看见一位代表从袋子里拿出一块手表,另一位则是拿出一台CD机。

不止一人问我,韩国如此明目张胆地送礼,我是不是真的不介意输给他们。这话里有话,其实是暗示我们,或许加拿大也应当采取同样的策略。我永远都不会这么做，也相信这必然不是获胜的万全之策。我认为，如果接受馈赠，积少成多会转变为腐败；那么你可能会接受，承诺做出回报，但转身离开后不过10秒就背弃自己的诺言。

虽然在盐湖城丑闻后，国际奥委会肯定重新制定了规则，但还有一些游离于该组织边缘的角色，其中最糟糕的代表之一就是伊万·斯拉夫科夫。他是位保加利亚人，风评极差。国际奥委会曾对南非开普敦官员揭发他涉嫌腐败的事件进行调查。当时南非开普敦正与雅典角逐2004年奥运会主办权，最终雅典获胜。南非官员称，斯拉夫科夫承诺投票给开普敦，来换取金钱。调查询问后，国际奥委会决定不再追究此事。

2002年冬天在索菲亚参加国际体育新闻协会会议时，我和斯拉夫科夫在一家餐馆见过面。出于礼貌，我给他带了个小礼物，一个印有"第一民族"（指加拿大原住民）字样的开瓶器，外面包装着漂亮的盒子，盒子上压印着当地装饰图案。礼物总价约25美元。我注意到斯拉夫科夫的椅子边上放着两个袋子，其中一个比另一个装得更满。

谈话中，他提到对申办城市而言，申奥的过程耗资甚巨，而争取国际奥委会的选票也十分困难。从字里行间，我感觉他在暗示我，想要申奥成功，还需要做些什么去影响那些有表决权的代表。尔后，他谈到自己的儿子，称自己多么希望他能够去加拿大生活。当时我觉得不太舒服，就匆匆结束了谈话，给了他一份象征性的礼物。他打开后仔细观察着开瓶器，似乎感到不可思议，握着手柄慢慢地上下转了几次，好像从没见过似的。可以想象这样的画面：伊万身穿T恤，上面写着"我和约翰·福隆见面，但他只给了我一把劣质的开瓶器"。

他把开瓶器放下去，伸手拿了旁边那个较小的袋子说："这里是我的一点儿心意。"

起初，我等着回酒店，后来才往里瞟了一眼，里面是件T恤，正面压印着斯拉夫科夫的照片。如果我多估算一些的话，这件 T 恤最多值 2.5 美元。我猜他大概是通过这种方式告诉我，他瞧不上那个开瓶器。

与斯拉夫科夫的会面令我毛骨悚然，真是狮子大开口。他肯定是那种老派的国际奥委会官员，是奥委会试图摆脱的那种成员。2004 年，英国广播公司秘密拍摄了斯拉夫科夫以选票为由向伦敦奥组委索贿的画面。一年后，斯拉夫科夫因有损国际奥委会名誉而被逐出该组织。

国际奥委会中有各种奇怪的人想通过奥运会牟利。总有权利贩子接近我们，试图拿选票向我们索贿。有些人比较委婉，有些人则很直接。这些人并不是国际奥委会成员，但却是外围工作人员，显然与内部成员之间有着密切的联系——或者他们自称是这样的。我觉得应当称其为秘密经纪人，因为他们看上去总是很神秘。国际奥委会提醒过我们要警惕这些人。

我们听说，有个人自称在滑雪界和其他体育项目中都具有影响力。前加拿大奥运选手斯蒂夫·波德博尔斯基是我们国际团队的成员之一。他建议我们与之见面。该人声称自己曾为以色列特工部门工作，至今还与之保持密切联系。我一听就不想和他谈了，但斯蒂夫劝我说或许会有帮助，于是我们在苏黎世安排了会面。

鲍勃·斯托瑞和我在一家酒店的庭院里和他见面。来人是个个头不高、身体结实、长相凶狠的人，并没有什么个人魅力。我们听着他高谈阔论，十分后悔来赴约。他声称自己与国际奥委会成员都有联系，可以帮我们确定手里究竟得到了几张选票。他还说能帮我们争取到尚未得到的选票。为了让我们了解他的重要性，他告诉我们，没有他的帮助我们可能就会失败。

我感到很不舒服，觉得这就是个陷阱——肯定有隐蔽摄像头在偷拍我们的谈话。出于好奇，我问他开出什么条件。他开价每月 4 万美元，相对的，他会定期向我们汇报进展，并向我们提供其他对获胜有利的情报。我什么都没说,但也不想再谈下去了。鲍勃和我感谢他拨冗来与我们见面。

回去的路上我还是感觉不舒服,鲍勃也是。这次经历令我感到肮脏,我迫切地想洗个澡。

当然,提出帮助我们的外国人不止他一个,但是我感觉依赖一群外国人,说明你对本国国内的人民并没有什么信心——这似乎太糟糕了。这些家伙到处都是,我并没有什么兴趣。如果因为缺少他们的帮助我们就会输,那输了就输了吧。我已经准备好去面对这一结果了,我们都已经做好了准备。

和组里其他成员一样,我此时正在各项国际奥委会批准的活动中和加拿大境内发表演讲,试图争取国内对申奥工作的支持。大多数演讲都基于 2002 年 9 月我撰写的一份文件,题为"什么样的梦想可以成真"。我当时写这篇文章是想发表在《温哥华太阳报》上,但文章被退稿了。编辑认为文章过长,而且充斥着激昂的字眼。或许确实如此,但它恰恰是这届奥运会伊始我们为其勾勒的愿景,我得承认,这在当时看来确实有些冒险。文章中,我请人们想象一下,在 6 周的时间里,全球人都在关注"更高、更快、更强的神奇的体育精神席卷加拿大"。

"志愿者,"我写道,"将从各个小镇、村庄、村落和大城市赶来,他们并不平凡。他们的身体里涌流着数代先驱的热血……我们继承了他们的热情、灵感、干劲和顽强的精神。"

我在文中写道,世界各地的人们来到加拿大就像回到家里一样,这就是热情好客的加拿大人。我注意到。Canada(加拿大)这个词是从当地语言中 Kanata 这个词演变而来的,其意义是"聚会场所",多么贴切!可以想象冬奥会将给我们的国家带来怎样的变化。"奥运会虽然会结束……但是随着它逐渐演化成了我们的记忆,我们将因这段经历而斗志昂扬,我们的国家也会因此变得更好,更加高大。人们可能会用'迄今为止最好的一届'来形容我们的奥运会。我们也希望能够获得这一殊荣。"

我最开始在公开场合演讲上述内容时,更多的人对其提出质疑,而不是选择相信。但这篇文章将成为我的奥林匹克宣言,成为申奥工作的信条,成为商业规划的灵感和2010年冬奥会的基础。

在布拉格举行投票前,我决定向所有国际奥委会成员发送感谢信,感谢他们在过去几年里与我共度的时光。即便知道有些人在布拉格并不会支持我们,我认为对我们共同走过的旅程表示感谢,并由衷地以个人的方式表达出来也是至关重要的,我要向他们在其中所发挥的作用表达我的感激之情。这是项巨大的工程:近120封信,全部都要亲手写成。于是我决定,当我乘飞机往来各地时,在飞机上写完这些信。同时,我也为拥有奥组委收集的委员们的翔实资料而感到高兴。

写完第十封信的时候,我的手就开始抽筋了,但我决定写完所有的信并在布拉格最后表决的前一个月寄出。虽然我并不指望靠这些信来打动代表,让他们投票支持加拿大,但结果如何,谁也说不准。此举或许能够打动那些犹豫不决的人。不仅如此,我觉得这一举动对申奥和对加拿大同样有利,因为它或许能够表明加拿大人的特质。

一天,我从墨西哥途经洛杉矶回国,一旁的座椅上整齐地码放着五六十封信件。空乘服务员端着一盘盛放水的杯子,经过我旁边时绊了一跤,水洒到信上,也洒了我一身。上帝啊,我当时真想打开舱门把她丢下去。她无地自容,赶忙跑去拿了些纸巾,手忙脚乱地擦拭信件。有些信幸免于难,但大部分都沾了水。我当时不知道的是,她曾在航班上决定,如果我们赢得冬奥会主办权,她就鼓足勇气离开航空公司为2010年冬奥会服务;但是,洒了水之后,她却没有说出这个请求。

时间快进到几年后,我的办公室正在举办开放日,令我能够与员工们面对面,他们中有很多人都为了项目辛勤工作。那天来了大约六七百人,其中有一位女士看起来很眼熟,她走过来和我打招呼:"您还记不记得,有一次乘坐从洛杉矶飞往加拿大的航班,一位乘务员把水洒到您写的信上?""我记得。"我说。"那就是我。"她告诉我,把水打洒了以后,她就失去了勇气,不敢问能否为我们工作。我们都开怀大笑,她也是我们一个不小的收获。

把信寄出去五天后,我就接到一位美国国际奥委会官员打来的电话,他想告诉我自己有多么感动。然后他说:"请相信,我坚决支持加拿大,会尽力地帮助你们。"我不禁面露喜色,即便只争取到这一张选票,我所经历的痛苦和折磨也值得了。

越接近布拉格,我就越关心我们的演示汇报质量。在会议厅稳定情绪至关重要,我们即将在此进行最后的展示。除了演讲,我们希望通过激动人心的影片打动观众,展现加拿大之美和加拿大人伟大的精神。从踏进会场的那一刻起,我们的团队就必须把握现场的气氛。

加拿大的展示影片即将投放在巨大的屏幕上。我在杰克的支持下,选用了电影《小马王》的主题曲《我在这儿》。这是一首美妙的歌曲,是由卑诗省摇滚明星布莱恩·亚当斯演唱的,他的演绎更加突显了歌曲的特色。我想,这首歌的歌词也能引发国际奥委会委员们的共鸣。

我在这儿——这就是我
世界上哪里都不愿去
就在这里
唯有你我
今晚我们就将梦想成真

然而,关键是影片中的画面要能够打动在场的每一个人。我们要让他们叹为观止。出发去布拉格一个多星期前的周六，我走进拥挤的办公室（如今办公室坐落在历史性的过渡平台建筑中，该建筑位于盖斯镇的水街）观看我们富有创造力的魔术师马尔蒂·库利希剪辑的影片。在场的大约有10个人，马尔蒂关了灯开始播放影片。接下来的几分钟里，随着屏幕上闪动的一帧帧画面，我们都一言不发地静静观看。

我开始担心，其他人也一样。影片太糟糕了。

马尔蒂的剪辑并无不妥，但是它并不能令我惊叹。如果除去加拿大皇家骑警和枫叶这些标志性的画面，任何国家都做得出来。此外，我觉得它还不够鼓舞人心，影片里没有孩子，没有足够的灵魂，也没有谈及加拿大未来的希望、梦想和抱负。所以，灯一亮，我就把自己的感受告诉了马尔蒂。

"这样不行，"我说，"我们必须点亮整个荧幕，这部影片不合格。它还不够人性化，马尔蒂。它没有联系我们的愿景，也缺乏我们想要的震撼效果。"

我们当时正在探讨的设想之一，是围绕整个卑诗体育馆的屋顶点燃一圈圣火，这里将举行开幕式和闭幕式。实际上，体育馆本身就变成了史上最大的奥运圣火盆。我想在影片中向代表们展示出这一设想，无论是否可行，它都将成为一幅震撼人心的画面。大家对此存在很多争论，谈论着各种不能修改影片的理由，其成本有多高，时间有多么紧迫等等。"我不在乎要花多少钱，"我说，"如果技术上可行，我们就要在影片中展示出来。首先，我们需要在体育场一圈的屋顶上点燃火焰。"

讨论演变为争吵，人们一度大吼大叫，直到我出面制止才恢复平静。马尔蒂像泄了气的皮球一样沮丧。"马尔蒂，"我说，"就这么定了。我们还有10天放手一搏。你是这里唯一一个能完成这件事的人。"几天后，马尔蒂带来了我要的新影片。

（那天，大楼里还有其他人，听到会议室里在大呼小叫。下楼时，一名助理走上来问我发生了什么事。"我想我们刚才已经成为一个真正的团队了。"我说。）

下一个要解决的大问题，是谁上台做展示能够令我们赢得最大的胜算。这一决定总是有些冒险，而且充满了钩心斗角。我很害怕。规则允许11个人上台展示，但是由于时间限制，不是每个人都有机会发言，因为这不太可能或者不切实际，所以肯定有人的自尊心会受伤。但有人必须在台上展示：奥组委首席执行官杰克·普尔、我、总理、卑诗省省长以及一些家喻户晓的体育明星。

参与展示的人包括冰球选手韦恩·格雷茨基，速滑项目金牌获得者卡特里奥娜·勒·梅·多恩和斯蒂夫·波德博尔斯基。斯蒂夫不仅为加拿大赢得了第一枚奥运会滑雪金牌，也为加拿大申办冬奥会做了大量工作。我们还希望出生于牙买加的查梅尼·克鲁克斯能够谈谈文化多样性的问题。查梅尼是前奥运会选手、田径运动的体坛明星，而且还是国际奥委会成员。我们觉得温哥华市长拉里·坎贝尔和苏夸密许族的吉比·雅各布酋长都应当上台展示。冬奥会的多个项目都将在苏夸密许族世袭的领地上进行。最后，我们认为，加拿大奥委会主席迈克尔·钱伯斯也应当上台。

这就意味着，展示者中将不包括国际奥委会委员保罗·亨德森和迪克·庞德。迪克也是一位国际奥委会委员，可能也是加拿大最知名的奥运会官员。不让迪克上台的决定是非常敏感的，他毫不羞怯，会在任何时候对任何问题直接表达自己的看法。这种直率的作风可能会冒犯他人。迪克在国际奥委会工作了很长时间，处理过诸如兴奋剂等颇有争议的问题，因而在组织里树敌颇多。2001年竞选国际奥委会主席的过程中就能看出这一点，雅克·罗格胜出，迪克仅排名第三，令人失望。他还落后于韩国的金云龙，后者涉嫌盐湖城贿赂丑闻，遭到检方起诉，并被韩国政府监禁。

在与国际奥委会代表谈话的过程中，迪克的名字似乎出现得最为频繁，但都没有什么好话。在申办的最后几个月里，我们国际团队的一名成员和前国际奥委会主席胡安·安东尼奥·萨马兰奇讨论过此次申奥。他告诉我们的成员，如果迪克·庞德从加拿大冬奥会中牟利的话，那么我们就压根没有胜算。这表明，国际奥委会内部有时也存在着尖锐的对立。

迪克从未冒犯过我，他无疑是国际奥委会最聪明的委员之一。现代国际奥委会也应当向他表示感谢。虽然我希望与之友好相处，但我不希望他的窘境阻碍加拿大的申奥进程。我记得自己曾在曼彻斯特参加英联邦运动会，这种赛事往往会吸引大批国际奥委会官员的关注。那是2002年7月末，我正和一群人坐在酒店的休息室里，迪克走进屋子坐了下来。我无端地开始妄想，说实话，我有点儿害怕和他坐一起，不是因为他不得体，而是因为这种牵连效应会给我带来麻烦，这是我们所无法承受的。他坐下来几分钟后我就起身离开，没想到迪克冲我大喊："怎么？不敢让人看见和真正的国际奥委会委员坐在一起？"他的话有点儿伤人，不过我忽略了这种感觉。结果公布前，我肯定还会与迪克见面，想来不会太愉快。

去布拉格前的几天忙得马不停蹄。我记得其中一份工作是打电话给总理办公室，约见让·克雷蒂安，谈谈他在向国际奥委会展示过程中的演讲。我们只有一个小时，其中还包括了问答环节。有太多的内容要准备，一切都要安排得十分紧凑，根本不可能离题，来段即兴表演。我们都担心克雷蒂安总理可能会这么做。他喜欢即兴发言，或像他所说的"直抒胸臆"。直抒胸臆没什么不好，只要在我们规定的时间内说完即可。理想的情况是，他能够按照我们准备的发言稿演讲，发言稿是在总理同意的情况下由我起草的。问题是，如何劝总理不要即兴发挥。

到布拉格的前几天，我给总理打电话说："请您给我几分钟时间，我想和您谈谈在布拉格演讲的策略。"

"策略？"他答道，"我们的策略不就是要赢吗？"

我笑了，没错，我们就是要赢。但是展示必须按照我们的计划进行。总理需要通过雄辩向国际奥委会表明，联邦政府以及他个人，都坚定不移地支持申奥工作、奥运会项目和工作人员。

他说："你知道的，约翰，我擅长公共演讲，如果有什么不对的话，我会临场发挥。"但这恰恰是我们不希望他或任何人做的事。于是，我和他说了些事，有些地方确实有点儿夸大其词。我告诉他，我们不得不把演讲稿提前交给国际奥委会。提交后，就不能有任何过大的改动了。我会为他撰写讲稿，如果他愿意，希望他能严格按照讲稿演讲，我将对此感激不尽。

总理表示他当然会按照我们期望的那样做。前往布拉格的行程对总理而言非常辛苦，因为他还要参加在渥太华举行的加拿大国庆活动。活动一结束，他就要登上飞机，连夜赶往布拉格，于我们登台前一个小时到场。总理就像一位勇士，和我们一样迫切地希望赢得主办权。

刚一抵达布拉格，我们就感到焦躁不安。早在我们到达前，韩国人就摆开了阵势。韩国电子产业巨头三星公司似乎买下了布拉格市内的每一寸广告牌。好像该公司乃至平昌已经掌控了局面。市内不仅随处可见其标志，还能见到韩国代表团成员。他们似乎有数百人，散落在市内各处，搜寻着每一个角落的国际奥委会投票代表。我们和国际奥委会官员同住一家酒店，而且他们居住的楼层是开放的。只要有官员下楼，平昌的官员就会上前攀谈，仿佛果蝇见到蜜桃一样。

我开始担心团队的成员们见此场景会破坏纪律。我不希望看到任何人在任何情况下,为了获得国际奥委会官员的支持而承诺任何事、改变任何事,无论这些事多么无伤大雅。在整个申办过程中,我们都廉洁自律,希望直至最后一刻,我们都保持这种作风。

大多数时候,我们的团队都聚集在肮脏昏暗的布拉格查理大学法学院教室里。我们租下这里来排练展示汇报。戈登·坎贝尔省长非常了不起,他帮助其他人排练演讲内容,平静地鼓励大家,称一旦灯光亮起,他们就能拿出自己最好的状态。坎贝尔省长在此展现了公众鲜少看到的一面,我想如果大家能看到的话,无疑会对他有所改观。他亲切、幽默而富有同情心的特质在布拉格真正焕发出迷人的风采。

投票开始前几天,韦恩·格雷茨基就和家人来到了这里。他出了名的怕坐飞机,因此,跳上飞机一路飞行16个小时,对他来讲真是一件让人难以置信的事情。每天彩排的时候他都会到场,但随后就消失了。他说并不希望媒体蜂拥而至,分散团队的注意力。但我却希望练习结束后他也能留下,因为以前看过他接受加拿大电视网记者罗德·布莱克的采访。访谈过程中,他谈及自己第一次,也是唯一一次参加长野奥运会的激动心情。他当时称,自己赢过四次斯坦利杯,但参加奥运会的感觉胜过每次捧杯时的激动,这话说得太漂亮了。从这样一位蜚声国际的运动员口中听到这样的感受,具有重要的意义。

我们开辟了一处小型作战室,它就在洲际酒店里,紧邻我的房间。每天,团队中的几个人(大多数时候是鲍勃·斯托瑞、杰克和我)都会从头到尾看一遍代表名单,检查并复核那些支持我们的代表,然后探讨最后一刻的策略。我们是这么分析的,萨尔茨堡在第一轮投票过程中就会被淘汰。我们感觉第一轮投票可能就会胜出,但也有可能进行第二轮投票。萨尔茨堡一旦出局,可以说,他们的票基本就会全部投给我们。

大多数晚上我都睡不了多久。我们不仅会开到很晚,而且我的脑子里要思考很多件事。这就好比《绿野仙踪》里的一幕：飓风来袭时，多萝西被打中头部，于是梦见自己望向窗外，她遇到的所有人都从她身边走过。这就是我脑海中的景象，所有的人和事都不停地掠过脑海，而我无法停下来不想。

在布拉格展示汇报的前一天晚上，我们一群人正在餐厅用餐，迪克·庞德与夫人走进来加入了我们，气氛尴尬至极。迪克靠过来对我说，他明天准备上台介绍团队成员。我非常不快，不想被置于两难的境地，于是不得不告诉他不行，展示人员名单已经定下来递交给国际奥委会了。迪克对我的拒绝置若罔闻，但我知道这让他不好受。即使这并不是有意的，但是也有如在他的脸上打了一记耳光。他在加拿大是重要的国际奥委会官员，名扬世界，而我们居然都不请他上台共同展示。他不就是这个意思吗？

投票表决的那天早上，每个人都挺紧张，这可以理解。在三座申办城市中，我们是第一个上台展示的，这并不是理想的顺序。我希望最后一个上场，但平昌市抽到了这支上上签。我们上午10点钟上台，总理上午9点钟赶到现场，满面微笑。他告诉每一个人，虽然自己很累，但已经迫不及待地想上台展示了。我们即将登台的11个人在希尔顿酒店的大厅外列队等候，约有100名左右幸运的加拿大人将看到我们的现场展示。

上台前，我依次向团队的每一个人表示感谢，感谢他们为申奥所做的贡献，也希望他们知道，无论输赢，他们的努力对我，对申奥项目，对整个加拿大而言都有着重大的意义。这是我最美好的一天。我们作为一个整体共同站在终点线上，备受鼓舞，深感自豪。我们成功了，在此过程中没有带来伤害，没有欺骗他人，仅仅承诺我们所能做到的——尽量展现出加拿大人的特质。不论结果如何，我们都将没有遗憾。没有比这更令我满意的了——没错，我很紧张，但在道德感上我已经没有丝毫的负担了。

杰克·普尔为每一个进入会场支持展示团队的加拿大人发了"幸运一元"币，放在他们的口袋里。当然，幸运一元币是传说中的遗产。传闻，一位维护冰球场地面的加拿大员工在盐湖城冰球中心的冰面下埋下了一枚一元加币。待加拿大男女冰球队双双在那届奥运会中获胜后，幸运一元币就成了传奇。

大门敞开，电影《小马王》的雄壮音乐响起。屋内巨大的屏幕上播放着加拿大壮丽的风景及其国民。充满脉动的影片持续了两分钟，它帮助我们震撼了全场，渲染了现场的氛围。

表现的时候来了。

雅克·罗格对我们做了简短介绍，然后看着我说："下面有请主席先生。"

我在讲台上的话筒前停顿了几秒，似乎浑身僵硬。然后我望向台下的观众，这里云集着世界最具权势的体育议会的议员们，我们的命运就掌握在他们手中。摄像机从不同角度滚动拍摄，全世界都在收看投票现场。"我叫约翰·福隆，是2010年温哥华奥组委主席。今天，站在诸位面前，我不得不承认我十分紧张。"

我不知道自己为什么要告诉观众我紧张得双腿发抖，也许诚实是最好的策略吧。有趣的是，没想到后来很多人都积极评价了我承认紧张的小插曲。他们感到自己也有过这种脆弱的感受。这种场合下，有谁会不紧张呢？

我需要向观众介绍团队成员，我选择从杰克开始。他向观众表明，我们已经做好了充分的准备迎接奥运。如果申奥成功，第二天，我们就会动工建设，他向观众们保证。他还提到了一些已经动工改造的基础设施，其中就包括海天公路。

接下来轮到坎贝尔省长，我们获胜的保证。他要向国际奥委会表明，冬奥会不会陷入财政危机，因为省政府会提供财政支持。他的演讲极具说服力。然后总理上台，谈及联邦政府和全体加拿大人在这一天所做出的承诺。他的表现富有个性，谈到了信任和加拿大的价值观。总理状态极佳，带动了观众的情绪，这正是我们想要的。

由于时间限制，我们只能录下拉里·坎贝尔、吉比·雅各布和迈克尔·钱伯斯的演讲视频来播放。尔后，查梅尼·克鲁克斯讲述了加拿大的多元文化遗产和自己的移民历史。她向国际奥委会保证，全世界的运动员在这个由世界各地公民组成的国家，会受到热情的接待。

然后轮到我上台。

"虽然我的口音会令你们觉得我是个爱尔兰人，"我开口说，"但是，今天站在这里，我为自己是名加拿大人而感到骄傲。刚到加拿大的那天，一名海关和移民官员把护照还给我时，看着我说了一句简短的话：'欢迎来到加拿大——请让我们更美好。'他希望我为这个国家做出更大的贡献。在过去三十年里，我在加拿大发展了自己的体育事业，该国的奉献精神也真正融入了我的人生。我意识到，奉献就是加拿大人的品格……这也是对每个人的期许。"

此后，我谈了谈温哥华和惠斯勒为举办奥运会所做的一切努力，包括设施完善的机场、世界级酒店和冬奥会史上最引人关注的体育场馆，称我们的规划稳健、可靠，丝毫不需要担心。

斯蒂夫·波德博尔斯基随后上台，作为第一个在速降滑雪项目中摘得奥运会奖牌的加拿大人，他讲述了自己的感受，称加拿大为运动员规划建设的设施是世界一流的。尔后，他邀请"伟大球员"韦恩·格雷茨基上台。

韦恩·格雷茨基回忆了在长野冬奥会上踏入冰球场时神奇的感受，他并不知道这会对他产生怎样的影响。"奥运会是无上的荣誉，因为没有比它更令人动容的盛事了。"望向人群，我可以看到勒内·法赛尔的脸上洋溢着笑容，他知道格雷茨基的话能够在现场引起多大反响。

卡特里奥娜·勒·梅·多恩使用法语展开部分演讲，描述自己儿时就感受到奥运精神，而这极大地改变了她的人生。她称，如果我们有幸能够举办本次奥运会，那么这场奥运会将点燃卑诗省数千名儿童的梦想。

轮到我为展示进行总结时，我说："孩提时，我梦想成为奥运选手，那是我最崇高的目标。虽然并未参加过奥运会，此次申奥工作也给了我和同事们一次特殊的机会，成为与众不同的奥林匹克人。我们共同分享奥林匹克价值理念，视之为体育运动中构筑更加美好世界的强大平台。我们由衷地希望，能够成为诸位的伙伴，共同构筑那个更加美好的世界。"

我还向竞选对手表示感谢，感谢他们令温哥华申奥工作进一步完善，让很多人意识到，我们的城市和国家拥有一个更加美好的未来。我承诺，加拿大将成为国际奥委会最理想的伙伴，成为无须担忧、值得信赖的伙伴，还请委员们想象了一下圣火经过北极圈传递到加拿大的场景，那必将是圣火迄今为止所能抵达的最北端。随后，它将在不同的海域间传递，在逐渐点燃的过程中，把我们广袤的国土联系在一起。

"温哥华市已经做好了充分的准备来迎接奥运……我们相信，在未来的时光里，奥运会将为温哥华带来广阔的前景，成为发展的动力……我们相信，体育还能催生和平，我们自己也将在体育和人文的伟大事业中表现杰出。希望以后你们回顾温哥华奥运会和冬季残奥会时，能够感到骄傲和友爱。奥运梦想改变了我们，深深吸引着全体国民。我们的梦想根植于每一位加拿大运动员、每一个家庭和每一个孩子心中。我们的梦想，和你们的一样，是一个永恒的梦想。"

我们还要预留时间，供国际奥委会委员们提问。我们对他们的情况了若指掌。所有委员都要求我们突出申办优势，并谈谈如何解决通往惠斯勒的公路等悬而未决的问题。我们都应对自如。

坐回座位的时候,我感觉心里的一块大石头终于落了地。我的演讲沉淀了众人多年的辛勤工作,老实说,我们已经为此次申奥做了所有的努力了。就像队员按教练的要求在球场上全力拼搏那样。相信整个团队在布拉格也是不遗余力,我无法再要求他们做出更多贡献了。

我们一群人走出会议厅的时候,一位戴眼镜的老者伸出手向我走来。"说得太好了,主席先生。"他是美国著名的政治家亨利·基辛格,也是国际奥委会的荣誉委员。"祝你们好运。"他说。团队在大厅外集合,每个人都喜气洋洋。有些人想看看其他团队的展示,我则没什么兴趣。为什么要观看他们的展示,让自己更紧张呢?我需要走开清醒一下,于是我沿河走了很久。下午的时候,团队的一些人开始在我酒店房间里集合,当时各个申办城市的展示已经结束,我们要通过闭路电视了解第一轮投票结果。很快,雅克·罗格就出现在屏幕中,整个屋子鸦雀无声。

"经过第一轮投票后,萨尔茨堡被淘汰。"罗格称。

对于和我们有着相同奥运梦想的城市,一个花费数千小时、数亿欧元申办的城市,一切都这么结束了。再见了,萨尔茨堡。我无法想象,萨尔茨堡的申办团队此刻的感受如何,肯定很难受。

我们知道,奥地利在第一轮投票中获得的很多选票都将被我们收入囊中,即便不是所有选票,也会占大多数。但和国际奥委会打交道,你永远都无法预料会出发生什么事。没错,出乎意料的结果可能就发生在你眼前,煮熟的鸭子也可能飞走。

最终结果将于当地时间 17:30 公布。我们抵达会议厅的时候,韩国代表团已经等候在那里了,看上去颇有信心。流言称网上的新闻报道说平昌已经胜出,一位媒体人士向我咨询这消息准不准。"根本不可信，"我说，"雅克·罗格没有打开信封前，谁都不知道结果。"

结果公布前的几分钟令人非常痛苦，我紧张得肚子疼。虽然我充满信心，但等待总能令人心烦意乱。这时，国际奥委会全体成员都走上了台。编着辫子，身着鲜艳的捷克传统服饰的小女孩手捧一只枕头走向舞台，枕头上放置着一个信封，里面封存着我们的命运。罗格走向舞台，屋子里紧张的氛围令人难以承受。主席先生打开信封，似乎花了好几秒钟才看清投票结果。现场气氛愈加紧张。国际奥委会全体成员成排站在他身后。

"国际奥林匹克委员会很荣幸地宣布，第 21 届冬季奥林匹克运动会举办地为——温哥华。"罗格说。

我的反应有些迟钝，罗格说温哥华的发音听上去像"平哥华"，但一秒后我就缓过神来，意识到我们赢了。屋子里沸腾了。我站在一位身着红色警服的加拿大骑警身边，他是早上护送代表团前往会议厅的两位骑警中的一位。这位名叫尚塔尔·荣格的骑警转身给了我一个熊抱，力气大得差点儿勒断我的肋骨。"我们成功了！"他放声大叫。接下来的几分钟，场面一片混乱。我和团队的所有成员一一握手拥抱。

"今天我们创造了奇迹。"我对杰克·普尔说。让·克雷蒂安这名筋疲力尽的勇士，仿佛一下年轻了 10 岁。我向他表示感谢，感谢他连夜坐飞机赶往现场进行展示，向国际奥委会做出了保证，我觉得这对申奥成功而言至关重要。

此刻，我变成熟了。一路走来，我都在不停地猜测，如今，我的预言都成真了，仿佛全部的信仰都得到了证明。突然，我觉得自己可以理解那些获胜球员的狂喜了——那些赢得斯坦利杯、足球世界杯和美国职业篮球联赛冠军的运动员。此外，我还明显感到自己一下子轻松了。

投票结果很接近，只有三票之差，令我十分诧异。第一轮投票结束后，我们是落后的，但是第二轮投票中，我们赢得了此前支持奥地利的全部 16 张选票，以 56∶53 险胜韩国。双方票数如此接近，现在想来还感到后怕。国际奥委会历史上还有两次投票结果比这次更加惊险——两次都是仅有一票之差。

很多人谈论地缘政治在我们申奥成功过程中发挥的作用，称欧洲国家希望举办 2012 年夏季奥运会，所以 2010 年冬季奥运会的举办权投票过程中就不会再投给欧洲城市。我从不相信这一理论，我们之所以获胜，是因为申办工作做得好，做得纯粹而简单。国际奥委会信任我们，对我们感到满意。当然，有些人可能是出于其他的理由给我们投票，但我认为，总体而言，如果萨尔茨堡的规划和策略更胜一筹的话，它肯定能胜出。平昌也一样。不过老实说，鉴于韩国这种打擦边球的做法，我很高兴他们最终没有得逞。在三星集团的赞助下，韩国申奥工作大约花费了 1 亿美元，而我们只花费了 3500 万美元，但如今这些都不重要了。投票结果让我对国际奥委会及其运行方式都更有好感。

走出会议厅后，荷兰王子大笑着朝我走来。"这下你得为我保密了吧？"他问道，指的是我威胁他如果申奥失败就散布他裤子破洞的事。

"行，替你保密。"我回答。

参加为数百名前往布拉格的加拿大人举行的盛大派对前，我们出席了国际奥委会在希尔顿酒店举行的招待会。罗格及夫人安妮也在场，与大家相互问候。当杰克和我走到主席跟前时，他主动与我们握手并且说："你们该不会像某些城市一样，许下一堆好听的承诺，但不付诸行动吧？"

虽然知道他在开玩笑，但他的话还是让我吓了一跳。"不会的，"我说，"您无须担心，我向您保证，加拿大人会一一践行我们在此许下的诺言。"

稍后，我走向为成功申奥举行的庆祝活动现场。刚进门，现场就响起了一片友好的掌声。我备感尴尬，赶紧溜到角落和美国广播公司的人打趣逗乐。其中一人名叫迪克·埃伯索尔，是美国广播公司环球体育电视网总裁，极富魅力，同时他也是该电视网长期研究奥林匹克运动的专家。环球体育电视网支付22亿美元的天价，买断了2010年冬季奥会和2012年夏季奥运会的转播权。埃伯索尔告诉我，他们之所以这么做，一部分原因是有人预测温哥华能拿下2010年冬奥会的主办权。他赌我们能赢。

埃伯索尔十分高兴地说："你们赢了真是太棒了。否则，我赌输了，余生就有如身处建于北大西洋浮冰之上的房间那样，过着流放般的生活了。"

当晚，我实在疲惫不堪，很快就睡着了。团队大多数人在投票结果公布后就返回了加拿大。我感觉在布拉格，人们过多地关注了我，而我希望杰克能够获得应有的盛赞，他才是为申奥竭心尽力的人。我对他说，希望他回温哥华时能够因其努力而被视为英雄。我还要感谢国际奥委会每一位信赖我们的官员，于是我在布拉格多停留了一天。杰克、省长及其他人抵达温哥华时，受到了明星般的热烈欢迎。

我和团队成员以及媒体朋友晚一天搭乘加航航班回国。我依然情绪高昂，不太相信我们真的赢得了冬奥会主办权。过去48小时里，大家都很激动。申奥成功的结果不禁令我想到，这在很大程度上将改变我们当中许多人的一生。

在飞机上就坐后，我感觉比几个月，或许是比几年前轻松多了。代表团所有成员都升舱了。当飞机开始在跑道上滑行时，对讲机里响起了机长的声音："女士们，先生们，早上好。欢迎搭乘加拿大航空公司飞往温哥华的2010号航班。"

他的话让我激动得颤抖。

4

Employee No.1
头号员工

飞机抵达温哥华国际机场时，我体验到了申奥成功的兴奋感。下飞机前，飞行员就告诉我们，有大批民众在机场等候我们。但在海关检查处亲眼目睹数千人聚集在国际航班到达大厅，还是令人十分震撼。人们手持标语牌，其中很多人身穿红白两色的衣服。我八岁的女儿莫莉掠过一个个前来向她父亲道贺的人，还弄不清楚究竟发生了什么事，不过她也没被忽视。到处都是媒体，几十位朋友都来接机道贺，我被惊得目瞪口呆。

打电话致谢或写贺卡是一类祝福的方式，但人们专程赶到机场道贺着实令我感动，这是前所未有的体验。记者问我未来的打算，问我是否愿意担任温哥华奥组委首席执行官。我表示非常愿意，但是即便布拉格申奥之旅是我能为2010年冬奥会工作的最后时光，我也心满意足。将来的事情还有待商榷。

接下来几天里举行了一系列活动，庆祝温哥华获得的殊荣。每次上街都有人向我们致谢，感谢我们的团队为申奥成功付出的努力。

刚到家不久，我就接到布莱恩·伯克办公室打来的电话，请我去开会。布莱恩是当时温哥华加人队的主席兼总经理，也是镇上最知名的人物之一。抵达通用汽车体育馆董事会会议室后，我与布莱恩及其首席运营官戴夫·柯布见了面,并坐下来听了听他们要说的事。

"约翰,我想当面感谢你在布拉格的出色表现,"布莱恩开口说,"感谢你为国家做出的巨大贡献,很高兴看到你们赢了主办权。"

他告诉我,他和戴夫早上5点就守候在通用汽车体育馆,等待国际奥委会宣布投票结果。但同时,他们也有点儿不高兴,因为体育馆里的欢呼声太大,比任何一场冰球比赛都要吵闹。离开前,他问我有什么需要帮忙的,我说电话太多,接不过来。此后数年,他都信守诺言,但凡需要帮助的时候,他都会挺身而出。很多人和布莱恩一样,向我们表示祝贺,称我们"干得漂亮",告诉我们"需要帮助的时候尽管联系"。

虽然一连几天都沉浸在胜利的喜悦之中,但我们还有工作要完成。从申办城市到主办城市,我们还有很长的路要走。2010年温哥华惠斯勒申奥委员会如今变成了温哥华组织委员会,或人们熟知的温哥华奥组委。这意味着要选举新的董事会,人们为了争夺职位也会各出奇招,竞争将异常激烈。虽然人们已经知道杰克将领导董事会,但至少,首席执行官人选尚未确定。这一职位责任重大,将成为未来七年一切事务的总指挥。

接下来的两个月里,报纸、电视和广播脱口秀节目都在讨论奥运会的举办事宜。人们为了奥运会的花费争论不休,大家都在猜测董事会和首席执行官的人选。流言、传闻和臆测似乎永远都不会停止。几个星期过去,我可以感受到在布拉格紧张筹备的兴奋感开始在办公室里蔓延,就在申奥工作者中的一小部分人之间。人们纷纷猜测自己是否能够参与到未来的规划之中,甚至有些人已经开始跃跃欲试,设想自己在某些职位上的作为。工作的氛围令人不舒服,而爱尔兰人忧思的习惯又令我经常失眠,次数多到我自己都数不过来,极大地耗费了我的精力。我不知道首席执行官人选什么时候能够定下来,但如果奥组委再不对此表态,只让人等待结果的话,其后果是我们无法承受的。

与此同时，我正在着手筹备奥运会，参与各种与之相关的重大决策。我们正努力推进工作。

海天公路的改造建设几乎立刻就开始动工。人们也热火朝天地讨论是否有可能修建一条新的捷运线，从机场通往市中心。虽然这并不在我们对国际奥委会的承诺事项之内，但我们没有否决此事的可行性。迟早都要修建这样一条通勤的线路，我们当然希望能够及时建好，方便观看赛事的观众抵达市中心酒店。当然，批评者也在谈论我们脚下的这条被称为加拿大线的捷运线——尤其是从成本方面。

2003年10月3日，加拿大奥组委董事会宣布成立。正如预期的那样，该组织包括了政府、体育界和商界要人。加拿大奥组委有七人入选。国内和卑诗省各有三人入选；温哥华和惠斯勒各有两人入选，其中各有一人来自"第一民族"（原住民民族），还有一名成员来自加拿大残奥委员会，以及不隶属于任何组织的杰克·普尔。

既然组织成立了，那么其首要任务就是推选首席执行官。与此同时，国际奥委会宣布由我的好友勒内·法赛尔领导协调委员会的工作。这对我们而言又是个重大消息。该委员会的职责，是监督主办国在践行申办承诺时的作为（和不作为）。从盐湖城奥运会第一次与他交谈以来，勒内一直都大力支持我们的工作。他希望我们成功举办，并且会在进展方面向我们提出更多建议来推动工作。勒内担任这一职位令我们感到，虽然一切尚未开始，但我们已经抢占了先机。

但勒内同时也面临着极大的风险。作为国际冰球联合会负责人，在加拿大的领土上举行奥运会冰球比赛对他而言是个巨大的机遇，可如果我们失败，他也无法幸免。因此，他十分希望与我们积极合作，取得成功。勒内曾是顶级裁判且性情温和，这一切使他成为协调委员会主席的不二之选。我们实在太幸运了。

当年秋天，勒内和奥运会执行理事吉尔伯特·费利，以及奥委会其他成员访问了温哥华，监督考察我们自布拉格申奥成功以来取得了哪些进展。他们希望考察体育场馆的建址，与团队成员开会，并与各位政治领导人进行座谈，建立联系。

我们安排了前往惠斯勒的行程，认为比起坐车，坐飞机不仅有趣、时间短，而且也是一种比较新颖的方式。于是，我们从温哥华港租了两架水上飞机，飞越格劳斯山顶和广袤的地域上空，最后降落在惠斯勒的绿湖。勒内和吉尔伯特似乎有些困惑，不太明白我们为什么要选择这样的飞行路线。我敢肯定，他们一定以为，我们没有像承诺的那样，立即改造海天公路。

我们也很困惑，为什么奥委会这么早就对我们的工作产生了质疑。我想，这与历史因素有关。以前，很多国家的主办城市都没有信守承诺，奥委会不得不与之周旋数年之久。在惠斯勒，勒内问我，返回温哥华的时候能不能选择另一条路线，好让他们能够直接看到公路的建设情况。他表达得非常直白：既然你们说已经开始改造公路，那么我们想亲眼看看。

我很乐意效劳，于是回程中，勒内和委员会其他成员都亲眼目睹了公路上挖掘机作业、建筑工人在各处建设的场景。飞机上的很多人都点头表示赞许。我敢说，委员们离开的时候一定很高兴能与我们合作，因为我使他们想起了我在布拉格说过的话——加拿大必定践行我在此许下的诺言。

接下来的几个月将成为我职业生涯中最艰难的时期。每天，媒体都在猜测谁将出任首席执行官，还有人推测谁会角逐这一职位。时事评论员列举了一系列候选人应当具备的资质，认为只有兼具这些条件的人才有资格担负起加拿大史上最大的项目。确实有人认为，基于整个申奥过程中的表现，我有资格担任这一职务。但也有很多人认为我并不具备相应的能力与实力。

我记得，达芙妮·布拉默姆在《温哥华太阳报》上发表过一篇专栏文章，描述了她心目中的首席执行官人选，并阐明了我几乎不可能当选的理由。标题赫然写着：为什么约翰·福隆无法当选奥组委首席执行官。文章表明，我本人很优秀，但我的履历平平，没有一项能够证明我有资格负责一个数十亿美元的项目。达芙妮后来甚至为如此尖刻的文章标题向我道歉，称这是编辑负责的工作。

这当然令人难过。在内心深处，我充满信心，觉得自己不但能够胜任工作，还能圆满完成工作。我相信，没有人像我一样对这个项目满怀热忱，或像我一样，已经为加拿大设想了愿景。

我意识到，董事会有人对我和杰克·普尔的关系感到不舒服。有少数人觉得我们没有保持合适的距离，因而在负责如此重大项目的总裁人选上，杰克不能保持客观。没有了适当的距离和客观性，问责机制也就失去了意义——至少有些人是这么认为的。我的看法则恰恰相反。我们申奥成功后不久，杰克就表示，我是他心目中的首席执行官人选，这或许并没有什么帮助，反而对某些人而言，这恰恰说明我们两人关系匪浅。

11 月，首席执行官一职的竞聘活动进入白热化阶段。凯尔·米歇尔找到了我，我在申奥过程中曾与他有过数面之缘。从一开始，他就负责奥组委的招聘工作，对项目内的钩心斗角早已见怪不怪了。我和凯尔坐下来细谈，向他提供了一切所需资料，包括上任后采取措施的简要报告和对项目的远景规划等。

12 月，我给凯尔写了一封信，列举了我想担任首席执行官一职的原因和胜任这一职位的理由。"一个人再有才华和干劲，仅凭单打独斗也无法取得成功，唯有众志成城，集众人之力，方可取胜，"我写道，"想要成功举办 2010 年冬奥会，我们必须组建一支综合性的、人才云集的团队，吸纳富有才华的成员。"

还有些人认为，申办奥运的团队应当有别于举办奥运的团队，针对这一看法，我也提出了自己的观点。"这种理念给雅典奥运会带来了巨大的麻烦。连续三年组织混乱和表现不佳后，雅典奥组委不得不召回申奥团队负责人担任首席执行官。"我写道，"弗兰克·金在卡尔加里冬奥会的申办和举办过程中都担任要职，人们对他这两种角色都给予了积极的评价。卡尔加里冬奥会从申办到举办，其团队成员基本没有发生太大改变。

"能够拥有这次竞聘机会，我或多或少会有些不安，甚至有点儿恐惧……对挑战的定义多种多样，虽然总的来说，该项目存在多种复杂因素，但归根结底都是领导力的问题。领导人应当充满激情，忠实可靠，成为值得信赖的守护者。他将履行守卫和保护的职责，为团队注入不屈不挠的精神。团队成员都会信赖他并准备追随他。此人应当拥有无法撼动的人文价值观，出了名的正直，且具有永不放弃的态度。"

我也明确表示，我并不希望人们只是因为我们在布拉格申奥成功就认为适合首席执行官一职，我希望大家选择我是因为觉得我能够胜任这份工作。

后来我才知道，虽然大家对竞聘人选议论纷纷，但其实，所提及的候选人当中有很多人没有提出申请。我觉得自己在遴选委员会的面试中表现不错，他们提出的问题都很尖锐而棘手，令我感觉深陷苦战，仿佛要重新证明自己。有一点是肯定的：没有人对我过于苛刻。

我试图让遴选委员会明白，想找到百分之百符合职位要求的候选人是绝无可能的，因为这种人并不存在。最理想的人选是，能够挑选合适的员工团结在他周围，并带领大家达成目标的人。不过，这个人必须有能力组建一支独特的团队，说服杰出的人才放弃优渥的工作，冒着巨大的风险参与到项目之中，而这一项目将使加拿大享誉全球。

有时候，面试令人感觉遴选委员会在挑选建筑公司的首席执行官，其首要职责是在规定时间内完成所有场馆的建设。的确，这非常重要。但我认为，首席执行官最重要的职责是在全国推广奥运会。我会雇用员工，让他们在规定时间内完工，这只是比较简单的挑战之一。

终于，我听闻董事会锁定了两名候选人：我和另外一位据说在酒店业担任高管的候选人。对此，我深感沮丧，因为首席执行官人选迟迟未定，已经影响到了组织的工作，明显能够感觉到士气不振。从布拉格申奥成功后，已经过去了8个月之久，如今已是2004年2月了，奥组委却仍然没有选出首席执行官，也拿不出一份预算，更别提需要雇用员工的问题了。

杰克曾经来过我办公室，他显然也很沮丧，称首席执行官候选人想要胜出，需获得董事会四分之三以上的赞成票，而我只差一两票而已。杰克说自己有个好主意要告诉我。董事会任命另一位候选人担任首席执行官，而我可以任意挑选一个我想要的职位，不知我意下如何。用杰克的话说，这对我来说是个机会，我可以承担重要职责，对奥运会产生重大的影响，且不用面对身居要职而产生的压力。尽管他是出于好意，我还是对他的提议感到很生气。我问他是否向另一位候选人提出了同样的建议，他说没有。我们都很清楚，对方肯定会毫不犹豫地拒绝。

我终于按捺不住，在2004年2月10日写了封辞职信交给杰克并抄送给麦克·菲尔普斯。麦克当时是遴选委员会主席。在信中，我写道：
"显然，在我看来，2010年温哥华冬奥会董事会必须就首席执行官人选达成一致。虽然我并不希望如此，但很明显，我现在还无法获得董事会全体的支持。但总有人要出任总裁。我认为就领导人问题达成一致至关重要。

"为了达成这一目标，在此，我宣布退出总裁遴选并递交辞呈，退出温哥华奥运会团队。辞呈将于董事会和我本人协商同意的日期，即刻生效。

"我将单独递交一份报告，详细说明这一决定。很荣幸能够参与这历史性的成就，预祝各位大获成功。"

辞职信一交到杰克的办公桌上，他就立刻来找我了，不同意我辞职。他理解我的挫败感——他自己也很愤怒、沮丧，知道大家士气不振，也迫切地想要确定首席执行官人选。杰克发誓，总能想办法解决这一问题。但我知道，他的处境也不容易。他希望我们能共渡难关。

不出几天，我就接到通知，说董事会已经进行了投票，我被成功推选为首席执行官并将被推荐给董事会，再过几天，董事会就将任命我为奥组委首席执行官了。

听到这个消息，与其说兴奋，不如说我松了口气。遴选过于冗长，我一点儿都兴奋不起来。我知道，董事会有人反对我出任总裁，这令我很不安，但我不会畏缩不前，是时候大展拳脚了。我必须证明，那些恶意批评我的人是错的，我要比他们都出色，就像父亲鞭策我的那样。

2月19日，星期四晚，我正在家思考接下来应该怎么做，这时电话响了，是《温哥华太阳报》的记者打来的。他说第二天报纸将刊登文章，援引迪克·庞德的话，指出首席执行官遴选过程存在有利于我的暗箱操作。此外，迪克还暗示我没有资格出任首席执行官。我简直无法相信，但对那位记者说对此我不予置评。我尝试入睡，却总是克制不住地想象第二天报纸全文的内容。同样令我生气的是，董事会有人走漏了我当选的消息。我记得，那晚自己并没有睡多久。

第二天早上6点前我就醒了，赶忙跑去门前信箱里抓过报纸读起来。文章很好找（就印在头版头条），一口气就能读完。标题赫然写着"庞德称：省长干预2010年冬奥会奥组委首席执行官遴选，遴选委员会支持较差候选人"。文章援引迪克的话，称省长戈登·坎贝尔办公室操纵遴选过程。"我始终认为，雇用某人担任高管职务，必须参考其个人履历，看他是否应对过和遴选职位类似的挑战。福隆先生相当有能力且性情温和，但他并不具备首席执行官一职所需要的经验。"

文章的内容真是令人难以置信，我觉得既恶心又愤怒。被人当众斥责比被暴打更叫人难堪。我不禁感到，迪克这么做的动机是因为在布拉格，我没有安排他上台展示，或者他以为我在整个申奥阶段都故意不寻求他的建议。无论如何，此举都十分丑陋、欺人太甚，我恨不得把整座城市的报纸都买光，不让我的家人和朋友看到这篇文章。

我知道，当天早上，董事会将召开会议批准任命我的决定，不过事情可能存在变数，尤其是在迪克散布了那样的言论之后。然而，当天下午我就接到电话，让我去办公室。一进办公室，麦克·菲尔普斯就告诉我，我已经被推选为新首席执行官，奥组委即将举行新闻发布会立即公布这一决定，当时杰克也在场。他们没有提及合同，我甚至连工资都不知道。

当我反应过来时，我已经走进发布会现场，里面挤满了记者和摄像机，奥组委宣布我出任首席执行官一职并授予我一块标牌，上面写着"2010温哥华冬奥会——头号员工"。

经历了此前一连串事情以后，即便能够顺利出任首席执行官，也很难令人感到兴奋，但我尽量表现得开心。有位记者问我，首席执行官的薪酬是多少，我只能如实说我不清楚。麦克对大家说："我们已经公布了年薪为30万美元。"于是我回答："这下你知道了吧。"

这并不是解决遴选风波的最好办法，但此时我只想向前看，把遴选的烦心事抛在脑后，以全新的身份和最积极的状态开展工作。

后来我才知道，迪克是董事会里支持其他候选人的成员之一，其他持类似观点的还有福隆斯·克雷蒂安·德马雷（克雷蒂安总理的女儿）、帕特里克·贾维斯，又或者是其他人。我知道，我没有双语能力这一点令福隆斯和其他很多人非常不安。虽然我会说盖尔语，不过我猜这应该不算第二外语吧，我不由觉得，加拿大中部职场上存在某些偏见。但结果已定，我也没时间过多纠缠，由于遴选的拖延，我们在开展工作方面已经落后了。

迪克当天也打电话过来，自称是电影《星球大战》里的黑武士达斯·维德，留言解释他的所作所为，并承诺，既然奥组委已做出决定，他也会支持我。迪克称希望哪天能够收回自己所说的话。终于，我们通了电话，我告诉他可以接受他的说辞，而且我们需要见个面把话说清楚。就在那个星期，我去了他在蒙特利尔的办公室，谈了谈自己对其进行人身攻击的看法。我告诉迪克，这件事最令我生气的一点是，他根本对我一无所知，却对我的品性和能力妄加揣测。他暗示省长操纵遴选，把我推上首席执行官一职的说法也令人难以忍受。我已身居要职，完全有可能凭借自己的成就赢得遴选或不幸落选。

当选后，我向家人解释了首席执行官一职的意义，因为这意味着所有人都要做出巨大的牺牲：工作会占据我大量的时间，我会经常不在家。无疑，这将对我的家庭带来冲击，无论在高潮还是低潮期。家人都很支持我的工作并且给予我鼓励。我的孩子们都认识到这是项千载难逢的重任，他们的父亲将为国家做出重大贡献。

第二天，杰克打来电话，建议去加利福尼亚州的棕榈沙漠待几天，谈谈下一步的计划。他觉得我看起来太累了，出去几天，远离媒体每天的电话骚扰，晒晒阳光或许会好些。于是我们乘着他包下的小型飞机南下。那段日子，我告诉杰克，重要的是，从布拉格申奥开始就处理奥运会相关工作的过渡团队成员了解自己的立场，知道自己未来在组织中应当发挥什么作用，不应该做哪些事情。我并不急于展开人事变动，以免会后悔。现在我一心想着规划出组织架构，以应对一切任务。部分申奥的核心成员找到我并以各自的方式提出，如果不给他们分配适合的重要任务,他们就要离职了。

其中就包括特里·怀特,他在申奥阶段为我们提出了大量关键性规划。从表面上看,特里是温哥华奥组委首席运营官的首要人选,这是他梦寐以求的职位,但我并不想这么早把人选定下来——而且首席运营官目前没有什么任务。我想组建一个执行团队,看看从中是否能够诞生一位首席运营官。无论如何,直至奥运会临近时,奥组委才需要一名首席运营官。

特里对此感到不快,还一度说要离职,他以为我对他没有信心,原因根本不在于此。终于,他被赋予一项重要职责:服务和奥运会运营。我告诉他,他要知道,我正准备建立一个强大的组织,汇聚一群了不起的人,而他也是其中之一,但特里坚持要辞职。

"决定离职前,我希望你回家和你太太谈谈,"我对他说,"你们住在维多利亚,孩子还小,这是你一生当中遇到的最大的项目,结果你现在就想撒手不干了?我可不想你一年后后悔现在所做的决定,尤其是在你为申奥成功做出了这么大贡献的情况下,况且我们也需要你。所以你回家先和太太谈一下,告诉她'奥组委任命我担任副执行主席这样一个高阶职位。这是奥组委任命的第一位高管,与充满激情的加拿大体育明星并肩作战,参与组织内各种关键决策,周末可以休息,而且出差还会得到额外的补助'。"

我知道他和太太商谈后会出现什么结果。特里的太太莫妮克总有办法开导特里——他们是最好的朋友。周末结束后,特里走进我的办公室,面带微笑,显得有点儿难为情。

"我留下。"他说。

我很高兴地看他签下委任书,也很高兴能够听到他无畏的承诺。

接下来的几个月里,我花了大量时间与凯尔·米歇尔探讨执行团队的合适人选。我告诉凯尔,自己终于能够组建一支由7到9名管理

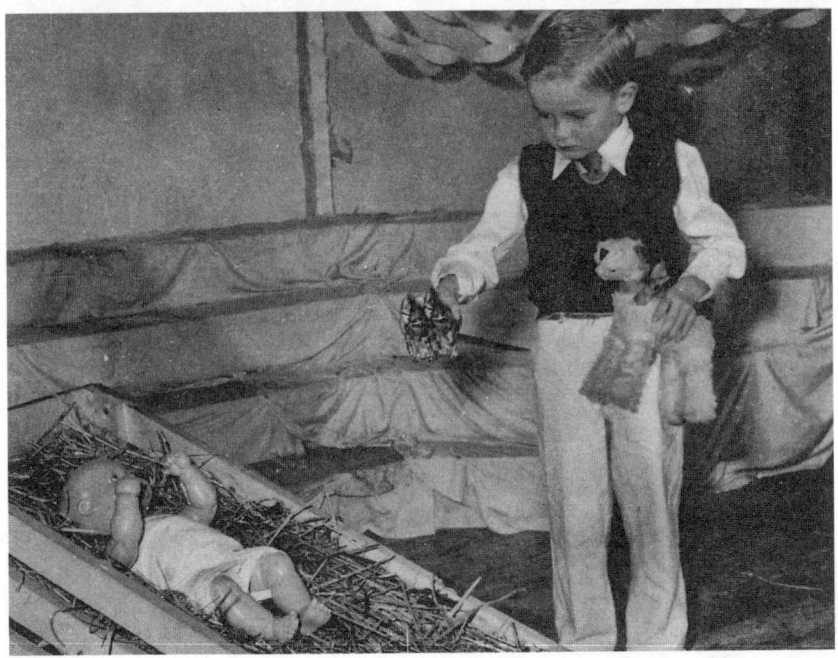

顶部：我的母亲莫林和父亲杰克，图片拍摄于我难得安静的日子

上：在爱尔兰克朗梅尔，圣诞节时我按照母亲的指示行事

上：特鲁多总理和我，拍摄于乔治王子城举办的卑诗省北部冬季运动开幕式，1978年

右顶：温哥华奥组委执行委员会：(后排从左至右)约翰·麦克劳林，肯·巴格肖，特里·怀特，丹·道尔，凯西·普利斯特纳·阿林格，大卫·古斯科特，我；(前排)沃德·查宾，唐纳·威尔森，多萝西·伯恩，戴夫·柯布

右底：苏米交到了新朋友。全世界的孩子们都喜爱这个残奥会吉祥物

左顶：米夏埃尔·让总督在温哥华奥组委海报上签名

左底：我站在联合国讲台上，宣读2010年冬奥会奥林匹克休战决议，呼吁所有交战国在奥运会期间停止冲突

上：女演员玛利亚·娜芙普利都点燃冬奥会圣火，圣火通过希腊奥林匹亚山上的阳光点燃

顶：手持奥林匹克圣火从雅典帕纳辛纳克体育场前往维多利亚

上：卡尔加里伊斯兰学校迎来圣火

右：加拿大各地原住民欢迎圣火途经其社区

从北到南,骄傲的父母们为运动员子女加油打气

人员组成的团队了，他们每人都能够处理各种纷繁芜杂的文件，都被冬奥会的愿景所深深吸引，都准备好立马开展工作，都热爱加拿大这个国家。我所设想的奥组委，几乎在每一层级上都是毫无阻隔的。为了建立起我们需要的团队合作，组织内不能有任何阻碍加以干预。我希望市场营销副主席能够实时掌握工程进度，希望建设部副主席能够就市场营销和人力资源等方面提出尖锐的问题。

奥运会来临之际，几乎所有管理人员都能够相互接管其他部门的工作，我从一开始就是这么设想和希望的。

虽然我希望一开始选出的管理人员能够坚持工作，对奥组委产生重大影响，但回想起来，或许以为我们选择的人一定能胜任工作的想法有点儿过于天真了。毕竟，这是要求他们承担起从未尝试过的任务（无论如何，从工作范畴方面来说确实如此），并且学会如何在高强度的组织中成为一名忠实的成员。我觉得对凯尔来说，这可能是他接到的最具挑战性的任务之一，尤其是在我坚持候选人一定要具备出色的品格，不害怕恐惧的前提下，因为对我而言这是一个候选人所需要具备的首要素质。听上去似乎很容易，其实不然。通常你会告诉招聘公司具体的招聘要求，比如，"我要找个挖掘工，身材健壮，体重超过250磅，必须自备铁锹"。我当然需要具备技术的人才，但其核心素质却是无形而难以捉摸的。

我感觉，我们必须在加拿大顶尖的公司内部搜寻温哥华奥委会需要的管理人才。我们要找的不是传统意义上的候选人，而是那些充满干劲，富有决心，为人正直，品性突出的人才，是那些能够一鸣惊人之人。

戴夫·柯布是我青睐的候选人之一，他是温哥华加人队的首席运营官。我们初次相遇是在申奥阶段，当时他帮助我们向评估委员会介绍通用汽车体育馆，这里是准备举行男子和女子冰球比赛的场馆。他果敢、自信、努力的态度和敏捷、机智的表现马上就给我留下了深刻的印象，他具备我所没有的优点。几乎没怎么准备，他就走到评估委员会面前做了场精彩的介绍，告诉委员们，在通用汽车体育馆举办奥运会冰球比赛再合适不过了。

凯尔和我开始探讨市场营销负责人所应具备的条件时，脑海中第一个浮现出的名字就是戴夫。但老实说，我觉得我们从加人队那里挖走戴夫的可能性微乎其微。加人队是温哥华最重要的冰球队，而戴夫从小在加人队比赛过的运动场附近长大，梦想就是有朝一日能够为球队工作。如今，他基本负责球队的运营。

对我们而言，幸运的是，加人队正经历一段动荡期。自从在布拉格见过布莱恩·伯克后，他就辞去了在加人队的职务，而加人队在西雅图的老板约翰·麦考和他的左膀右臂斯坦·麦克卡蒙将把队伍带向何方尚未可知。所以我们有了一线希望的曙光。戴夫是个地地道道的加拿大人，我想我还要点燃他对奥运的渴望。我认为奥运会是千载难逢的机遇，不由得戴夫不动心。果然，他难以拒绝我们的盛情邀请，最终加入了团队。奥组委对外公布了这一重大消息，吸引了当地商界的关注，此举也使我们变得颇有名气。我想，再吸纳几名像戴夫一样的成员，我们就可以应对一切挑战了。

接下来的几个月里，我们组建了团队，在大部分人选问题上，我们都做出了明智的选择，他们大多数都坚守岗位，直至项目结束。不幸的是，有些人半途而废了。我们第一位人力资源副主席杰夫·詹工作不到一年就离职了，但他为唐纳·威尔森提供了机遇。我们是从温市信贷联盟挖掘这名人才的，该公司通常被誉为加拿大国内求职者最希望就职的顶级公司之一。凯西·普利斯特纳·阿林格这位速滑奖牌的获得者，成为体育部副主席。凯西有着丰富的奥运会经验，是管理层中深谙体育运动的成员，也曾是某些圈子讨论的首席执行官热门人选。她十分沉着冷静。我觉得体育界会因为她的任职而欢庆，事实也的确如此。

肯·巴格肖稳坐法律总顾问一职，他是法律界的精英人士，其职业履历令人印象深刻。沃德·查宾负责技术和系统，他绝不容忍任何失败。我们发现沃德在法国，于是我亲自前往巴黎面试他并与之签订合约。斯蒂夫·马西森是我们从多米尼恩建筑公司挖掘过来负责场馆建设的管理人员。斯蒂夫品德出色，堪称完美，拥有积极向上的价值观和坚实的业绩。然而不幸的是，我最终不得不找人接替他的位置，令人非常痛心。

还有唯一一处需要调整的人选是我们的首席财政官雷克斯·麦克伦南。2005年，我们聘用了雷克斯，与之共事了18个月，但合适的并不一定是最佳的。我要寻找那种很早就愿意加入团队的人，他不仅是位伟大的导师，还会在奥组委推行这样一种观念，那就是我们要谨慎地花费手中的每一分钱。我让约翰·麦克劳林接替了雷克斯的位置。他几乎从一开始就是我们的审计员，但刚上任时似乎还没有准备好迎接这一重任，但现在已经得心应手了。

早期担任首席执行官的记忆中，我最喜欢的场景之一，是租下温哥华市国会六号剧场，组织过渡小组全体成员于某天下午一起观看电影《冰上奇迹》的一幕。电影讲述的是1980年美国男子奥运冰球队克服重重困难夺得金牌的故事。我觉得，除了团队合作，我们还可以从中学会很多。美国队教练赫布·布鲁克斯就是领导力的缩影，我仔细研究了他在选拔和训练队伍时使用的动机策略，从而与前苏联冰球队一决胜负，留下了史诗般的一战。

我觉得这部电影非常感人，令人深受鼓舞，它讲述了一群从大学冰球队选拔上来的球员一举成名的故事，这些球员颇具人情味且充满活力，但也并非完美，有着很多缺点。他们有着共同的梦想，就是去做许多人认为不可能的事。影片结束后，我记得自己与团队探讨了故事内容，并研究了它从某种程度上反映出，我们将要面对的各种艰巨挑战。

那天，我告诉大家，如果他们想要成为这种团队的一员，就要一以贯之，坚持到底。但如果他们不能做出这样的承诺，不能持续地、全身心地投入到项目中，那么第二天他们也不需要再来上班了。最重要的是，我希望所有人都明白自己参与到了一个怎样的项目中，告诉他们需要投入时间，也会被要求完成似乎不可能实现的目标。但我也提到，即便有些困难和挑战乍一看很艰巨，令人望而生畏，终有一天，由各个部分凝聚起来的团队必将一一攻克。

那天下午，我告诉大家，如果我们不能够把奥运精神传递到加拿大的千家万户，如果不能与国内每一个家庭、每一名儿童分享奥运体验，我们的工作就是失败的。虽然从表面上看，我们的工作在世人眼里或许是成功的，但实际上却会成为加拿大可悲的败笔，我们都心知肚明。奥运会不仅仅关乎建设场馆、提供就业岗位、刺激旅游业发展等问题，同时也是为国家发展意义深刻的人文事业，向世界表明，当一个民族团结起来，可以完成怎样的壮举。

我并没有那么天真，以为在场的所有人都能领会话中含义并表示赞同。至少当时不会那么想。可以肯定，在场有些人必然认为，随着时间的流逝，我的蓝图将发生改变，我们会更加冷静地修正愿景，种种现实会消磨掉我的雄心壮志。但是我知道，也有很多人愿意与我携手并进，因为我所提出的冒险令人神往，不容错过——即便前路艰难险阻、崎岖不平、令人忧心，危险重重。

令人高兴的是，第二天没有一人离去，如我所料。

此时，奥组委成员约 50 人，但我的管理团队尚未组建完毕。在很大程度上，我要依赖这支核心小组来构筑大部分组织，其规模在申奥成功后的六年间要扩大至1300多名全职员工。如果这支最初的团队能够真正设想到这种未来，如果他们能够理解并相信从一开始就参与到项目之中是一种莫大的荣幸，他们就会提醒周围的人为什么我们能够取得今天的成就，确保团队永不迷失，他们会竭力保护这一愿景，不让那些不认同或阻挠其实现的人加以破坏。

早先，我担心的问题之一是，当第一次危机来袭时，管理团队将如何应对。为了理解和预测人们的反应，我们决定，通过一系列不同主题的研讨会，在探索不同团队成员的坚韧度和脆弱程度方面进行真正的投入。想要成为团队，最好勤加练习。

在过去的岁月里，我参加过各种领导力研讨会，还记得有一次是在安大略省的伦敦市举办的。会上，我体验了火中行走，也就是赤脚在没有燃烧的炭块上行走，炭块滚烫，温度高达950华氏度。这次课程帮我克服了对飞行的恐惧——实际上，它克服了我对一切事物的恐惧。当时我们还做了其他疯狂的事，例如让尽可能多的人挤进酷热的小帐篷里，看看我们在令人窒息的幽闭空间里能够忍受多久，其目的是测试我们的忍耐力、专注度和奉献精神。在另一次练习中，我们相互喂饭，双方不准交流——这真是对耐心的考验。在我的奥运团队中每个人都要接受迈尔斯－布里格斯性格测试，它是用来测试人们如何看待世界、做出决策和其他方面特质的。结果发人深省，它表明，我们非常幸运，团队里云集了各种人才，但几乎所有人的竞争意识都很强。奇怪的是，测试表明，我是团队里唯一一个不折不扣的内向者。对我的描述词是"触角"，首先要用心去领导。测试表上，我的名字远远地标在角落里，与其余成员相隔甚远。大多数人都是典型的A类性格：充满干劲、雄心勃勃、坚韧不拔，而且比我注重细节。我的团队是理性而条理分明的团队，而我是个充满干劲，渴望成功的人。

理解管理层的每个人，有助于创造一个开放、理解和有效的环境。我们会传阅描写如何组建团队和有关团队功能障碍的书。劝导团队时，我把自己的经验作为前车之鉴。运动员如果不能宣告其脆弱，例如伤痛、恐惧或缺乏自信等，将会使更衣室内的团队氛围陷入低迷——球场上同样如此。运动员如果不坦率、诚实，将于团队不利。我告诉大家，如果有人不太相信自己，就举手说出来，这非常重要。我才不在乎他们对此感觉有多糟——对团队而言，这是强大而非弱小的表现。

我决不允许项目愿景、我们的使命和价值观被一群极其自负的人操控。因此，把这些理念尽可能地深植于奥组委中，并一再重申是至关重要的。作为一个团队，愿景、使命和价值观始终都是我们的道德指南，是我们面临考验或感到迷茫时借以巩固自身的力量。我们一致同意，如果不适应我们的组织文化，就不能加入我们的团队。

我们为2010年冬奥会树立的愿景一直都是加拿大的奥运会——即便申奥阶段也是如此。转变为奥组委之际，我们仍要重新提出这一理念。我们的任务是触及国家的灵魂，直击其内心。北京夏季奥运会结束后，很多人问我要如何超越。我的回答很简单：我们意不在此。我们并不呈现壮观的场面，而是去寻求某些感人至深、能够为国家留下情感遗产的东西。如果人们对奥运会漠不关心，那么遗产的存续不会超过一个星期。

确立能够引导奥组委的价值观是严肃而又鼓舞人心的。希望这些原则能够帮助我们在成员内部建立起持续的联系，并为评判潜在伙伴提供衡量标准。如果感到伙伴甲不认同我们的价值观，我们可以留下薪资，转身就走。我们的价值观如此刻骨铭心，只要潜在业务伙伴出现了什么问题，我们立刻就能感知。

团队合作是头号价值观，但在初期，我们并不擅长此道。申奥成功后，我们都有些傲慢自大、沾沾自喜，不能立刻接纳诸如加拿大贝尔集团和加拿大皇家银行这样的新合作伙伴。必须尽快整合为一个团队，作为一个组织，我们必须先成长起来，然后才能看到我们有时正站在自己的角度损害整体的利益。每一位合作伙伴都像一名团队成员，能够帮助我们走向成功。因此，最好像朋友一样与之相处。于是，我们奉行的准则转变为"共同迈向成功"。

另一种价值观是信任。如果你是团队的一员，知道我相信并信任你是至关重要的。要让每一位员工知道并感受到，一届伟大的奥运会取决于他们的努力。无论担任何种职务，我们都希望他们感受到自身对于团队的重要性，相信自己能够完美地完成工作。我们试图让员工们对自己的工作永不满足，永不止步。

布拉格申奥成功后，有人问我如何描述我们的团队文化。我回答说，如果在前门上挂标语的话，其内容肯定是：此后的每一步都至关重要。显然，卓越和创意也是我们的价值观。一切都要尽善尽美，这就要求我们运用非传统方案来解决日常问题。我们也常常另辟蹊径。

最后一种价值观是可持续性。董事会成员之一的吉姆·戈弗雷坚持把这一点列入价值观之中。董事会的朱迪·罗杰斯和几位管理层成员也支持他的看法。我不太明白，觉得可持续性是个政治上正确但意义不明的词。它指的是绿色奥运？少砍些树？还是节约点儿材料？"可持续性究竟是什么意思？"我问道。吉姆的回答令我毕生难忘："它意味着每次都做正确的事。就是这么回事。"几年前，在惠斯勒开展的建设就凸显了这一原则。员工们一度需要徒手将几十只青蛙和蝌蚪运到40米的上游处，其中有五次需要上下来回奔跑，非常累。

那就是做正确的事的含义。无论是否在镜头前，我们都要无一例外地做到无懈可击。名誉是我们无价的资产，因而要不惜一切代价守护它，否则，痛失名誉也就意味着失败。

尽管我们为团队建设付出了巨大的努力，但生活远不是那么如意。在奥组委工作的最初几年总是充满挑战，但还有一个问题令工作愈加艰难：管理层和董事会之间总是暗暗较劲，有时似乎水火不容。

我们感到，董事会有些成员将其所代表的利益相关者的需要和诉求置于奥组委和奥运会之上。如果想要成功，大家必须团结并达成共识。

另一个涌现出的问题是消息外泄，很可能在我被任命为首席执行官之前就存在了。向董事会提交的敏感信息被泄露出去，有时甚至还会见诸媒体，令人不安和愤怒。我们感到，董事会办公室有时并不是探讨事务的安全场所，这些事务一旦公开有可能会影响公司股价。

我还感到，奥组委内部的钩心斗角颇为严重。向董事会汇报结束离开时，我们往往感到没有得到任何专业性的指导。与此相反，有时甚至觉得向其提供的信息被某些利益集团（如市议会或政府合作伙）拿来交易或用于不利于奥组委的事。董事会内部争斗不断，我感到，如果董事会一贯的伎俩，是允许 7 个不同的利益集团为己牟利的话，奥组委就有大麻烦了，我们将不能举办一场理想的奥运会。董事会也应当成为一支好的团队，帮助我们成功。

初秋的时候，我沮丧得难以形容，再也无法忍受这种情况了。我们必须改变董事会纷争的乱象，说服各位成员与我们团结一致——这是解决问题的唯一方法。团队也需要有所进步。我和杰克多次讨论了这一问题，他完全赞同我的观点。他知道，我们存在的问题亟待解决——但这并不容易。

2004 年 10 月中旬，我们即将宣布第一项重大赞助方案，并最终锁定了两家竞标企业。十月举行会议前，董事会一直留在惠斯勒，我们需要到那里就竞标问题向其汇报。虽然董事会人数比我们多，但我想，也许这是表达关切的最佳时机。首先，我对各位董事的难处表示理解——一方面，他们代表与温哥华奥组委协商的各个实体；另一方面，他们要最大限度地为奥组委谋求利益。但是，这就意味着，我们应当为同一个团队服务。不幸的是，我继续说道，管理人员正为董事会的神圣性而担忧。我们感到，某些董事不值得信任，无法保守我们提供的秘密信息，泄露消息的现象十分严重。

我不得不列举几个例子，结果导致现场的董事们含沙射影地相互指责。有些董事会成员讨厌被人当面指责不值得信任，立刻就进行了反驳。后来一位董事称我是鲁莽的两面派。我告诉他们，不论是否觉得这种指责有充分的证据，管理层都处于艰难时期，士气不振。我必须承认，这种全面撒网的方法肯定会激怒那些无辜的董事，但至少可以开始着手处理董事会的种种问题了。

（我知道，采用这种正面揭露的方式，个人是需要冒着一定风险的，但可以肯定，与暗地里一个个处理董事的方法相比，这种方式更加行之有效。诚然，我很有可能冒犯了董事会很多成员，而且是否能够保留职位还要看事情的处理结果。）

说完后，管理层与董事会之间仿佛出现了不可逾越的鸿沟。形成一个团队？恐怕不行，双方形同陌路。

后来，杰克和我在酒店房间见面时说："上帝啊，你真是令人难以置信！"他不太喜欢冲突，所以无法理解我为什么要在董事会上咄咄逼人，觉得我像变了一个人一样。即便如此，他也同意，必须指出董事会的问题了。

管理层成员当夜从温哥华驱车前往惠斯勒，与董事会共进晚餐。每个人都彬彬有礼，亲切友好，但实际上现场暗流涌动，剑拔弩张。大家都不开心，至少我是这样的。晚餐后，我和团队成员单独开会，告诉他们白天发生的事，并提醒他们，明天向董事会汇报赞助竞标的过程必将十分艰难，必须打起十二分精神做到最好。

第二天的会议确实出现了争吵，但最终，董事会还是签字通过了我们的提案。我们的提议遭到了铺天盖地的反对，令人没有丝毫胜利的喜悦。走出会议室前，我还提醒董事们，此事需要严格保密，我们将尽快与敲定的两家公司会面，向其提出建议。我指出，希望在早上那番话后，管理层可以不必再担忧董事会泄密的问题。

没想到我又错了。

会后，戴夫·柯布和我立刻驱车返回温哥华。车开了还不到15分钟，我的电话就响了，是一个好朋友打来的，其公司后来竞标失败。他说："我知道中标公司已经确定下来了，看在我们这么熟的分儿上能不能告诉我是哪家公司？"

我尴尬至极，仿佛有什么东西在脑袋里炸开了。

真是令人难以置信，我已经警告董事会不要泄密，居然还有人胆敢再犯，简直令人怒不可遏。我只能否认中标公司内定的传言，但是我的朋友对此十分笃定。通话结束后，我打给杰克，把刚才的事告诉了他。我们一致同意展开全面调查，并尽快与董事会就此次泄密事件进行当面对质。

我告诉董事们，我们很清楚是谁泄的密，一旦证据得到了充分的证实，会再向董事会汇报。我主要是想让他们明白，一切尽在奥组委的掌握之中，并决心铲除那些阻碍组织实现利益最大化的人。这一策略行之有效：从此以后再没有人敢越雷池一步，董事会变得严丝合缝，口风甚紧。我们终于在团队建设方面迈出了一步。

然而，与董事会之间的龃龉并未结束——至少没有完全结束。在接下来的两年里，有传言称奥组委将出现人事变动，杰克的位置将被取代。董事会少数成员认为杰克与我过从甚密，因而无法客观地对待我的工作和管理层所做出的决策。董事会某些成员错误地以为，杰克领导董事会两年后就会主动让贤。事实并非如此，否则我倒有些新奇了。每年，杰克自己都坚持领导董事会。他希望通过大多数董事投票这种陈旧的民主形式赢得主席职位,而不像董事会其他人一样拉长任期。

管理层也听闻了改换杰克的风言风语,作为团体,我们决定团结在杰克周围。我通过秘密渠道,清楚地向董事会表示,如果杰克离开,我也不会逗留,管理层团队中的某些成员也很可能随之出走,这将导致奥组委陷入混乱、不稳的局面。对我们而言,杰克的地位不可撼动,形若伟人。

幸运的是,这一惨烈的局面从未发生。

5

Calls for **My** Head

让我下台的呼声

刚出任首席执行官后不久，我就意识到我们面临着一个巨大的问题，而且就在不久的将来，朝我们步步紧逼。申奥阶段，我们要假设，如果 2002 年举办奥运会应当如何规划。这就意味着当时提出的 4.7 亿美元建设预算将不足以在五六年间支持我们建成体育场馆。从一开始，我就知道这是个问题，但这是所有申办城市必须遵守的规则。我们遵守了这些规则。国际奥委会对此的解释是，该规定允许其评估每座申办城市的相关优势，而无须考虑通货膨胀及其他经济因素，这些因素在不同国家、不同年份之间存在着天壤之别。

大城市提出的建设项目千差万别，因为不同地区有着不同的愿景。有些城市开展了大规模的基础设施建设（例如，俄罗斯索契，几乎一切都是新建的），有些则不然。加拿大把注意力放在那些已有的建筑上，尽可能减少建设。我们的理念是可持续性，对我们而言，少即是多。即便如此，我们也不得不进行一些建设，而且我们知道，仅仅考虑到通货膨胀这一个因素，其成本就高于我们在申办书中规划的数目，这是无可避免的。起初规划预算时，我们并不知道，影响过热经济的乘数会是建筑业，物价也随之飙升。

回首过去，如果说我有什么遗憾，应当就是从一开始，我们没能向公众更好地解释建设预算很可能增加的问题吧。我们本应清楚地说明国际奥委会的申办流程和财政规划之所以需要重新核算，是因为劳动力与原料成本上涨和其他建筑业通胀因素所导致的。如今，从一个爱尔兰人的角度来看这项工程，我得向联邦和省级政府要更多钱——还要告知公众，成本不断攀升。这就好像谈论你胃里不太舒服一样。可以想象，报纸头条铺天盖地地叫嚣着成本超支，拿这届冬奥会与其他负债累累的举办城市相比较的情景。

温哥华奥组委的每一位成员都知道，这将是我们不得不经受住的风暴之一，或许是对我们的第一次重大考验。

作为奥组委，我们的独到之处就在于提前要求承担起建设项目的责任。大多数奥组委都会将这项职责全权委托给一家公司，由该公司负担所有费用，如果出现超支的情况（不是由奥组委，而是公司），他们就得低声下气地向政府要钱。但是我们感到，这种模式效果不佳。就在最近，2004 年奥运会和 2006 年冬奥会开幕前几周，场馆还没建设完成，成本超出预算，报纸头条也令人不快。无论哪种情况，预算超支都会给奥运会留下污点。我们希望掌控自己的命运，尤其在名誉是我们唯一的最大资产的情况下。

宣布资金短缺前，我们必须证明，奥组委已经尝试尽可能降低建设成本了。这意味着我们已经仔细审察了每一个项目，在不影响场馆整体性的情况下，尝试着从原有规划中省出一点钱了。向纳税人证明我们理解并尊重如下事实至关重要：我们花费的是他们缴纳的税金，而且不能随意乱花。

里士满奥林匹克速滑馆的演变就是再三审察项目以应对经费挑战的绝佳示例。原定规划是在西蒙弗雷泽大学花费 6300 万美元建设一座速滑馆，但到了 2004 年春，该项目已经严重滞后，面临巨大的压力。

如今看来，如果按照原定计划进行，该速滑馆花费将增加20%，因为许多建筑材料，如水泥、钢铁等几乎每周都在疯长。与头一年相比，钢铁价格增长了一倍多，水泥成本更是原来的3至5倍。大温哥华地区大兴土木，极需建筑工人，因而其薪资水平也水涨船高，真可谓祸不单行，不断冲击着我们的底线。

不久，媒体就下结论称，如果速滑馆的建设经费增长20%，那么其他建设费用可能会以同等速度增长。每当记者采访省级或联邦政治家时，他们的回答都是"没钱了"，这在我们看来，就是让奥组委自己想办法解决的意思。专家分析我们有麻烦了，情况岌岌可危。这种局势逼迫我们变得极富创意。

我们希望，奥运会结束后的很长一段时间内，速滑馆都能够为西蒙弗雷泽大学的体育教育做出巨大的贡献，也期待这所大学能够投入大量资金建设该项目。但很快，事实表明，我们几乎要承担项目的所有花费，大学只出资500万美元。除非我们只打算建造一个巨大的工棚，否则，如果建设成本按照这种速度上涨的话是肯定不够的。

一天，我开车回里士满郊区的家，却因为下班高峰堵在路上了，于是开始思考速滑馆所面临的挑战，突然发现，里士满投资了50万美元帮助我们申奥，却丝毫不求回报。我坐在车里，在小纸条上筹划，是否能够在里士满这样的地区留下像速滑馆这样的体育遗产。我觉得像里士满这样充满企业家精神和合作精神的地方，可能对接手速滑馆项目感兴趣。

第二天，特里·怀特和我与里士满最高长官乔治·邓肯坐下来举行会谈。乔治高大伟岸，曾是位表现不俗的壁球选手，为自己的城市带来骄傲。我在白板上描绘出自己的设想，滔滔不绝地谈论这样一座场馆将为当地带来怎样的好处，并暗示如果里士满接下了这一项目，它将获得温哥华奥组委提供的6300万美元的资金支持，并且获得一座独一无二的体育场馆。我们还表示，速滑馆也会令里士满重新思考其长期的体育娱乐设施战略。乔治很感兴趣，异常兴奋，不过他说自己要和马尔科姆·布洛迪市长以及市议会的议员们商量一下。很快，我们就收到消息，称里士满愿意争取速滑馆项目。

如今的任务是与西蒙弗雷泽大学的人交涉。他们对通过竞标争取速滑馆项目的提议感到不快。虽然我们也尝试让其他城市参与竞标，但最终竞标的只有西蒙弗雷泽大学与里士满市，结果毫无悬念。里士满竞标时付出了巨大的努力，市长官员们飞往世界其他地区考察当地的速滑馆，提出将弗雷泽河畔的一块重要地区用于场馆建设，这里是该市的黄金地段之一。该市设计的场馆结构透视图显示这个场馆将成为奥运会中最知名的场馆。奥运会结束后，里士满计划将速滑馆改建为重要的休闲综合建筑群，它或将成为国内最好的休闲场所，致力于高品质、社区化的娱乐活动。

最终的中标价格为1.78亿美元，里士满将速滑馆周围约20公顷的土地售出，获得1.4亿美元资金用于场馆建设。建筑师计划在场馆部分结构中使用卑诗省内地遭松甲虫侵蚀的木材，使之更受民众的欢迎。速滑馆将成为建筑奇迹和奥运会的亮点，成为历届奥运会争相效仿的场馆。

西蒙弗雷泽大学的提案不可与里士满同日而语。事实很简单，里士满规划的场馆将成为全社区的遗产，是其他任何地方都无法比拟的。我们建议西蒙弗雷泽大学向其所在的本拿比市寻求帮助，从而获得额外的资金支持，但此举并未奏效。本拿比市市长德里克·克里根并不热衷于奥运会，因此要他支持西蒙弗雷泽大学争取速滑馆项目的可能性为零。这真令人遗憾，因为民意调查显示，本拿比市是支持奥运会举办的主要城市之一。我们最终只能选择里士满。

我希望把这一决定亲自告知西蒙弗雷泽大学校长麦克·史蒂文森，

于是专程从雅典搭机回国，因为我当时正在那里参加 2004 年夏季奥运会。戴夫·柯布是西蒙弗雷泽大学的毕业生，也是一位杰出的校友。他随我一同面见校长，我希望借此打消其怒气，缓解紧张的氛围，但事与愿违。

麦克当场大发雷霆。第二天，我们公开了有关速滑馆项目的决定。报纸援引麦克的话称，他将要求温哥华奥组委对此事做出解释，丝毫没有提及一天前的会面。德里克·克里根还一如既往地借此机会攻击我们。大多数媒体的报道都是正面的，很多人认为我们大获成功，既履行了自己的职责，也极大地降低了成本，维护了纳税人的利益。我们对西蒙弗雷泽大学深表同情，但我们的授权也极具挑战性，要求我们严阵以待。

工作愈加艰难。

从布拉格回国后，我们通过修改设计，取消难以建设的场馆，将广播公司安置在市区的新温哥华会议中心等方法，从原来 4.7 亿美元的资本预算中削减了约 8500 万美元。计划将广播公司安排在里士满临时搭建的建筑里，平面媒体则进驻温哥华海滨的加拿大广场。美国广播公司主管迪克·埃伯索尔非常反对这一想法，每次到市里与我们探讨 2010 年冬奥会时都要提出抗议。广播公司花费数十亿美元获得奥运会的转播权，却被"赶到里士满"，对此，他感到怒不可遏。后来我们得知，原本备受工程延期与预算超支困扰的新会议中心将按时完工，就立刻将广播公司迁到了这里。此举也将节约开支，因为我们无须再花费 2000 万美元在里士满搭建临时建筑了。尽管里士满未能接待新闻媒体，但它锁定了速滑馆项目。

我们决定，不再向省级和联邦政府，以及新闻媒体透露任何新数字，除非我们能够最终确定他们值得信赖，因为我们无法承受弄错数字带来的后果，筹集资金的机会仅有一次，不容有失。

与此同时，我们也尝试说服国际冰球联合会允许我们使用国家冰球联盟赛事的场地举办奥运会冰球赛，取代建设新的冰球赛场。大多数男子冰球比赛和部分女子冰球比赛都将在通用汽车体育场举行，这里是温哥华加人队的主场。如果要改造场地的冰面，使之符合国际赛事标准，至少需花费两千万美元来修整地面、减少座椅。如果成功说服国际冰球联合会在现有场地举行比赛，我们可以节省财力、时间，并省去不少麻烦。

但是，我们也认为应当更加负责地就此问题进行辩论。把一个完好的场馆拆得支离破碎，就为了将其重新拼凑起来的做法似乎太荒唐了，这并不符合我们的价值观——可持续性。

2004年，我乘飞机前往拉脱维亚的里加市，国际冰球联合会正在世界冰球锦标赛期间召开会议。飞机在会议开始前一天晚上才到达，我累得筋疲力尽，但立刻赶到酒店与国际冰球联合会主席勒内·法赛尔见面。他和秘书长简·阿克·埃德文森正等着我，大家都很疲惫。勒内坐在椅子上，只穿了袜子，看上去很想睡觉，而不是告诉我明天会议的大致内容。这是我第一次和简如此严肃地会面。他是名冰球运动员，身材矮壮，大脸上洋溢着亲切的微笑，但毫无疑问，他是个像钢铁般坚韧的人。

与两人交谈后，我对明天应如何向联合会进行说明有了底。比如，他们告诉我，俄罗斯和一些欧洲国家可能会反对我们的提议，认为此举是有意为之，更有利于主场作战的北美冰球队伍。对此，我的回答很简单：世界上顶尖的冰球队员都在国家冰球联盟的赛场上比赛过。我只要听起来令人信服就可以了。

我很清楚，如果国际冰球联合会为我们破例，我们也要用相应的条件去交换。换句话说，我们提出的条件至少要能够安抚欧洲国家的焦虑情绪。在我看来，那意味着我们必须公开保证奥运会冰球比赛拥有一个壮观的舞台，确保国际冰球联合会官员被奉为上宾，能够住在靠近冰球馆的一流酒店里。这并非是诱导条件，而是为了请国际冰球联合会帮我们省下数百万美元而应当做的，更不用提奥组委完全背离传统的做法了。

第二天早晨，天气晴朗。我早早地来到国际冰球联合会，力陈我们的提案，称把现有展馆拆得支离破碎，使用一次后还要花钱恢复场馆的做法是不明智的，这不仅与我们，也很可能与国际奥委会的价值理念相悖。我甚至提出，如果国际冰球联合会强迫我们改造场馆，会使之看起来冷酷无情，与时代脱节。我一方面对国际冰球联合会施压，一方面呼吁他们凭着良知做出更好的判断。我口气生硬，说完后就离开了。一小时后，我坐上了返回温哥华的飞机。

我觉得国际冰球联合会的讨论应当进展顺利，但委员们还要考虑我的提议。但是不久后，我们就接到国际冰球联合会的通知，称他们原则上同意，在满足对提案进行微调的前提下，通用汽车体育馆无须改建。在当时精打细算的情况下，这无疑是个巨大的胜利。

项目进行到此时，我早就公开表示过，虽然我们已经四处想办法，修补场馆，但是建设费用仍然高于申奥时所提出的数目。2005年11月，我在向温哥华贸易局发表演讲时称，重大项目和基础设施建设成本预计会增长50%，我们可能需要政府的额外帮助。

我们已经与联邦和省级政府合作伙伴展开讨论并分别向其提交了一份详细的文件，希望他们能够追加5500万美元的资金支持。在文件中，我们列举出了所有削减经费的方法，例如，取消在里士满建设临时新闻中心，改造惠斯勒西南部卡拉汉山谷的越野滑雪赛道及其他倡议等。同样，这些努力大部分被接踵而至的新闻报道忽略了，它们大都只关注经费上升的问题，也没有考虑到2002年美元上涨的因素。

令我们感到困扰的是，虽然大多数场馆建设都按时、按预算（如果只考虑通胀因素）进行，但这条消息似乎没有散布出去，公众对我们的信心也遭受打击。尽管我们比省内其他任何大型项目的表现都更出色。但是无论我们做什么，似乎都输了公关战，还面临着十分严格的审查。

甚至有些当选的官员假装诧异，对奥组委颇有微词。但各级政府一直都知道，原有建设经费不足，因为当时的经费是按照2002年的美元计算的，并没有考虑到通胀和成本上涨的因素。他们深知这一点，我们也多次提醒过。虽然可以理解，某些政治言论是玩弄权术的手段，但依旧使人生气。我的团队因此感到十分沮丧。

我大可就某些评论做出回应，但这么做意味着陷政府合作伙伴于不义，我还没准备这么做。因为，维多利亚和渥太华的政客们总是听到公众的各种担忧，如成本飙升和是否能按时建成场馆等问题，甚至有人怀疑我们是否清楚自己在做什么。如果公众对奥组委心生不满，实际上也就是对政府不满。

我花了大量时间与杰克探讨这一问题。他十分了解建筑行业，有着非凡的直觉。我们一致认为应该采取重大举措，其影响之深远，可以帮助公众重拾信心。深思熟虑后，我们决定为建设团队聘用一位新的负责人。

杰克和我都很欣赏丹·道尔，他刚刚卸任卑诗省交通厅副厅长一职。丹受人尊敬，成功提出一系列引人关注的省级倡议。第一次遇到他，是在与政府讨论海天公路改建问题的时候。他前往布拉格帮助我们准备最后的演讲汇报，十分热爱奥运会，是那种能够为人们和组织注入信心的人。丹身体结实、要言不烦、沉着冷静、坚韧不拔，值得信赖和尊敬。我们知道，他能令奥组委镇定下来，有助于祛除人们对建设项目的恐慌，他一定能够做到。

此外，丹还深谙卑诗省政府的运行机制。他的加入可以立即提升我们在维多利亚市的公信力，还有可能让政府官员不再对场馆建设成本指手画脚。从个人的角度来说，我的压力太大了。我只想晚上安然入睡，把建设项目交给一个可以应对任何问题的人负责。这个人绝不会向失败低头，是个从容不迫、坚忍克己的指挥官。

　　这意味着，必须辞去斯蒂夫·马西森这位工作能力突出并且在建设方面有着出色业绩的负责人。丹·道尔很快回复我们称，他会马上评估现状。不幸的是，斯蒂夫不能像我们期待的那样为公众注入信心，而丹可以。通知斯蒂夫这一人事变动是我做过的最艰难的决策之一，也是最难开口的谈话之一，尤其此前还是我劝说他放弃了优渥的工作，加入奥组委。他理应与我们共同努力，直至最后，全身心地投入奥运项目之中。对于他的离去，我们也十分痛心。

　　丹的加入很快就带来了我们预想的效果，至少在奥组委内部如此。他控制住了恐慌的局面，声明建设项目进展良好，并快速任命一人负责室内场馆建设，另一人负责室外场馆建设。丹坚决承诺项目开支不会超出修订后的5.8亿美元预算，称这些钱足以建好场馆。联邦和省级政府最终批准了1.1亿美元的追加经费。奥组委认为，新预算是公众比照评价我们的标准，是一个重要的界限，因为我们自称按时并在预算规定的范围内建设场馆，他人或许不这么认为。

　　就在我们尝试对未来的方向充满信心时，前方似乎总有挑战或小争议等待着我们。

　　9月，省政府的审计长公布了一份报告，该报告是由埃森兰万灵建筑集团旗下太平洋联康子公司提交的，该公司受委托对我们的建筑规划进行审查。他们质疑，我们提出的5.8亿美元预算能否建成国际奥委会满意的比赛场馆。在同时发布的另一份报告中，审计长称，奥运会的总成本应为25亿美元，而非卑诗省政府所声称的6亿美元。

不用说，反对派新民主党立刻借题发挥，指责我们管理不当，规划失误，预算超支，并提醒人们，我们会像1976年蒙特利尔夏季奥运会那样债台高筑。我觉得这就是一种公开的搅局行为，新民主党之所以这么做只是因为他们能够这样做。

一天，我在海滨酒店与哈里·贝恩斯这位新民主党奥运会批评家见了面，公开谴责他捏造事实。我措辞严厉地提醒他，他正在散布虚假信息，给奥运会抹黑。新闻发布会后，哈里在酒店大厅里四下寻找采访的记者，对着镜头就对我们大肆挞伐。无论我们做什么都不会令他和新民主党满意。他口无遮拦，并不在意会伤害到谁。

审计长公布报告的几天后，《温哥华太阳报》头版头条称，公众呼吁我下台。文章基于新民主党领导人卡罗尔·詹姆斯的言论，认为，鉴于几天前发布的报告，奥组委应当解除我的职务。

说实话，我着实有点儿紧张。我希望卡罗尔·詹姆斯能够更加尊重我，她从未要求我们就财政问题进行解释。更令我生气的是，审计长从未要求与我或者团队成员见面并了解事实，就对财政问题大放厥词。这些言论听起来毫不负责，是一种机会主义的做法。我们别无选择，只能任人攻讦，毫无还手之力。

虽然人们对项目议论纷纷，但我感觉我们做的是正确的。我可以看到其他人看不到的进展，努力使自己摆脱那些嘈杂的声音，专注工作，照看团队，因为他们也正间接地遭到攻击。我还要做些什么呢？我们拥有一整套坚定的价值理念，并尝试在此基础上构建整个组织。在这令人苦恼的时期，正是诚实、礼貌、信任、努力等价值观指引我们前行。我父亲常说："当你的世界土崩瓦解，人人对你恶语相向，一切开始崩坏时，为了生存，你要问自己唯一重要的问题：'事实是什么？'其答案将支撑你走出困境。"他说得没错。

我能做的，就是继续推进工作。如果有人认为，应当撤换奥组委首席执行官，我对此无能为力。我能掌控的就是自己的领导力，为团队以身作则，每天凌晨五点抽完烟后开始工作，直至午夜回家累倒在地。

鲜少有人知道，在申奥阶段，我们就把一部分建设工作交给原住民公司和员工来完成，从而让他们能够广泛参与奥运会并与我们展开合作。奥组委内部肯定有人对原住民公司能否在我们规定的成本和时间内完成进度心存疑虑。为了确保进度，我们对建设施工进行了严格控制，选择提前将建设工作交付给原住民，可以说是先行试水。通过此举，我们可以观察原住民团队的能力，即便发现问题也能及时做出调整。结果证明，我们根本无须担心。

原住民建筑员工们都是一流的。一开始，我们请原住民在卡拉汉山谷的越野滑雪赛道上进行挖土转移。结果规定时间还没到，他们就完成了工作，而且花费低于预算，表现出色。不仅如此，原住民还为能够参与奥运会建设而兴奋不已。奥组委成员们都非常满意工程质量，因此在合同结算时支付了5000万美元的报酬，远高于原定的1500万美元。实际上，原住民不仅帮我们节约了资金，也使我们提前完成工期。结果我们拥有了出色的建筑工程和美轮美奂的场馆，原住民全员参与，就业和培训机会都有所增加。项目也给原住民公司增添了信心，提高了其在未来参与高级建筑项目的竞争力，奇迹般地拉近了我们与四处赛事举办地原住民之间的关系。

有人为我讲述了一个精彩的故事。故事的主人公是卡拉汉山谷建筑队中的一对父子。工作中，父亲发现儿子停下工作，坐在大石头上看风景。于是他停下机器，走过去叫儿子回来工作，告诉他，我们正在为国家服务，不能浪费时间。这就是项目中的原住民精神，他们在温哥华北部通往惠斯勒的海天公路上辛勤工作着。

在温哥华奥组委，我们异常努力地工作，以确保所有的项目文化都积极健康，而且极度渴望按时在预算范围内建成所有设施。我们必须让所有的建筑工人感到，自己与徽标设计者或售票项目工作人员一样，是奥林匹克大家庭中的一员。我们都朝着共同的目标努力，需要共同的原则来指导。

为了让工人们有融入感，我经常会去施工现场视察，即便无法亲自到场，管理层中也会有人到场。我们施行了一个项目，由部长为工人们颁发奥林匹克上衣，或由省长奖励他们一些漂亮的勋章，亲自感谢他们的辛勤工作。这件小事是为了提醒来自加拿大各地的工人们，他们在协助当地和国家举办一次盛事，在为将来的非凡体验准备的过程中发挥着关键性作用。

2006年年底，大多数对建设经费的担忧已经消失了。至少，公众对此问题的议论逐渐平息。很多场馆的建设进度都提前了，虽然惠斯勒地区的食宿问题依然颇具挑战性，但总体而言，国际奥委会在稳定性方面给予了我们很高的评价。我们感到，自己渡过了第一轮难关，这是每个奥组委都会遇到的考验，而且自此之后，我们的组织也更加强大。我们正在不断恢复，可以感到，士气也逐渐提升。

第一座场馆于2007年建成，是赛普里斯山上自由式滑雪和单板滑雪项目体育馆。2007年年底时，惠斯勒的所有场馆都将竣工——包括跳台滑雪设施，滑行中心和卡拉汉山谷越野滑雪赛道。最后竣工的场馆将是温哥华新冰壶球场，它在冬奥会举办的前一年才对外开放，虽然时间有点儿晚，但届时我们才会使用到这一场馆。

最富争议的建设项目是温哥华奥运村。此前，我们与温哥华达成协议，奥组委提供3000万建设费用——超出的部分由该市自行承担。按照规划，该市将在福溪南岸的标志性地段建设奥运村，场地对面就是 1986 年世博会的举办地——不管怎样，这都是一处黄金地段。根据该市设想的规划，奥运会期间，奥运村的公寓将供运动员居住，赛后将按市场价出售。计划还将划拨 200 多栋公寓用作社会福利住宅。

千年发展公司赢得了奥运村综合建筑群的建造权，并很快制订计划建设世界先进、环境一流的高品质社区，建设成本高达 10 亿美元。尽管流言不断，但除此之外，似乎一切都进展顺利，直至 2008 年全球经济危机来袭。千年发展公司与一家总部在纽约，名为堡垒投资集团的对冲基金公司共同筹措项目资金。堡垒投资集团也是惠斯勒滑雪场的母公司，它深切感受到经济危机带来的冲击，并对千年发展公司在奥运村项目中超支的经费感到越来越担忧。2008 年秋，该集团停止每月向千年发展公司贷款，迫使温哥华市介入并向房地产商提供财政援助。温哥华市别无选择，因为与我们签订奥运村建筑费用协议的是该市，而非千年发展公司。

但是，提供财政援助的决定被拍摄下来，并透露给了专栏作家盖里·梅森。盖里在该市选举前夕在《环球邮报》上就此事发表了文章。执政的无党派联盟受到有关秘密贷款相关丑闻的冲击，竞选失败。市长格雷高尔·罗伯森及其所在的远景温哥华党很快利用此次契机当选。事件背后，官员纷纷落马，其中也包括该市执政官朱迪·罗杰斯，她从一开始就是董事会成员，并积极支持举办奥运会。朱迪的离去令我们深感遗憾，因为她聪明、机智，表现出色。一位强大的管理者佩妮·巴勒姆接替了她的位置。

最终，温哥华市不得不承担项目的所有费用。从城市前景来看，这并不理想，但该市也别无选择。项目最终将按时完工，一举成为奥运历史上最好的奥运村。它将成为 21 世纪国际化大都市的杰出项目。

虽然我们并未直接卷入奥运村建设的风波中，但报纸头版连续几个月大肆报道该事件，我们也难免被波及。新市长非但不帮助化解危机，反而玩弄权术，在这一过程中竭力抹黑无党派联盟。他暗示，纳税人因此将债台高筑，背负高达10亿美元的债务。我觉得这种说法言过其实，不仅无益于现状，也非常不公平。实际上，这种论调也会反过来影响他自己。2010年秋，奥运村因种种负面因素再次被报道。疲软的房地产市场导致公寓销售困难，各种前景惨淡的传闻甚嚣尘上，人们纷纷谈论温哥华市因为奥运村项目而损失惨重。市长对于这一问题的处理方式屡屡为人们所诟病。

关于奥运村的争论似乎引发了对奥运会成本问题的新一轮负面报道。我永远都不会忘记，一天早上醒来后看到《温哥华太阳报》头版以醒目的标题写道："加一加，你就会发现，奥运会将花费60亿美元（目前为止）。"其作者是达芙妮·布拉默姆，和暗示我没有资格出任首席执行官的记者是同一个人。文章似乎引发了对奥运会成本的新一轮负面报道。

显然，对60亿美元成本的指责是毫不公平的，这就好比夸大了兴奋剂的作用一样。报道将温哥华新会议中心的建设成本也计算在内，但申奥提案中我们从未提及该项目，因为这不是由我们负责，也并不是为奥运会而建设的项目。会议中心在我们没有留意的时候建成了，我们此前也并不知道它能否在奥运会举办前竣工。现在我们知道它一切就绪后，才决定支付一大笔租金供新闻媒体使用。

类似的情况也发生在机场通往市区的捷运线上。卑诗省规划建设这条线路已有数年之久，早在奥运会前就探讨过这一问题，如果我没记错的话，原本是希望在2012年建成。温哥华申奥成功后，人们提前了工期，希望该线路能够为奥运会服务，毕竟世界各地的人们都将云集温哥华。但在布拉格申奥展示中，我们丝毫没有提及加拿大捷运线，我也从未就此发表过一次申奥演说。

但是，必须承认，海天公路的改造项目的确包含在申奥展示过程中。

这段公路是出了名的死亡之路。省政府已经承诺要进行改造，也规划了时间表。该省是不是同意为奥运会而加快工程进度？是的，没错。如果批评者想为加快施工的成本谴责温哥华奥组委，我们也虚心接受。该成本会有多少呢？最多也就2000万或者3000万美元。但是称该项目完全是为奥运会而开展的说法并非事实。撰写新闻报道的人也心知肚明。

总而言之，这些口水仗我们永远赢不了。坦白地说，后来我们都懒得反驳。人们想写什么，想说什么，我们根本管不了。我们能做的，就是尽可能专注于工作，呈现一场最好的奥运会。此外，大多数报纸、广播或电视工作人员都非常专业。即便我并不赞同他们的报道或言论，我也尊重他们正当而公平地（大多数情况下）履行职责的事实。

有时，奥运会反对者有组织地传播不实言论的做法更令我怒不可遏。在这方面，我压根不想理会，也不会尊重卑诗省反奥林匹克运动实际领导人克里斯·肖。克里斯是英属哥伦比亚大学的眼科学教授，著有一本名为《五环马戏团》反奥运会的书。几乎从申办阶段开始，他就一直领导抵制运动，抨击杰克，我和国内任何与奥运有关的工作人员。

一次，我应邀参加CKNW电台比尔·古德主持的脱口秀节目，与肖展开辩论。比尔是当地广播的传奇人物，他主持的节目在卑诗省收听率排名第一。不出所料，克里斯一上来就大声嚷嚷着奥运会花费甚巨，对每一个主办国都造成了破坏，带来了贫困问题，穷人被逐出家园和社区，为富人和当权者让道。他引用的数据显示，1986年世博会对温哥华穷人造成了多大的伤害。奥运会简直一无是处，只会带来混乱和痛苦——还毁了孩子们的圣诞节。或许这是他唯一没有谴责奥运会的地方……

我努力使自己保持冷静，思考应当如何反驳。我不希望人们听我说话时，以为我被这个人成功激怒了。虽然我想把他的寥寥数名支持者推出窗外，但我不会让他们产生丝毫窃喜。不过，最后要离开的时候，我望着他说："你枉称自己是科学家，真应该感到羞愧。你本应正确理解什么是科学家，明确自己的身份，这是你的学生唯一可以信赖你的地方。但你却枉顾事实，也不想弄清事实，所关心的不过是你自己的议事日程而已。恕我直言，这是种耻辱，你只是侥幸逃脱了。"

比尔·古德看着我，露出揶揄的笑容。

"该死的，"他说，"话筒要是还开着就好了。"

如今，温哥华奥组委所有人都面临着巨大的工作量和随之而来的压力。很多员工都年轻而满腔热忱，但鲜少有人面对过如此巨大的压力。在这种长达数年的项目中，情绪会高低起伏。我的职责就是让员工们打起精神，并在某些时候客观地看待工作。

每年，我都给员工一张圣诞卡，卡里夹着一封信，我觉得对他们可能会有所帮助。通常，这些信都会得到良好的反响，但 2006 年圣诞节的一封信却正中要害。在信中，我谈到，虽然与母亲分隔千里，但我们的关系一直都很融洽。我们通话、通信，在家庭聚会上见面，关系亲密。但突然有一天，我们发生了激烈的争吵，这也是我们第一次吵架。

"母亲第一次砰的一声挂断电话，"我写道，"这全怪我。四个多月过去了，我再也没收到一条消息或者一封信……但也很固执地不回信。后来哥哥打电话来说，母亲去世了。我追悔莫及，痛哭流涕，充满了罪恶感。我愿意付出一切代价，只求再拥抱她一次，再看看她的笑容。"

葬礼后，我孤零零地坐在她的公寓里，翻看老相簿和其他的家庭记录，无意间在壁炉上发现了一封写有我名字的信封。

"我几乎颤抖着拿起它,"我写道,"里面放着母亲写给我的最后一封信,语气轻松得像什么事都没有发生一样。她的言辞悲悯、善良、慈爱,仿佛知晓我们将天人永隔。信里仔细包裹着我从小到大的照片,它们承载着我们长久以来的幸福时光。这是母亲对我最后的,也是永恒的教诲,教我如何更好地活着……这是她对我平静而欢乐的馈赠。"

我想和温哥华奥组委的家人们分享母亲对我的教诲。每一年都代表着新的开始,一次重头再来的机会,我们得以改正自己的错误。希望与我共事的同事们不要犯下和我一样的错误。

"所以不断努力吧,"我写道,"让你的母亲为你骄傲,喜迎家人和朋友为你奉上的礼物,它可能是一句友善的话,一个温暖的拥抱,一通迟来的电话。传播快乐吧。"

6

Diving for Pennies
锱铢必争

"砰"的一声巨响，特里甩门而去，董事会墙壁上的挂画应声摔到地面上。我们留在盖斯镇总部的一行人面面相觑，直至特里怒气冲冲地离开才缓过神来。现场悄无声息。

早前，有关于企业赞助金额的争论是稀松平常的。温哥华奥组委负责两项截然不同的预算。一项是场馆建设预算，另一项是奥运会运营预算——用于交通、劳务、食宿及其他大量经费。虽然公众认为，税金也用于这些预算，但事实并非如此。预算中只有10%的资金来源于政府。大部分资金来源于私营企业，其中也包括国际奥委会出售电视转播权获得的资金中我们应得的那一部分，以及比赛门票的收入。但是，预算主体来源于我们说服企业为成为奥运会合作伙伴而支付的赞助费。

申奥期间，我们清楚地设定企业赞助金额为4.5亿美元——这是我们自认能够筹集的最高金额了。很多人认为这一目标根本不现实，太疯狂了。甚至连国际奥委会都表示怀疑并表达了其想法。我的高级副手特里·怀特和申奥期间领导营销团队的琳达·奥格洛夫都认为，能够从国内大企业争取的赞助金最高达2亿~3亿美元，向来如此。加拿大企业可不像美国企业那么有钱。

我知道，如果人们估计得没错的话，我们就有大麻烦了，永远无法呈现出我们设想的奥运会。即便筹集到 4.5 亿美元，我们呈现的也是低成本奥运会。更糟糕的是，赛事结束后，我们会陷入讨厌的财政赤字，公众会大骂奥运会办得一塌糊涂。

特里和琳达听我谈论公司能从奥运相关组织那里获取价值时，往往十分恼火。我敢肯定，如果自己不在现场，气氛应该会融洽。尤其是特里，他认为加拿大公司赞助的金额的上限不会太高，而我总是一而再再而三地否定他的主张，这令他感到颇不耐烦。一次在类似的会议上，特里终于忍无可忍，摔门而去，力气大得把挂画都从墙上震掉了。

第二天，琳达就告诉我，她觉得我对特里有些苛刻，而且关于赞助预测的问题，特里并没有错——大概就两三亿，顶多差个几百万。我们同意保留各自的观点。显然，我们的愿景不一致。有些人认为奥运会不过是长达两周的体育盛会而已——而有些人则梦想着将奥运精神传递到加拿大的千家万户、注入到国家的重建之中，尽可能地传递给每一位加拿大人。而我属于后者。

对我而言，与企业伙伴达成的第一项协议就是建立其他一切合作关系必须遵循的标准。就哪个企业部门能够在此方面提供最佳契机，我们反复探讨过多次，最终一致认为是电信部门。

显然，总部设在西海岸的泰勒斯电信迫切地希望与奥运会进行合作。该公司此前大方地捐助了 500 万美元资助我们申奥。显然，在与加拿大贝尔公司展开的初步讨论中，他们也迫切地表达了合作的意愿，而且并不希望泰勒斯电信因为其资助而在奥运会舞台上大放异彩。当时，加拿大贝尔公司是加拿大奥林匹克委员会的电信合作伙伴。

对奥组委而言，重要的是，我们不仅可以获取赞助，避免财务危机，而且能够吸纳价值观和愿景与我们完全吻合的新成员。我们期待合作的是一家能够并且愿意将我们的理念传达到国内各个角落的公司。泰勒斯电信和加拿大贝尔公司各自成立了团队,角逐奥运会的赞助权。

走进加拿大贝尔公司位于蒙特利尔的高管办公室,与公司总裁迈克尔·萨比亚会谈是一段美好的记忆,他十分爱国。我谈到了奥运会的愿景,我们所面临的诸多挑战,称奥运会千载难逢,能够向世人展示加拿大人的风采。我看着迈克尔,问他贝尔公司是否愿意助力奥运。迈克尔热情的回答令人难忘,他说贝尔公司想要合作的意愿有多强烈,公司以及他本人对举办奥运会的信心就有多坚定。他还表示,贝尔公司将成为温哥华奥组委值得信赖的伙伴,帮助奥组委将奥运精神传遍全国各地,为奥运会提供尽善尽美的电信服务。他向我保证,如果贝尔公司成为奥组委的第一位合作伙伴,他们将与我们携手并进。

我深信不疑。

迈克尔视奥运会为契机,宣传加拿大这家几乎百年之久的公司并重整旗鼓。这对贝尔公司而言,是一个将自身塑造得更年轻、更贴近年轻用户的机会。迈克尔最关切的,是竞标过程的公平性,他曾以不同的方式多次表示担忧。我觉得管理层担心的是,无论贝尔公司提出多么优渥的条件,奥组委都会看在泰勒斯电信是当地企业的分儿上为其提供便利,与其达成协议。我向迈克尔保证,竞标就是竞标,哪怕双方竞价只差一分钱,也是价高者得。我们握了握手,表示会信守诺言。

当然,泰勒斯电信不过是对奥运会充满热情罢了。该公司将奥运会视为横扫加拿大市场,一跃成为电信龙头企业的机会。泰勒斯电信竞标团队的负责人名叫罗伯·克鲁克香克,有着强烈的竞争意识,是我的一位好友。我曾教过他儿子格雷格打壁球,后来他成为在全国排得上名次的壁球选手。罗伯一直与我交好,我遭遇困难时也会毫不犹豫地联系他。我不清楚泰勒斯电信任命罗伯负责竞标团队是不是巧合,但有时场面会因此变得十分尴尬,尤其是最后阶段。

我的目标是尽量加剧二者间竞争的紧张氛围,从而提高公众对竞标过程的兴趣。其过程极富戏剧性。尽管我们相信，无论哪家公司胜出，都会给出我们想要的电信解决方案，但我希望最终结果还是不要通过点球大战的方式产生，胜者最好拥有明显的领先优势。

最终期限临近时，我相信赞助权之争已经达到了前所未有的激烈程度。可以感觉到，两家公司都迫切希望签订合作协议，并在接下来5年多的时间里充分利用这种合作关系。开标的时候，我设法离开了办公室，让特里·怀特负责打开标书。我非常想听他念出看到的数字，也知道特里希望亲自开标。

请递交标书！

投标报价抵达的当天，特里给我打了电话，我当时正在卑诗省哈里森湖办事。通过暗示，我让他先打开泰勒斯电信公司的信封，里面装着一份非常复杂的提案，充分表达了该公司对奥运会的渴望。然后特里念出了他们的竞价，一时间，谁都没有说话。

竞价高达1.35亿美元——这是加拿大历史上前所未有的天价赞助费。

我敢说，特里当时惊呆了。我高兴得像个在圣诞树下发现新自行车的孩子，但尽量克制住自己的激动，不让特里听出来。我想，几分钟后，特里可能会惊得目瞪口呆。

他又打开了贝尔公司的标书，里面同样装着包装精美的一系列文件，文件列明了为奥运会制定的电信策略，并保证公司将把奥运会推广至全国。贝尔公司在提案中对奥运会许下了郑重承诺。特里告诉我他们的竞价为两亿美元，其中包括9000万现金，6000万电信服务和5000万有形推广支持。其中有形推广包括1500万"登上领奖台"项目奖金，该项目刚刚开始推行，是为了奖励那些表现出色的运动员，在其训练和备战过程中运用科技手段。"登上领奖台"项目奖金刚刚出台。如果想要筹集足够的资金，实现在温哥华冬奥会上位列奖牌榜第一，在残奥会上位列奖牌榜第三的目标，我们需要合作伙伴提供高额的赞助。联邦政府已经出资5500万美元，我们也不得不付出类似的金额。温哥华奥组委将该项目视为实现愿景、团结国民的重要举措。我们非常走运，贝尔公司的竞价为赞助划定了新的上限。

特里边看标书边轻声笑着，非常清楚此刻的重要性，因为他手里正握有奥林匹克历史上最高额的赞助（无论夏季还是冬季奥运会）。这是2010年冬奥会举办过程中非凡的瞬间，我想，特里此刻应当意识到愿景的力量了。我们兴奋不已——比赛刚开始，我们就打出了满贯全垒打，而不仅仅是本垒打。特里和我都认为，在全面分析和审核每一个细节前，必须对标书内容保密，这至关重要。

我们邀请了卑诗省前任首席法官艾伦·麦凯克伦做公证人，亲自评估两份标书。他也认为，贝尔公司的提案显然更好。不久后，我的管理团队就把赞助权交给了贝尔公司。

董事会通过后，我立刻打电话给迈克尔·萨比亚，告诉他这一好消息。他欣喜若狂，和我想的一样。尽管此前我们一再向他保证，竞标过程绝对公平、廉正，但从这天开始，他才完全信赖温哥华奥组委。他制订了重大计划，决定在一周时间内，通过联播的方式向员工们宣布这一消息。

在此之前，我们必须正式通知泰勒斯电信竞标失败的消息。我和戴夫·柯布一起，亲自前往该公司位于市区的办公室，拜访泰勒斯电信公司总裁达伦·恩特威斯特尔。达伦衣着光鲜，无可挑剔，是加拿大商界的传奇人物，执掌泰勒斯以来创造了几次奇迹。但他不能忍受被愚弄，也不喜欢输。有关他的一切传闻都表明，一旦有事不如意，他就会气得暴跳如雷。也许传闻并不属实，但当我们走进董事会会议室，准备告诉他竞标失败的坏消息时，我对他的印象就是如此。我紧张得发抖，达伦已经满面通红地等我们开口了，他已经料到了结果。

我向泰勒斯电信表示感谢，感谢他们愿意提供赞助并参与此次竞标，但我告诉达伦，奥组委管理团队向董事会推荐了贝尔公司，董事会也已经批准了。我列举了贝尔公司中标的种种理由。抬眼看向达伦的时候，他的眼里仿佛燃烧着熊熊的地狱之火。

"奥组委已经决定了吗？"他问。

"是的。"我们回答。

"好吧，"他说，"谢谢你们来告诉我结果，祝你们好运。"

就这样，我们离开了。达伦的话虽简短却令人痛苦。不幸的是，我和罗伯·克鲁克香克的友谊也大不如前了。他说我们"完全是按照钱的多少来选择赞助商的"，但我并不这么认为。罗伯的话听起来酸溜溜的。

2004年10月18日下午，我们正式宣布了贝尔公司获得赞助权的消息。当我和迈克尔·萨比亚出现在电脑屏幕上公布这一惊人的消息时，全国的贝尔公司员工都欣喜若狂。不久后，这一消息就传遍了全国各大公司的董事会，他们也正准备参与竞标，等待我们的评估。后来我才知道，贝尔公司的竞价令一些公司望而却步，重新考虑他们的提案，抬高了他们在多个领域的竞价，或许也让很多公司彻底放弃了竞标计划。有一点是可以确定的：角逐开始了。

国际奥委会对贝尔公司的竞价感到大吃一惊。我们已经筹集到了申奥阶段既定目标的一半金额——国际奥委会还怀疑我们是否兑现。如今，我们需要再获得一些高额的赞助来产生动力，缓解奥组委的财政压力。

我们把目标对准了银行。

贝尔公司与泰勒斯电信的大战结果揭晓之际，我们正与几家加拿大银行进行讨论，询问它们是否愿意成为奥运会在国内的头号赞助商。多家银行表示感兴趣，但最终脱颖而出并竞相角逐的两家银行分别是加拿大帝国商业银行和加拿大皇家银行金融集团。

皇家银行赞助加拿大奥林匹克委员会已有 50 多年的历史，是世界上奥林匹克组织持续时间最长的合作伙伴。它对此次赞助权势在必得。帝国商业银行则希望，把皇家银行这家所谓的奥林匹克银行赶下宝座。两家银行的竞标展示都十分精彩，我个人觉得皇家银行的展示更加充满激情，更能打动我，他们的价值观与愿景也与我们更加吻合。他们的内容令人难以抗拒。皇家银行主席兼总裁戈德·尼克松称他们是一家值得信赖的机构，给我们留下了深刻的印象，他也多次强调这一点，他的话令人难忘："加拿大人将根据你们挑选的赞助商来评判你们。"这句话听起来十分谦逊，却道出了一个事实，即当时的皇家银行被誉为加拿大最值得信赖的公司。

在多伦多听取了帝国商业银行和皇家银行的展示并审核了他们的标书后，戴夫·柯布、安德莉亚·肖（负责赞助销售和市场营销的副主席）和我搭机返回温哥华。候机时我们都在机场休息室里继续工作，浏览相关文件，一致认为皇家银行更合适，但他们需要把竞价再抬高一些，于是又花了几个小时在一起商量对策。是该用些手段了，我想。

最终，大家决定，让我在第二天黎明时分给卑诗省皇家银行行长格雷厄姆·麦克拉兰打电话。通话时，我说希望能够尽快见面，谈谈我们所关切的问题。可以肯定，格雷厄姆接电话的时候还穿着睡衣。我说，皇家银行的提案有些问题，但我们会尽力帮忙解决。他同意排出早上的时间，与我在温哥华市区 36 层的皇家银行办公室会面。我告诉格雷厄姆，从提案来看，要获得赞助权有些困难，但如果皇家银行愿意提高竞价，奥组委当天就可以与之达成协议。

我们不停地讨价还价，最终我不得不打电话请戴夫·柯布来商谈细节。为了表现得更加真实，我让戴夫立刻驱车前往我们会面的场所，15 分钟后，他就站在了我的身边。我们坚决表示要重新审核皇家银行的提案。格雷厄姆让我们稍安勿躁,连忙打了几个电话,请我们在接待室等候。戈德·尼克松和银行市场营销的高管都赶了过来。很快,我们在一起召开会议,继续讨价还价,然后戴夫和我又被请到接待室等候。等了20分钟,又开了一次会后,皇家银行终于同意修改提案,将现金金额抬高2600万美元。

戴夫和我因为成功谈下了协议而欢欣鼓舞,在电梯上相互击掌,像两个多添了一勺冰淇淋的孩子。

皇家银行在加拿大国内的地位举足轻重,戈德·尼克松也是公认的值得信赖的总裁,我们相信,他有助于提升我们在国内企业界的地位,因为他的话人们都愿意听。2005年2月月底,哈利法克斯皇家银行年会上,我们在一片欢庆声中宣布了其荣获赞助权的消息。皇家银行的总竞价超过1.1亿美元,该赞助为其争取到了此后四届奥运会团队在加拿大的市场营销权。

如今,赞助权协议的签订既快速,又存在激烈的竞争。继皇家银行后的一项协议十分有趣,可以说是有些渊源的。2002年秋,我在多伦多获得加拿大年度体坛领袖奖,结果,当晚为我颁奖的嘉宾是乔治·海勒,他是我的一位老友,同时也是哈得孙湾百货公司主席兼总裁。乔治有着坚实的体坛背景,是一位令人敬畏的人物,1994年担任维多利亚英联邦运动会组委会首席执行官,使之大获成功。

颁奖结束后,我走到后台告诉乔治,加拿大最古老、最大型的零售公司肯定有办法与本地举办的运动会合作,说完我们都笑了。乔治也同意我的观点并与我握手,我们都决心实现这一目标。能够与他握手,我愿意随时签合同。那次后台的小小会面巩固了我们的友谊,开启了随后几年内的数次会面并最终促成了哈得孙湾公司与奥组委的合作关系,于2005年宣告成为第三大赞助商。赞助总额超过1亿美元,不仅使哈得孙湾公司获得授权,在未来8年时间里为加拿大奥运代表队设计、生产并提供服装及行李箱，而且使之成为奥运官方百货公司和温哥华奥组委的商品销售伙伴。与此同时，它还成为奥运会同类产业的首位合作商。

是的，我们正在按照自己的方式签约赞助商。

与哈得孙湾公司的合作也存在着争议。很多人以为，我们会继续与加拿大流行服饰公司绿适合作，该公司因为盐湖城奥运会设计的一款"穷小子"帽子而名声大噪。绿适公司创始人迈克尔·布德曼对奥组委与哈得孙湾公司签约十分不满，抱怨此前双方没有流露出任何合作意向。实际上，在财政方面绿适公司几乎没有提供任何资金，不仅如此，我们寻求的合作伙伴也不仅仅是一家服装零售商而已。哈得孙湾公司的发展历程与我们对奥运会的愿景十分契合。

1936年，哈得孙湾公司开始为加拿大奥运选手设计服装，直至1968年，其他公司才取代了其官方服装供应商的地位。乔治认为，此次合作对公司振兴的前景而言，发挥着关键作用。同样，对于赢回加拿大消费者青睐的新兴商业战略而言，此次合作也至关重要。取得赞助权后，公司大批员工摇身一变，成为了2010年冬奥会使者。

前三笔赞助协议金额总计超过4亿美元，是我们原本预期前10项赞助协议总额的两倍。

正当部分奥组委成员为了获取赞助四处奔走，舟车劳顿，谈判交涉之际，另一部分成员参加了2006年在意大利都灵举办的冬奥会——这是世界将目光投向我们之前的最后一次学习机会。我们的团队在都灵做了很多笔记，注意到人们遭遇的种种问题及其解决方法。从市场营销和筹集资金的角度来看，都灵与我们恰恰相反。

这届冬奥会并未推广到整个意大利，完全是地区性的奥运会，某些地区对其根本没什么兴趣。有时甚至可以感觉到，都灵市本身对举办奥运会也缺乏热情，场馆建设方面尤其如此。

都灵冬奥会上发生了三个有关加拿大的故事，其中两个令人振奋，另一个则不尽然。好消息之一是加拿大运动员表现不俗——男子冰球除外。我们共获得 24 枚奖牌，创下了加拿大在冬奥会上的纪录。更重要的是，"登上领奖台"项目虽然才开展一年，却已初见成效，运动员们的成绩就是证明。对我们而言，另一个重大时刻就是闭幕式，其间，奥林匹克旗帜将交到温哥华市长萨姆·沙利文手中。

萨姆半身瘫痪，一登台就成为全世界媒体的焦点，他是第一位接过奥林匹克旗帜的主办城市市长，在 6 万名欢呼雀跃的观众和全球无数电视观众前，坐在轮椅上挥舞旗帜。这一美妙的时刻为加拿大增光，诉说着这个国家的价值观和我们坚守的公平与包容。萨姆当时光彩照人。

作为历届闭幕式的既定节目，下届冬奥会奥组委将有 8~10 分钟时间向世界推介主办国。我们选择了一种较为轻松、自我嘲弄的方式，展示人们对加拿大的固有印象，然后邀请歌手艾薇尔·拉维尼出演，以年轻而富有活力的面孔解构这一印象。

闭幕式几天前就麻烦不断。天公不作美，令演员们的露天彩排极为辛苦。意大利主办方的安排也不太合理，我们出场的 8 分钟对他们而言根本无足轻重。彩排时间被安排在午夜时分，很多演员此时的情绪非常糟糕，因此不太愿意努力地长时间练习，只想敷衍了事。

即便如此，闭幕式表演也十分精彩。以冰钓开场的一系列剪辑画面，包括了冰屋和皇家骑警，是对加拿大过往的自我解嘲。虽然演员在表演过程中出了点儿小问题，我们还是希望媒体能够争相报道。综观奥运会历史，似乎主办国国内媒体总会批评下一届主办城市的展示内容，无一例外。我们也一样，但情况又有所不同，因为不止媒体对我们展开攻击，甚至连省长戈登·坎贝尔也颇为不满，认为表演都是陈词滥调，根本没有表现出"崭新的加拿大"。我鲜少对戈登感到失望,但这次却不然,不是说他没有权利表达自己的观点,而是我希望他在公开批评我们之前,可以先和我谈谈。

难道省长和其他人真的以为我们想推广加拿大冰钓?这不过是一种开场白,告诉人们"这是过去的加拿大",然后转向今日的加拿大——青春洋溢,生机勃勃,流行时尚,趣味盎然。(话虽如此,但在加拿大某些地区,冰钓确实很重要——还有人给我写信证明这一点)不过,请记住,我们只有短短 8 分钟。虽然有全国最出色的文化学者从旁协助,但要在 8 分钟之内呈现出加拿大的全貌,简直难于登天。

还有人批评我们把加拿大塑造成了一个冰封的冷冻箱。事实并非如此,但我们确实想表达加拿大人对冬天的热爱,年复一年,我们拥抱冬天,我们战胜冬天。冬奥会与冬天有关,冰球和冰壶运动显然不能在沙滩上进行。有趣的是,唯一对我们进行严厉批判的是国内舆论。美国广播公司当晚的结束语是"太棒了,加拿大!"

如果时光可以倒流,我会雇三名表演者上台,唱 3 首知名的加拿大歌曲后回国。

都灵冬奥会结束后,我们工作的重点依然是争取更多的赞助。我们知道,必须与汽车业达成里程碑式的协议,即便事实证明,这比我们预想的更富有挑战性,我们也必须做到。

几乎从申奥成功的那天起,通用汽车就表现出了强烈的合作意愿。这听起来不错,但为了达到期望的协议金额,我们必须给人们留下这样的印象:众多其他汽车制造商也想参与竞标——但情况并非我们所设想的那样。实际上,我们谈判的汽车生产商中,没有一个能够且愿意给出类似通用汽车公司的条件,因此,想要制造出激烈竞争的场面更是难上加难。最终,我们与加拿大通用汽车公司签订了一份利润丰厚的协议,总价达 6700 万美元。该公司将提供 6000 辆车和资金,并且支持"登上领奖台"项目。

通用汽车成为奥组委第六个一类合作伙伴。除通用汽车、贝尔公司、皇家银行和哈得孙湾公司之外,我们还与罗纳公司和加拿大石油公司成功签约。与罗纳签约的过程十分有趣,因为该公司总裁一直尝试把家得宝这一国内顶级家装公司拉下宝座。一直以来,家得宝都是奥运会的赞助商。此次罗纳公司将此次奥运会视为契机,想取而代之。于是我们让两家公司展开激烈角逐,罗纳公司在最后关头进行一番讨价还价后,以总竞价6800万美元赢得赞助权。该公司在蒙特利尔动情的展示令人难忘,当时他们讲法语的总裁罗伯特·达顿正脚踩一元加币祈祷好运。这份协议还带来了意外之喜,如今,我们在魁北克站稳了脚跟,并逐渐开始在法语区扩大影响。

最终,我们获得赞助总金额超过7.5亿美元,评论员,尤其是国际奥委会对此大吃一惊。我们与近70位伙伴建立了合作关系,而且每当建立合作关系时,公司都尽可能开出最高金额的赞助价。这表明了与2010年温哥华冬奥会合作的重要性。竞标过程中的另一个收获是,可以看到公司参与奥运对其员工而言意味着什么。我还记得与戴夫、安德莉亚搭机前往卡尔加里会见加拿大石油公司管理层的场景:数百名员工齐聚大厅,在公司内部进行了演示,表明对合作的渴望。大批身着红衣的员工齐声高唱,其场面触动了我们的心弦,唤起我们身为加拿大人的骄傲。这方法确实有效,我不禁热泪盈眶。

我还认为,如果对竞标享有更多授权的话,我们可以筹集更多的资金。但是国际奥委会本身控制着国际赞助权,这部分的收益更加丰厚。例如,如果国际奥委会向可口可乐和麦当劳出售赞助权的话,我们只能获取协议金额的15%~20%,而其享有的权利却和贝尔公司及皇家银行一样。显然,如果我们自行协商,结果会好得多,但我们不得不遵守国际奥委会的规则。

我们最大的遗憾之一，是无法说服国际奥委会引起啤酒行业竞标的激烈竞争。我们真的尽力争取了，但国际奥委会与百威啤酒公司签订了一次性协议，该公司享有奥运会营销权，直至2008年。因此，协议到期后，我们没有多少时间与莫尔森或其他啤酒公司进行协商。最终，我们确实与莫尔森啤酒公司签订了数百万美元的协议，但与我们此前设想的一级赞助商之间还有很大差距。即便如此，莫尔森啤酒公司也成为了我们重要的合作伙伴。

终于，国际奥委会看清了局面，意识到他们与百威啤酒签订的协议极大地损害了我们的利益，可能令我们损失数千万美元。可以肯定，这并不是一个明智的决定。

冬奥会国内转播权仍然由国际奥委会决定，但显然，我们密切关注着竞标结果。我们相信，越是在项目中点燃人们的渴望与激情，就有越多的电视媒体希望参与其中。此举可以吸引更多的利润、丰厚的赞助，也就意味着更多的收益——从理论上说确实如此。

贝尔公司与我们签订的大宗协议使转播权的协商变得愈加复杂。贝尔公司是加拿大电视网的商业合作伙伴，迫切希望它能够赢得转播权——从而能够在各个方面为这家电信巨头公司提供种种便利。

一天，贝尔公司总裁迈克尔·萨比亚给我打电话，询问我能否帮助加拿大电视网竞标。我告诉他，我能做的只有和该电视网总裁伊凡·费肯会面，和他谈谈我们预期的目标，建议他如何向国际奥委会呈现出公司的最佳状态。实际上，我与加拿大电视网和加拿大广播公司的代表都进行了会面，告知我们的目标和梦想。两家公司的反应大相径庭。

加拿大广播公司似乎对我们的目标根本不感兴趣，其主席称，公司已经与奥运会有过多次合作，知道该怎么做。坦白地说，他们认为加拿大人期望奥运会由加拿大广播公司转播。他们很高兴就合作展开协商，但不禁令人怀疑由谁来负责这一进程。我们期待更加协同的合作方式，但公司管理层似乎对此无动于衷。我们希望，合作伙伴能够分享我们的价值理念，积极协助我们实现愿景，同时也想把奥运代表队的每一位运动员介绍给全国人民。

相反，加拿大电视网对我们的目标充满热情，而且思想十分开放。很快，我们就决定，无论加拿大电视网提供多少赞助，我们都将与之合作。他们能够确保达到我们的收视目标，并随之推动业务发展。但是有一点仍然令我们十分担忧，即便加拿大电视网的竞价更具优势，国际奥委会也可能更加青睐加拿大广播公司，因为他们非常了解这家公司，觉得与口碑好又获过奖的公司合作更加放心。

两大公司齐聚瑞士洛桑，准备向国际奥委会进行最终展示，在这紧要关头，我接到了迈克尔·萨比亚打来的电话。他已经急得满身大汗，尤其担心加拿大电视网输掉转播权后的移动设备赞助权问题，便请求我的帮助。我给伊凡·费肯打电话，他正在洛桑准备进行最终展示，也十分紧张。迈克尔请我针对伊凡第二天早上的展示，给出直接的建议。于是，我告诉伊凡，就像我们在布拉格进行的申奥展示一样，要像做生意那样由衷地进行展示，尊敬国际奥委会，认同奥运会精神。展示要充满感情与活力，让人们相信，加拿大电视网渴望借此机会让这届奥运会变得与众不同，最重要的是强调合作，要让国际奥委会感到，公司认同其奥运价值理念与理想。

结果表明，伊凡及其团队大获成功。我想，如果两家公司的竞价十分接近的话，结果或许会有所不同，但加拿大电视网还是胜出了。加拿大广播公司被初出茅庐的小公司打败了，他们革新了转播方式，让加拿大电视观众不会错过任何一个精彩瞬间，这于我们和电视业而言都有利。

加拿大电视网赞助1.51亿美元，买下2008至2012年奥运会的电视转播权，其中9000万美元用于2010年冬奥会转播。这是冬奥会竞标首次超过夏季奥运会，其总竞价也创下了加拿大纪录。奥运会举办期间，加拿大电视网的观众人数也几乎每天都在刷新，不断创下纪录。

一直以来，温哥华奥组委都错误地信奉这样一种观点，即电视转播协议的金额越大，收益越高。否则，如果无利可图，我们为什么还要招揽企业参与竞标，引起激烈的竞争以抬高竞价？实际上，加拿大电视网的竞价、国际奥委会从美国国家电视台以及其他电视台获得的收益总计近 40 亿美元，创下了新的纪录。按照原本的申办规划，我们希望国际奥委会划拨 3.48 亿美元给温哥华冬奥会，其中大部分资金来源于电视转播收入。这一数字基于国际奥委会与上届冬奥会协议的金额。但如今，国际奥委会决定，在考虑通胀因素的情况下，按照都灵冬奥会和北京奥运会的标准，向温哥华冬奥会和伦敦奥运会提供固定数额的拨款。我们认为这不公平，向国际奥委会直接表达了抗议。

我们无法说服国际奥委会提高电视转播收益的拨款比例。它不会开这个先例，因为这意味着几年后，伦敦也会提出同样的要求，但国际奥委会的确提供了比此前承诺的数目更高的拨款，并且表示，当我们遭遇困境时会予以援手。

在争取赞助的过程中，有一点十分明显，那就是团结国家的愿景在吸引国内公司参与奥运的过程中发挥了重大作用。我参与了与各公司总裁举行的数场会面，他们都充满激情地诉说，公司希望参与在加拿大举办的盛事。如果宣传 2010 年冬奥会时，我们称其为温哥华或卑诗省奥运会，就无法吸引这么多国内企业投身其中。实际上，我知道，奥运会可能为财政带来灾难。一旦缺乏宏伟的愿景，很多伙伴就会选择置身事外。

我认为，我们采用的全新方式将成为奥运会的遗产之一——从某种程度上改变了大型赛事的营销方式。我们能够向国家证明，营销并不仅仅意味着出售徽标的使用权，而是出售权利让人们能够完全参与，能够与奥运会之间建立联系。最终，签约公司协助我们呈现一场精彩的奥运会。的确，他们的产品使用了我们的徽标，但其员工以各种方式参与到奥运会的举办过程之中。他们与我们并肩作战，为了我们的成功努力奋斗。很多企业派遣员工到温哥华奥组委协助我们的工作。每一天，他们都是奥运大使且无处不在——正如我们期望的那样。

与此同时，我们的特许商品也风靡全球，颇受欢迎。无论是吉祥物、钢笔、手表、水壶，还是知名的红色手套，特许商品销量节节攀升，令管理层大吃一惊。

首先公开的是冬奥会会徽。我们称之为伊拉纳克，这是因纽特语，意为朋友或伙伴。会徽设计来源于因纽素克这个标志性的石头人，因纽特人以其做路标，延续了数个世纪。9 人组成的评审组从 1600 多幅作品中选出了该设计。我非常激动，感到会徽代表了整个国家，尤其是北方地区，它也植根于深刻与关爱的人文精神。这正是观众寻找的石质路标，奥运会也依靠它来指引人们。这是加拿大的新标志，是属于全体国民的。

周六，我们要在国家电视台和各个时区同步直播会徽的发布会。发布会前的周五晚上，我正在收看卑诗环球新闻频道，他们报道了会徽。显然，有人向记者透露并描述了会徽的样子。后来，有人据此在纸上画出了会徽图案，而泰德·彻纳基则据此编了一个故事，嘲讽会徽的设计。虽然电视台没有人真正见过会徽，但此举完全损害了会徽的形象。

我怒不可遏，自从为奥运会服务以来还从未如此生气。我先是冲丹尼斯·史考斯基发了通火，他当时是环球频道西海岸的最高负责人。丹尼斯和我一样，认为环球频道的做法恶劣，并无条件地向我道了歉。随后，我打电话到电视台，让新闻主任伊恩·海森接电话。我告诉他，这期节目把我气得差点儿把手机砸到墙上，不仅仅因为泰德的故事嘲弄了会徽的设计，他还弄错了获奖设计者的名字，毁掉了真正获奖者出场时的荣誉。我的声音太大，过于激动，以至于我太太不得不把莫莉带出房间，避免听见我咆哮大骂。就算伊恩当时说了什么我也听不进去。我鲜少在面对媒体时失去冷静，那次就是其中之一。

会徽刚亮相时遭到了批评，批评者大多数是那些期待以枫叶为设计元素的人。但很快，这股声浪就销声匿迹了，会徽在全国范围内迅速流行起来。不久，从纽芬兰的帕克湾到卑诗省的高贵林港，学校里成立了一个个小组，在教室里搭建或设计石头人。当你驱车行驶在海天公路，或魁北克和安大略省的公路上，都会不时地遇见效仿会徽的石像。

公布吉祥物时，我们聘请了当地一家由帕特里克·罗贝热领导的娱乐公司，设计一场在萨里校园剧场进行的演出。我们还带来了一些孩子，来欢迎苏米、魁特奇和米加加入奥运大家庭。木可木可是温哥华岛上的土拨鼠，作为苏米它们的伙伴也被引了进来。我们的策略是将媒体置于孩子之中，这样他们就能近距离看到孩子们脸上的笑容。当你被快乐、尖叫的孩子们的热情感染时，就不会再那么苛刻挑剔了。不出所料，魁特奇等吉祥物并不像有些奥运吉祥物那样，一亮相就招致批评——令我深感欣慰。（不像可怜的伦敦奥运会单眼吉祥物文洛克和曼德维尔，除了孩子们喜欢外，它们被人批判得一文不值）

魁特奇是个脚蹬皮靴、戴着耳套的大脚怪，威风凛凛，像冰球队守门员一样。米加是只传说中的白熊。苏米是残奥会官方吉祥物，兼具鲨鱼、雷鸟和熊的特点。起初，我们以为只要生产一些吉祥物，让他们的身影遍布全国即可。没想到，市场的需求量太大，我们不得不将产量提升为原来的十倍。

如同温哥华奥组委的其他重要事务一样，吉祥物也有一位倡导者，一位潜藏在幕后的谋士，他叫里奥·奥布斯鲍姆。

里奥来奥组委工作前数月，组织里就有人对我们希望创造的"形象"开着善意的玩笑，这一形象从活动背景到火炬都十分鲜明，是一种创新的、能够将我们与历届奥运会区别开的形象。

理想的状态是，奥组委拥有自己的设计团队，能够更好地掌控设计过程——当然，前提是我们有能力，也有颇具创意的专业人士能够设计出我们想要的结果。阿里·加迪纳领导着我们年轻而又相当不成熟的品牌与创意团队。阿里深知我们的不足，正在四处搜寻能够提升团队的高级人才，恰好遇到了里奥。

里奥来自布宜诺斯艾利斯，1992年巴塞罗那夏季奥运会时做过一些创意设计，尤其在吉祥物设计方面颇有经验。阿里认为，我们应当赋予他灵感，邀请他来组建我们的设计团队。但英语不是里奥的母语，他也缺乏在加拿大工作的经验。我和戴夫对他进行了一次面试。

里奥充满迷人的魅力，三十四五岁，身材纤瘦，蓄着山羊胡。乍一看，你会以为他是位西班牙画家或斗牛士。我能看出来他很紧张，但这也说明他很想要这份工作，即便单薄的简历也没有阻碍我们求贤的脚步。但是，这么多年来，我见过太多像他那样的人了。记得在爱彼特俱乐部工作时，26岁的比利时年轻小伙子帕特里克·马沙尔走进办公室，称自己想应聘我们的主厨一职。他的履历很单薄，但他的内心却野心勃勃。

"给我6个月时间，"帕特里克对我说，"我甚至可以不要工钱。觉得我干得不好，可以随时开除我。"

当然，工资还是要给的，但我还是给了帕特里克一个机会，结果他表现得十分出色。如今，他在法国开了自己的酿酒厂。

里奥有点儿像帕特里克，他只是在寻找一个机会。我们给了他机会，结果令所有人大吃一惊。他的设计让每一个见过的人都为之折服。里奥是个百分之百的天才，能够从平凡中发现美，他摆弄过的东西似乎总能引起强烈的反响。无论是吉祥物还是奖牌，我们每一项设计都要经过国际奥委会签字批准。每当里奥将他的设计放在委员们面前时，他们都会很快通过。

设计奖牌时，里奥和阿里花费了几个月时间咨询运动员和其他人员。里奥研究了有史以来的所有奖牌，萌生了对每一块奖牌进行专门设计的想法，这是前所未有的。"想象一下，"一天，他说道，"想象运动员给孩子们展示奖牌时告诉他们，这是世界上独一无二的奖牌，那将是怎样的场景。"

里奥还有着天真的好奇心，像个孩子似的，会为了别人的幸福而狂喜。员工聚会上，当我们表彰某位成员的表现时，总能看到里奥站在一旁，咧嘴大笑。开会时，如果他拿出的设计没有达到要求，或者没有收到理想的反馈，他就停下来说："好吧，看来我们还没准备好，这个设计不成功，我还会再拿新的设计来。"然后就会带来更好的设计。但是，如果他觉得自己完全正确时，就会使出浑身解数，让你理解他的观点。

八月一天早上，阿里来见我和戴夫·柯布。她想说什么，却一个字都说不出来，然后便崩溃大哭。里奥前一天晚上在睡梦中，因心脏病去世。

几天后，公司总部的中庭挤满了前来参加他追悼会的人。我请前来凭吊的人环视四周，看看里奥生前的心血，奥运会的设计随处可见。这天，天气晴朗而温暖，里奥的遗体在温哥华下葬了。我们环绕在他的墓地周围，轮流往他的棺材上撒一点儿土。这时一辆高速列车呼啸而过，车身上描绘着里奥为奥运会设计的图案。我们都笑了。

多亏了产品销售和赞助，截至2008年秋，奥组委的财务状况良好，也没有建设经费的烦恼。我们对门票收入保持乐观。每一两周似乎就要宣布新的合作协议，又加入了新的合作伙伴。这周是家居企业，下周可能是清洁剂企业或口香糖企业要与我们合作，各地的公司都想参与奥运会。项目进展顺利，绝大多数情况下都不存在争议。那些驻守在公司草坪外，想要捕捉我们窘境的媒体也败兴而归。

然而，2008年9月15日，总部位于纽约的雷曼兄弟投资公司宣告破产。接下来的几天里，公司倒闭的消息纷纷见诸报端，宛如大战爆发一样令人触目惊心。混乱接二连三地发生，人心惶惶。报纸头条十分醒目，晚报也到处充斥着股票交易商以手遮脸的绝望形象。没有人能够预测未来如何，但局势看来并不理想。

起初，金融危机对加拿大的影响尚不明朗，但雷曼兄弟投资公司倒闭后不久，在其他机构引发了一系列重大问题。显然，美国其他投资公司和银行也陷入了麻烦，危机产生的主要原因是次级贷款。从佛罗里达州的彭萨科拉到加利福尼亚州的萨利纳斯，到处都挂着法院拍卖房屋的标牌。媒体天天报道美国经济大面积受挫的新闻，一段时间后，人们已经对此感到麻木了。

虽然奥组委持续关注着这场经济惨剧，但美国的经济问题对我们还没有产生什么影响。企业合作伙伴仍然按时向我们提供赞助，没有人希望就已经达成的协议与我们进行磋商，甚至没有人来电提醒我们注意，向我们发出警告。经济抵御住了冲击。我们产生了错误的信心，以为加拿大可以置身于美国的金融危机风暴之外。然而，董事会变得愈加不安。

董事们开始越来越担心诸如通用汽车等奥林匹克伙伴的财务状况，这家美国汽车制造商正在苦苦支撑，至少看上去是这样的。公司总裁们被召集到华盛顿与奥巴马总统会面，探讨援助计划。

局势非常危急。

杰克·普尔也十分紧张，希望我能够得到确切保证，证明通用汽车不会违约。老实说，我不知道通用汽车还能做些或说些什么来确保合约的实现，甚至觉得他们在遭受抨击时，我们袖手旁观，却要求他们这样优秀的合伙人仍然为我们提供上好的服务，这简直难以启齿。我记得自己当时赶到东部，与通用汽车加拿大运营部董事长兼总裁阿特鲁·埃利阿斯会面，询问是否能帮上什么忙。我曾建议公司利用奥运会的合作关系，来展示他们的下一代汽车，我们也准备好尽力帮通用汽车一把——无偿帮助他们。阿特鲁对我们的忠诚与支持表示感谢，并向我保证一切都好，无须担心。尽管通用汽车公司还在苦苦支撑，但他们依然信守诺言。

金融危机的阴霾逐渐笼罩全球，并开始为我们的项目蒙上一层阴影，奥组委数年来的乐观情绪荡然无存。各地企业和政府都受到了影响。这反过来意味着，董事会某些董事的后院也起火了，他们也要解决自身的经营问题。

在本能的驱使和董事会愈加紧张的氛围影响下，我们决定严阵以待，仿佛马上要遭受重创一般。我们要准备好应对相当糟糕的结果：重要合作伙伴之一可能会倒闭。在奥运会开始前的18个月争取替换赞助，宛如大海捞针。高管会议几乎每天都会假设可能出现的场景。为了应对可能的冲击，我任命戴夫·柯布为副总裁，要求他在奥组委内部对一切事物展开一场声势浩大的审查。他必须在管理层同事的支持下，残酷地完成任务。此举表明，缩减开支的时候到了。

我们决心彻查奥组委，搜罗出一毫一厘来改变现状，应对难关。一切与组织生存无关的东西都要削减。听起来很容易，但实际上，这是一个令人头疼的过程，因为牵涉到数百个令人痛苦的抉择。我们决定不再聘用新人来取代裁员，甚至长达一个月都没有聘用新员工，这一举措为我们省下了大笔的钱。我们停止招聘，却也能感受到因此造成的恶果：人手不足意味着原本工作繁忙的员工要工作更长的时间，但这也比被解雇要好。

数年来，我们的预算都十分合理。随着数据的确定，我们能够进一步细化合理估算成本和收益。因此，虽然预算总是会增加，但通常都是在我们愈加确定的范围内，不会出乎我们的意料。但金融危机是个例外。每次开会，每次讨论都是关于钱。预算尤有余地的人不得不交出盈余的每一分钱。应急基金消失的速度，堪比爱尔兰酒吧里的啤酒。我们还在寻找新的赞助来源（虽然已寥寥无几），并不得不把昂贵项目的资金一砍再砍。我们向政府合作伙伴提议，如果我们要渡过难关，呈现一场精彩的奥运会，可能需要他们的帮助。

我们向员工征集富有创意的点子来渡过财政困境，坚定谋求生存的信念，无论如何都不能陷入财政赤字。我们取消了一切旅行，削减经费，祈祷这场经济风暴尽早结束。我决定不出席在丹佛举行的国际运动总会联合会会议，原本我应当在会上向国际奥委会汇报项目进展情况。国际奥委会对我的缺席非常不快，并向我表达了不满，可我并不在意。此时，我必须以身作则。

管理层成员自愿取消定期涨薪，其他人的则被限制或缩减。我们重新审查了门票销售项目，只要有办法在场馆里多塞一个座位，我们都会努力争取。我们就是如此迫切地增加门票收入，哪怕多20美元也好。在特许商品方面，我们野心勃勃地设定了新的收益目标，并寻找新的供应商帮助我们达成这一目标。只要是能印上奥运会徽标并出售的商品，我们都会生产。我们甚至还研究奥运会结束的整理阶段可以怎么挣钱，要把手中的每一件商品卖出最高价。

克服了重重困难后，按照最大胆的预测，我们还迎来了一项重大胜利——门票销售。销售门票是为了满足全球和国内需求，显然，门票即将销售一空。凯利·丹顿是负责票务的副主席，戴夫·柯布把他从温哥华加人队挖掘过来。凯利对市场预测精准，推出了两项尤为聪慧的举措：决定分三个阶段放票，并创造了球迷间的票务市场。第一阶段，只在市场上投放少量门票，很快被抢购一空，引发市场的狂热需求。此举在第二和第三次放票时会引起人们更大的需求。

球迷间票务项目尤为突出，即便拉脱维亚票贩策划的票务欺诈也无损其价值。假设你有一张男子冰球四分之一决赛的门票，本来想看加拿大队对阵挪威队。如果加拿大队未能顺利晋级，比赛双方变为瑞典队和挪威队，那么你就可能突然对比赛没兴趣了。于是，凯利创造出一个系统，可以退票，以便其他人，比如瑞士球迷去看比赛。我们从交易中收取少量费用，以创造更多收益。真是一举多得。

奥运红手套的成功推广，帮助我们减轻了压力，也使我们履行了对"登上领奖台"项目所承担的义务。红手套原本是为了帮助加拿大运动员筹集资金而开展的项目，没想到演变为一种现象，并成为国内最受欢迎的商品。即便全天候生产了数月之久，生产厂家的产量也跟不上市场的需求量。红手套甚至登上了《奥普拉脱口秀》节目，这位美国日间电视节目女王向演播室的每一位观众都赠送了一副。手套销量超过360万副，连我都不能拿些来赠送亲友。我们需要靠它来赚取每一分钱。

后来，随着奥运会临近，市场状况逐渐好转，我们意识到，只要再紧缩一点儿预算，我们就可能安然渡过此次金融危机。联邦和省级政府帮我们弥补了部分由于"大萧条"而导致的经济损失。我们也向国际奥委会寻求了最后一次帮助——这从来都不是件容易的事。

虽然国际奥委会对我们深表同情，但委员们也十分谨慎，他们有过惨痛的教训。盐湖城组织者曾向国际奥委会哭穷，最后获得了国际奥委会的资金援助。几个月后，盐湖城奥组委居然宣布盈利1亿美元，导致国际奥组委对此大发雷霆。但是，我们与国际奥组委保持着密切的关系，他们亲眼目睹了我们遭遇危机时的痛苦和应对危机而采取的各种自救措施。人们常常指责国际奥委会不够重视相关工作，但这次则不然。最终，国际奥组委为我们提供的援助，比原先承诺的还要多5000多万美元，而他们在经济危机中也受到了冲击，其收益和投资都有所下降，组织本身也紧缩预算。

这段时期令人精疲力尽，我们需要不断拟定策略。戴夫·柯布和我写了几十封信，制订了数十份提案，递交给国际奥委会，想尽各种办法请求他们的帮助。我常常和戴夫开玩笑说，如果那时我们没能获得援助，可能就要把爱尔兰民歌《丹尼少年》录成50多种语言，作为开幕式的官方开场曲播放了。但最终，我们渡过了这场最糟糕的、令所有人难忘的经济风暴。

我们证明了奥组委能够经受住困难时期的考验，而且不止于此。的确，这是在奥组委会计团队的帮助下实现的，他们相当擅长精打细算，且成绩惊人。但是，我觉得这是一群埋头表格的聪明人的胜利，我们发动1000多名员工紧缩预算，就像自己家艰难度日时那样。我敬佩团队每一位成员的表现，尤其是疲惫不堪的管理层成员所表现出的领导力。

虽然这是最黑暗的时期，但它使我们变得更加坚强，赋予我们动力。时光飞逝，随着2010年2月12日的临近，我们愈加无畏和团结——我们的考验结束了。但与经济衰退最初几个月的抗争，无疑产生了严重的影响。我也不得不对面部的一些良性病灶进行手术，术后看上去像和拳王阿里对战了15回合一样惨烈。包括我在内的整个团队都疲惫不堪，所有人都需要休息。

2008年12月月底，我休息了一个星期，大部分时间在睡觉。长久以来，这是我第一次能完整地休息一周时间，因而非常期待。休假期间，日程表上没有任何安排。这是数年来第一次完全不需要考虑奥运会的几天。第二天一早，我就生病了，根本无法下床，比以往病得都要严重。我的身体似乎完全垮了，又或许是肾上腺素导致的，我也不太清楚。结果这一周，我都躺在床上，伴有严重的感冒症状。虽然听着挺奇怪，但我还挺喜欢这种感觉的。我还特地完成了一些工作，至少等我回到办公室的时候不需要再去处理。

但在此期间流传着各种我健康恶化的消息。我录了一段圣诞视频给奥组委员工们，这段视频被上传到我们的网站上。我也不知道这次是因为灯光还是其他原因，我看上去糟糕透顶，仿佛幽灵版的乔治·汉密尔顿，又像在洞穴里居住了20年，突然被人拉来录像一样。如果有人问我还能活多久（真的有一两个人这么问），也不怪他们。我憔悴得连自己都不忍心看。

尽管的确瘦了些，需要重新开始锻炼，但我向记者保证自己一切都好。我需要更好地照顾自己，说到做到。董事会觉得我看上去十分疲惫，对此表示担忧，并希望杰克能够劝劝我。杰克告诉他们："我已经提醒他注意身体了。如果你们觉得我能说服这家伙别那么拼命，那可就大错特错了。他就是个拼命三郎。"

杰克说得没错，我根本放不下手里的工作——怎么放得下呢？奥运会迫在眉睫，就像一辆即将到站的火车。我不知道怎么把手头的工作放一放，也没有时间这么做。1月份回到工作岗位上后，我感觉良好。还有一年时间可以准备。圣火到来以前我还可以休息约400个晚上——这个念头令我精力充沛，足以应对任何挑战。

7

The **Power** of the Flame
圣火的力量

虽然我的工作看起来光鲜亮丽，但激动人心的时刻总是伴随着自省的痛苦。

这是种孤独的体验。一路走来，我几乎无时无刻不在担心着什么。一些日子宛如地狱，我甚至可以感到自己肩负着整个国家的重任。有些时候我们大获成功，我又会觉得自己是不可战胜的。心情就像坐过山车似的，忽上忽下。数年来，我试着变得更加坚强，大多数的事情都独自承受。为了保持自己的精神状态，我不再看报，只读一些必要的文章和专栏。为了避免阴暗的情绪，我常常看《游戏规则》这本书，它是由卡尔加里奥组委首席执行官弗兰克·金撰写的，讲述了这届奥运会的幕后故事。虽然从1988年至今，奥运会已经发生了重大的变化，但是弗兰克的洞察力仍然令我受益匪浅。同我一样，他也信奉体育的力量。

书中有关火炬接力的片段令人难忘。卡尔加里发起了奥运会史上最野心勃勃的一场火炬接力——88天内跑完1.8万公里。圣火抵达纽芬兰后，火炬传遍了10个省和两大特别行政区[①]。卡尔加里火炬接力与加拿大举办的另一场奥运会——1976年蒙特利尔奥运会形成强烈对

---

① 注：努纳武特1999年才成为特别行政区。

比。当时，圣火从渥太华传到蒙特利尔，只经过了 200 公里，是现代奥运会史上公认距离最短的一次圣火传递。

记得弗兰克在书中谈及了选择火炬手时的兴奋感，但书中最佳的内容是描绘火炬接力为奥运会本身注入的活力。他在书中写道，自己在接力路线上，与部分火炬手一起奔跑，亲眼见证了他们的热情。弗兰克还称，在不同地方逗留的日子十分美好，得以远离卡尔加里那些纷繁的负面评论。卡尔加里的人往往对奥运会各项准备工作没抱什么信心。但在火炬接力的路上，人们情绪高昂，弗兰克也深受感染。跑完火炬接力返回卡尔加里时，他感到精力充沛。

对我而言，圣火接力是展现加拿大奥运会的诀窍，虽然 1.8 万公里确实令人印象深刻，但我觉得我们可以走得更远——远不止 1.8 万公里。我希望尽量把圣火传递到更多的加拿大人身边。可口可乐、皇家银行和加拿大签约成为全面合作伙伴，因此我们拥有足够的支持来完成一项似乎不可能完成的任务。但是，直至我们开始规划路线细节时，我才发现自己给团队带来了一项多么可怕的挑战。

第一小组负责处理接力相关事务，成员包括戴夫·柯布、安德莉亚·肖和吉姆·理查兹，其中吉姆被任命为火炬接力活动负责人。维达尔·艾勒特森则是运营负责人，切实保障道路安全。维达尔是我们从挪威挖掘的人才，他令人印象深刻，颇有大将之风，他是世界上最了解接力活动的人，有过数次举办经验。他会软硬兼施，确保万事准时完成——通过他独具魅力的方式。当然，还有其他很多人协助组织接力活动，但核心小组成员要听我反复念叨，坚持要求他们施展魔法，将圣火尽量传递到远方。

几个月后，接力活动初步成形，我们需要多次召开会议，会上气氛十分紧张。当我表示，接力未能尽量将圣火传递到远方，还接触不到足够多的加拿大人时，会上常常会发生激烈的争论。早期会议上，安德莉亚、吉姆和维达尔常常反驳我的话，其逻辑也很简单：他们担心，如果想让圣火走进每一个社区的话，那么接力永远都没有尽头。我明白，加拿大不是卢森堡那种小国——但这对于怯懦的人而言也算不上什么冒险。接下来只要考虑难以避免的坏天气和其他不可预见的问题即可。

我十分笃定，一旦接力开始就可能出现意外，但维达尔安排得紧锣密鼓，可能最多只有10秒多余时间。我知道圣火传递需要全力以赴，如果飞行时间需要调整的话我们就那么做。但是最好不要每6天固定休息一次，因为我们或许会很累，又或者碰上连续一周的坏天气，导致我们需要的时候飞机却无法起飞或降落。我不接受这种做法，但我觉得团队能够规划好，而且我也多次告诉过他们应该怎么做了。

我们正在规划一切事务，使其步入正轨，奥运会结束后就有大把的时间可以休息了。

我得承认，我对团队的要求很苛刻，把他们逼入了绝境。申奥成功后数年，每周我都到全国各地发表多次演讲，鼓励人们支持奥运会。所到之处，人们似乎都想知道，是否有机会在当地迎接奥运圣火。我希望在场的观众立即热烈鼓掌，于是回答，"圣火当然会经过这里"，毫不在意那天所说的"这里"究竟是哪儿。于是，人们纷纷站起来为我鼓掌，演讲结束后也有很多人拍背称赞。第二天，我的承诺就会见诸报端。火炬接力规划小组的成员们纷纷摇头诅咒我，不知道接下来我还要他们把圣火带往哪里。

对接力的愿景要求我们富有创造力。活动在多地同时进行，这意味着，我们需要从接力主线上分出多个团队进入临近的小社区。实际处理起来并没有那么容易。火炬接力活动遵守着严格的规则，其中一条规定是，圣火不能在两地同时燃烧。可以提着燃烧着圣火的灯笼前往偏远社区，但直至另一处火炬熄灭才能在那里点燃火炬。不过，我们解决了这个两难的问题。接力中有几天时间，圣火似乎在两地同时出现。此举是经过周密安排的，但对我们完成圣火传递的使命至关重要。我们要在一小时车程内，让圣火在 95% 的加拿大民众中传递。

经过多次重新设计后，我们最终确定了圣火接力路线，其长度为 4.5 万公里（是奥运会历史上最长的距离），需要 106 天不间断地传递。但实际上，令团队激动不已的并不是有史以来最长的接力路程，而是能够将圣火传递给众多民众。

考察了近千种方案后，我们决定将接力起点设在维多利亚市。其原因有二：

一、从卑诗省首府出发有利于召集更多的人参与到接力过程中。我们的首要目标是让尽可能多的加拿大人手握圣火火炬。1.2 万多人有机会通过步行、跑步、甚至划船的方式传递圣火，与卡尔加里奥运会 6000 多名火炬手相比，人数众多，令人吃惊——在当时，其本身就是一项壮举。

二、火炬接力的起点省份也是奥运会举办城市所在地。我们感到，这或许有助于安抚某些地区的不安，他们强烈要求卑诗省与全国其他地区共享奥运激情。此举也令人想起火炬接力的起源，火炬手从奥林匹亚出发前往各个偏远地区，通知人们，希腊城邦正在举办体育盛事，向宙斯致敬。所以从某种意义上而言，我们也在做同样的事：火炬手从维多利亚市出发，前往全国各地，邀请人们参加 2010 年冬奥会。

接力还需前往希腊，在奥林匹亚正式点燃圣火时，我们必须在场。一周后，我们将在雅典接过圣火，运送回国。奥运会总是有各种各样的协议，但是雅典的圣火交接却没有一项明文规定，这项仪式已经历经了数个世纪的演变。我们中很多人需要，也愿意参加希腊的两场仪式，但这却引发了交通问题。如何才能往返两地，又严格遵守紧张的行程安排,将火炬按时传递到我们所承诺过的地方?搭乘商业航班前往雅典既费钱又费力,于是我提议采用另外一种交通方式。

早期规划奥运会时,我和加拿大武装部队代表会过面,其中就包括国防参谋长沃尔特·纳丁茨克将军。这是场愉快的会面,从一开始他就清楚地表明了军队参与2010年温哥华冬奥会的重要性。我想,他很清楚,让军队参与到对国家而言如此重要的盛事中,是一个千载难逢的机会。沃尔特能够想象,他的士兵身着制服,参与到一场场升旗仪式、签约仪式及其他活动时的场景。他们能够在庆典活动中坐在前排,这是多好的宣传机会啊。既然沃尔特将军期待加入,我们也乐见其成。

几天不到,军队就为我们派来了迈特·巴利上尉。他坐在我办公室外,沉浸在奥组委文化中,得以与全国各地的军人取得联系。自此,他就是我们与部队之间的联络官了。我之所以期待军队的加入,是因为有些特殊工作需要帮助,觉得他们值得信赖是因为军人永不言败。首次会面后的几年里,每当武装部队称无法为奥运会提供这样或那样的帮助时,我都会有些失望。由于力量分散在国内外,因而无法为奥运会准备阶段做出巨大的贡献。但我觉得,或许他们可以派飞机送我们去雅典。

我觉得这个点子不错,原因有几个。首先,可以避免大批人马乘坐商业航班所产生的后勤挑战。我觉得,军方的参与也可以提升接力在人们心中的重要性。军方护送古老圣火从希腊前往加拿大的画面也深得我心,这样,旅程就变成了任务。一想到飞机起飞去护送圣火的场景,我就激动不已。我很清楚,这些身着制服的士兵会认真履行职责,如果军方派遣飞机的话,行程时间会精确到分钟。

但事情的进展却出乎我们的意料……

希腊站也是一处重要的接力点,大名鼎鼎的政治家都想参与到接力过程中。我觉得最好将他们分散在各处担任主火炬手，大家都表示赞同。最终，我们安排省长戈登·坎贝尔参加奥林匹亚的点火仪式，温哥华市长格雷高尔·罗伯森将于一周后在雅典接过圣火。与此同时，总理将在维多利亚市的停机坪上迎接圣火。起初，大家似乎对这一安排都十分满意，但突然有一天，我接到了市长的电话，他因为没有参与到奥林匹亚点火仪式而大发雷霆，称希腊的朋友告诉他，有一个环节是奥林匹亚代表与主办城市市长的交接仪式。我对此闻所未闻。格雷高尔称，自己必须在场，并坚持这么安排。我吓了一跳，因为如此改动意味着要对拟订计划做出更多改变。"格雷高尔，"我说，"我来试着安排。"他固执己见，我只能无奈答应。（实际上，奥林匹亚仪式证明格雷高尔的消息根本是无稽之谈。）

此前，负责行程的同事已经通知维多利亚市，省长坎贝尔将担任代表团团长出席在奥林匹亚举行的仪式。这还是我亲口告诉省长的。结果，我现在得打电话告诉省长，温哥华市长也要一同登台。行程变动让我们看起来一点儿都不专业，好像我们都不清楚自己在干什么，但是和政治代表打交道，这也在意料之中。

更具争议的是，由谁来担任走下飞机时的火炬手。是联邦体育部长加里·鲁恩，这个善于团队合作、真正合格的成员，还是市长格雷高尔？抑或是原住民酋长？还有很多人希望我担任火炬手。说实话，我根本不在乎，只要能顺利敲定人选即可。最终，格雷高尔手持火炬走下飞机，但这背后发生了太多拉帮结派的政治活动，令我们对这一结果都不太满意。

政客们的助手总是为各种场合中谁先发言、谁后发言争论不休，令我疲于应对。从很多方面来说，这也是奥运会中我最讨厌的工作。我们不得不设专人（有时甚至是专门的团队）来负责安排，只是为了让那些渴望成为焦点的公职人员满意。

在这方面,可以说,包括筹备阶段在内的整个奥运会期间,戈登·坎贝尔从未要求成为活动的焦点。虽然他常常受到肆意攻击,批评他大吵大闹,有些人则说他行事夸张,在奥运会期间表现出过分的狂热,但戈登从未利用自己主办省份领导人的身份要求过任何特殊待遇。比起其他与奥运相关的推选官员,他做出了更多贡献,至少在政治上如此,但却不求任何回报,只希望我们能够为加拿大呈现一场精彩的奥运会。因此,我对他评价甚高。

筹备希腊之行的几个月里,我遭遇了职业生涯——或许应该说是人生中最艰难的时刻。杰克·普尔,这位在奥运会组织过程中的良师益友和我的头号知己,不幸死于癌症。

两年前,杰克被诊断出患有胰腺癌,他得知这一消息的时候告诉了我。他镇定自若地描述自己是如何发现自己患病的,语气平静得令人震惊,我永远都不会忘记。杰克说,自己当时刚和达琳吃完晚饭,去浴室的时候感觉非常难受,照镜子时发现自己脸色蜡黄。后来他多次去医院看病、检查,最终确定自己患上了癌症。

胰腺癌是死亡率最高的癌症之一,存活率不足5%。但对杰克而言,5%仿佛是一半的概率:足够让他继续工作了。如果幸存下来需要十足的勇气和决心,那么杰克确实做到了,但这并非易事。癌症治疗需要进行复杂的手术,还要住进西雅图一家医院接受极为残酷的治疗,来提高生存概率。病人要进行连续40天的放疗,同时还要接受每周三次化疗。杰克每天进行三次治疗,其艰辛不啻于爬三次乞力马扎罗山(非洲最高峰),但他的内心就是如此坚强。

杰克向我描述治疗的感受,就像在谈论给车换油一样轻松。他非常坚强。在西雅图的医院里,我看到他经过一整天辛苦的治疗后,跪在地上呕吐,那场景令我永生难忘。吐完后,杰克还扯出一抹笑容,故作聪明地谈论治疗多么有趣。即便病得如此严重,他还是想听我说说工作的进展。有趣的是，我去看望他本来是想让他好受些，没想到最后感到舒心的却是我自己。

后来，杰克终于出院了，继续履行在董事会的职责，可是说不准什么时候病情又会反复。2009年夏天，他的病又复发了。杰克告诉我的时候，像往常一样平静，但是我能从他的声音中感到些许不同。他不可能像在西雅图一样，再接受一次残酷的治疗了，他已经病入膏肓了。

杰克的亲人们关心的是，他还剩下多少日子。达琳24小时陪伴在他身边，祈祷奇迹发生。杰克自己则痛感时光飞逝，陪伴达琳的时日已不多，同时也很遗憾，在我最需要他的时候，不能更加积极地投身于工作之中。杰克病情恶化的消息仿佛如晴天霹雳，令我难以接受，不敢想象自己即将逝去挚友。我默默祈祷他能够撑到奥运会举行的时候，想象着我们并肩坐在前排的场景。

随着时间的流逝，杰克在家里的时间越来越长，大多数时候都卧床或在沙发上休息。电话就是他的命脉。虽然我曾说，不可低估杰克，但是他已经无法再担任奥组委主席一职了。解聘他的职务，他就会安然退出。我去看望他，跟他聊聊项目各个方面的最新进展。他总能给出一些建议，但是看着原本精力充沛、意志顽强的人变得如此虚弱，真是太令人难受了。每天很多时段，尤其当我坐飞机或候机的时候，我总是会想到杰克，想起我们的友谊和8年前我们共同展开的疯狂旅程。我经常没有理由地给他打电话，只是为了聊聊天，开心一下。

这么多年来，我们肯定有过分歧。我不止一次地向杰克表示不满，因为我知道，他对媒体说的话被有心人扭曲后，传到高度敏感的国际奥委会耳朵里就会变成不当言论。他却乐此不疲，再三为之。几乎每次出现分歧时，他都会直言我是错的，但却让我做决定。他说："好吧，这是你的事，你怎么想就怎么做吧。"身为商业巨子，杰克却能做到这一步，对我而言意义重大。这说明，无论输赢或平局，他始终支持我。当事有不顺时，他会让我三思而后行，别急于做出重大决定。一路走来，我都坚决做出明智的选择，不让坚定支持我的杰克难堪。每当想到杰克，脑海里常常浮现父亲的一句话："哪怕再世为人，他也令我望尘莫及。"

我记得有一次，他刚做完一轮治疗，正在静养，我去他家看望他时和他谈起了一个棘手的问题。他给我写了张卡片，装在信封里，放在一杯鲜橙汁旁。卡片上写的话类似于"天还没黑之前是最黑暗的。"换句话说，如果你认为情况很糟，那它肯定会变得更坏。这就是杰克。

前往希腊奥林匹亚点燃火炬的前几天，我去了趟医院看望杰克。我进入病房的时候，他的情况看起来并不好，但仍然勉强露出微笑。杰克瘦得脱了形，比起上次探望的时候又多插了几根管子。我给他讲了讲仪式流程和相关的后勤问题，告诉他我几天后就回来，还要给他看仪式的照片和录像，并向他保证，无论如何，我们都会呈现一场精彩的奥运会，令他为之骄傲，也信守我们的诺言。离开时，我拥抱着杰克，知道这次或许是永别。

前往奥林匹亚的途中，我来到纽约联合国总部，见证联合国通过奥林匹克休战决议。该决议呼吁所有交战国在奥运会期间停止战争，拥抱和平。古时，人们采用此举来确保参赛运动员的人身安全。今天，虽然有人对这项倡议冷嘲热讽，但它仍然提醒着人们体育活动在促进和谐与和平方面所拥有的力量和所树立的榜样。

加拿大、国际奥委会和温哥华奥组委共同起草了决议，我深感荣幸，因为加拿大驻联合国大使延长了我的发言时间，令我能够在多位世界领导人站过的讲台上宣读完决议，并见证各国一致通过。当晚，我与联合国秘书长潘基文进行了对话，他坚持认为，我们的工作比以往任何时候都要重要。这对于我来说就足够了。

两天后，我们一行人抵达雅典，要在深夜驱车四个小时，前往古老的奥林匹亚遗址和赫拉神庙，参加官方点火仪式。现场令人难以置信，仿佛历经数个世纪却丝毫未变，这片神圣的场地上有片萋萋芳草地，供人们观赏仪式。

仪式内容简单而形式丰富——重现了数百年来的古老传统，蕴含着令人动容的礼仪和象征意义。女演员玛利亚·娜芙普利都扮演女祭司，身着修长、飘逸的长袍，利用抛面镜捕捉的太阳光点燃圣火。天有些阴，有人担心阳光不够充足，无法点燃火炬。但肯定有人及时向希腊的太阳神阿波罗进行了祈祷，云散开了，阳光照向地面，点燃了圣火。我们都站在无顶的神庙中，见证了这一奇迹——诸神保佑，使我们诸事顺利。我不禁兴奋地掐了自己一下。

很快，2010年冬奥会的第一位官方火炬手瓦西利斯·迪米特里阿迪斯用原始火种点燃火炬，开始了希腊高山间为期8天的接力活动。看着他跑出古体育场，跑进田野，跑遍周围的山峰，然后跑出我们的视野，这些画面令我不禁激动得颤抖。

火炬传递的场景令接力活动负责人吉姆·理查兹热泪盈眶。我必须努力克制自己才能止住眼泪，这一刻实在太震撼人心了。我拿出黑莓手机，找到树丛里一处安静的角落给杰克打电话，想告诉他这里发生的一切。此时温哥华已经是夜里两点了，我只能发条短信，但写得很长，几乎把仪式的每分钟都描述了一遍。我由衷地希望能把杰克带到现场，让他开心开心。短信里我又写道，再过几天就回去看他。

戈登·坎贝尔和我一起坐车返回雅典。一路上，有传闻称杰克已经去世了，一位媒体朋友问我是不是真的，我哽咽了，但是告诉他这不是真的，不然我肯定立刻会收到消息的。我摇了摇头，给长期担任杰克助理并颇受其赏识的黛博拉·普莱尔打电话，当时她正去医院看望杰克。她让杰克听电话，我几乎没有辨认出来那就是他，但是我很高兴听到了他的声音。杰克并没说太多，但希望我回国后能去看看他。车上的人得知杰克依然健在，都十分高兴。

第二天早上，省长和我搭机回国，途经阿姆斯特丹，在那里停留了6个小时。于是我们决定开个房间，边做事边候机。戈登去了楼下的商务中心，我正准备锻炼，这时候电话响了，是黛博拉·普莱尔打来的，说杰克去世了。

我在床上坐了几分钟，难以接受这个噩耗。即使知道这天迟早要来，我还是难过得浑身发抖。我不禁想到，杰克已经苦苦挣扎了很长时间，得知火炬被点燃，正被送往温哥华，或许觉得了无遗憾，就离开了我们。对他而言，2010年冬奥会已经开幕，他的使命已经完成，他的工作也有了回报。

我必须安排温哥华奥组委召开新闻发布会，公布杰克辞世的消息，因为这一消息很快就会传出去。在打电话给负责通信的副主席雷内·斯密斯·瓦拉德和其他两位负责人并讨论一小时后，我们发布了声明。省长也发布了唁电，这是沉重而伤感的一天。

戈登和我乘飞机回温哥华的路上，时而聊起杰克，时而沉默不语。他与杰克的来往与我不同，但两人相识也有几十年了。10小时后，我们抵达温哥华，现场等候的媒体蜂拥而至，省长和我坐下来回答他们的问题。我和省长告诉记者们，卑诗省失去了一位伟人，奥组委也痛失一名干将。我想，采访我的记者们肯定能看出我当时多么慌乱而恐惧。

2009年10月27日，星期二，人们为杰克举行了葬礼。对加拿大的一个普通人来说，葬礼隆重得像国葬一样。数百人挤进温哥华基督大教堂和杰克告别。人们认为杰克是一个温柔、忠实的朋友，从未背弃过萨斯喀彻温小镇的传统。按照杰克生前的要求，葬礼上响起的歌曲是黛尔·艾文斯的《欢乐小路》。这正是杰克的行事风格，适时地打趣一番。

省长坎贝尔称赞杰克为"冬奥会之父",这也是他在人们心中的印象。他的朋友及商人彼得·布朗强调了杰克风趣调皮的特质。大家都认为,杰克总有法子让人放轻松。我谈到他如何"教会我们连国王都不知道的道理",如何说服我与之一同展开奥运之旅,声称如果我不加入,他也放弃。我对众人说:"我就像个三岁孩子一样信任他,那是我第一次被他的魅力所倾倒,后来也无数次为之折服。"

杰克年轻时在商界闯荡,每当完成了一件值得庆贺的事情时,他都会为自己买件新衬衫。他的第一位老板没有嘉奖他的表现,这件事一直困扰着杰克。于是他明白,如果自己都不能偶尔给自己加油打气,那就没人能做到了。

杰克在房地产业有起有伏。待挣下数百万资产后,他已经收集了大量精美的衬衫,其数量令人惊叹。我们一起共事后,杰克也开始了同样的做法——每当我们完成值得纪念的事情时,他都会给我买一件漂亮而昂贵的衬衫,找个不错的日子给我,说:"约翰,也该到发新衬衫的时候了。"

杰克去世两个月后,我去了杰克夫妇在温哥华的家探望达琳,想看看她过得怎么样。她离开房间,拿了个系缎带的盒子回来。

"先看看卡片。"达琳说。

是杰克写的。

"达琳,"卡片上写道,"不管发生什么事,圣诞节的时候,记得给约翰买件新衬衫。"

卡片是杰克去世几天前写的。从杰克家出来后,我坐在灰岬路上的车里独自抽泣。

但是，我没有多少时间坐下来思考失去挚友的人生。杰克葬礼结束的两天后，我来到机场，坐上武装部队的飞机飞往雅典，将奥运圣火带回加拿大。我隐隐感到有事要发生。不过，原本令人兴奋的事也笼罩了淡淡的哀愁。我无法轻易忘记杰克辞世的事实。

雅典的火炬交接仪式在帕那辛纳克体育场举行。该体育场建于 1895 年，是为了一年后举行的现代奥运会而兴建的。它像竞技场似的设计成为了全世界现代体育运动场的典范。仪式中有更多女演员扮演女祭司，严肃地遵循着古代奥林匹克传统。总督米夏埃尔·让和希腊总统卡罗洛斯·帕普利亚斯到场完成交接仪式。从古老的奥林匹亚传来的圣火终于点燃了希腊奥林匹克委员会主席施皮洛斯·卡普拉洛斯的火炬，他又点燃了我手中的火炬。火炬点燃的时候，我仿佛脚踩云端，几乎对周围发生的事一无所觉。

"今天，我们谦逊而满怀敬意地接过圣火。"我对在场的数千人说。这是个美丽而温暖的夜晚。很快，我就用火炬点燃了一盏矿工油灯，提着它离场，将其高举在空中，令观众为之感到喜悦。记录那一瞬间的照片成为奥运会期间我最喜欢的一张，而那盏油灯则成为我最喜欢的奥运纪念品。

尽管我已经筋疲力尽了，但在飞往维多利亚的 10 小时行程中，我还是没睡多久，相信飞机上其他人也是如此。大家都太兴奋了，根本睡不着，生怕会错过什么。经济舱的座位都腾给了盛托圣火的油灯，它们被安全带固定在座位上，纵向排成一列，左右两边坐着加拿大皇家骑警。我开了好几瓶香槟，让所有人都能举杯，庆贺我们将奥运圣火带回加拿大。大家还一度唱起了国歌。

我们的行程稍有延后，因为根据国际航空法的规定，飞行员必须在希腊停留 18 小时后才能再度起飞。此前，飞机中途出了点儿故障，在苏格兰普雷斯特维克逗留了片刻。短暂停留的规定也意味着，返回时我们需要在冰岛逗留，进行飞行组员调整。

飞机降落在维多利亚时，比原定时间晚了一个小时。格雷高尔·罗伯森手持火炬走出舱门时，已经快9点了。总理和省长都等候在停机坪上，正式欢迎圣火来到加拿大，敬畏感油然而生。我们在附近的机库里举行了简短的圣火交接仪式，随后，我和总理驱车驶进城市。这个时候，总理才开始体会到火炬接力仪式的规模有多大。他的到场使现场气氛更加热烈——这足以证明2010年冬奥会是加拿大的奥运会，是属于所有加拿大人的时刻。

圣火仍在油灯里熊熊燃烧着。一小时后，它将隆重登场，搭乘原住民的独木舟进入维多利亚内港。原住民火炬手们身着传统服饰，边划边唱。随后，火炬手踏上立法机关台阶，在那里点燃火盆。然而，几分钟过去了，火盆迟迟不能点燃，令人十分焦急，好像过了一个小时一样漫长。我对达琳·普尔耳语道，如果杰克知道她一直无法点燃火盆，肯定又要打趣她。但火盆最终还是燃起了圣火。不一会儿，奥运冠军西蒙·维特菲尔德和卡特里奥娜·勒·梅·多恩一同用火盆中的圣火点燃了火炬。二人手持第一只火炬，将圣火传递给维多利亚市奥运会赛艇运动员及铜牌获得者西尔肯·劳曼和魁北克省出生的跳水运动员亚历山大·德斯帕蒂（他在雅典奥运会上获得了银牌）。我们一路向温哥华挺进——还有106天时间。

接力第一天的情况如我所料，甚至比我预想的效果还要好，到处都是人山人海。维多利亚市和偏远社区的民众都热烈欢迎圣火的到来。唯一的阻碍发生在圣火抵达该市的头天晚上，一群抗议者影响了接力过程。我们不得不稍微变更接力路线，导致两名火炬手未能参与火炬接力。（我们会想办法，让他们参与两天后的接力。）但公众对抗议活动十分厌恶，其态度很可能阻止了国内其他类似团体的抗议活动。加拿大人允许抗议者表达诉求，但不能容忍他们破坏圣火接力的乐趣。

我决定密切关注接力进程，并在接下来的 105 天的路程中时不时地参与其中。我常常听到吉姆·理查兹从接力路线上传来的最新消息，也定期观看记者从接力现场发来的最新报道。加拿大电视网的汤姆·沃尔特斯表现出色，他捕捉到了接力在遥远的北方为人们带来的欢乐与欢喜，其地域横跨怀特霍斯市与伊魁特。

大多数人刚到这些原住民居住的小城镇时，似乎对当地人迎接圣火的热情颇为惊讶，但我却习以为常了。几年前，到这些地方访问的时候，我就知道当地人有多么热情。所到之处，原住民领袖纷纷询问，火炬能否经过他们的城镇，他们从未想过能有这么一天。努纳武特一处名为库格鲁克图克的原住民社区筹集 6 万美元打造了一个因纽素克石头人，将其送往惠斯勒。他们将其作为礼物赠予我们，如今，这个石头人就矗立在惠斯勒信息中心的门口。

北部火炬接力的重要影响之一，是揭露了当地依然存在的问题。我不禁想到，为什么生活在南方的国民对北极腹地原住民的艰辛无动于衷？因为我们未能真正地了解他们。因此，我认为，接力能够给当地留下的礼物之一，就是那些偏远地区的故事，有好有坏。我们也希望，能够为当地的孩子带来梦想和渴望。

育空地区的旧克罗或许是接力过程中圣火最受欢迎的地方。从平均程度来看，我想不到国内还有比这里更热情的地区。从接力团队搭乘的北方航空公司 737 客机降落在该镇短小跑道上的那一刻起，一切都令人难以置信。人们纷纷站在院子里的野餐桌和狗舍上，拿相机和手机记录下这历史性的一刻。这是小镇上第一次迎来飞机。

记得加里·梅森在《环球邮报》上发表过一篇文章，描绘了那一天。文章中，他提到一位名叫奇卡维奇克的青年，在舞台上口述威迅人的历史。他没有借助丝毫笔记，将其祖先的艰辛、与族人共享食物的精神娓娓道来。他把祖先遭遇的挑战与阻碍（及其共享的品质）与火炬接力进行了对比，认为二者都建立在共享精神之上。"因此，我认为这里是火炬接力的不二之选。"奇卡维奇克说道。

有些人则揣测，加拿大原住民不愿参与奥运会，或利用它为自己的目标造势——我难以理解，他们为什么会这么想。我们早就决定让原住民参与火炬接力，并与其他地区一视同仁。

我最喜爱的场景之一发生在魁北克市，火炬在那里遭遇了尤为糟糕的自然条件。当时天寒地冻，格外潮湿，却有数千人排队迎接圣火。原本乘坐独木舟传递圣火的计划因恶劣天气，只能作罢。最终，火炬抵达圣·劳伦斯河南岸城镇里维斯，对岸就是魁北克市。我们坐15分钟渡轮到达里维斯，引发了混乱，因为数百名路人蜂拥而至，只为拍上一张手持圣火油灯的照片。里维斯举行了庆典，人人都说法语，显得我在台上很多余，于是我走进人群待了一会儿。

最后，我站到一位庄重的原住民身边。他看上去约摸75到80岁，带着妻子和几个孙子，似乎被眼前的一切所吸引。幸运的是，他会说三种语言，其中就包括英语。"你觉得怎么样？"我问他。他告诉我，自己在可怕的天气条件下驱车近100公里才赶到现场。他的眼睛一眨不眨地盯着台上的圣火盆，又开口说，"我从没想到，自己还能活着见到人们参与这样的盛事。"

多么令人动容的瞬间。

但原住民地区的接力也并非一帆风顺。有人警告我们，如果坚持让皇家骑警护送火炬，那么在蒙特利尔外的卡纳威克保护区将遭遇抵抗。皇家骑警负责全程护卫圣火，他们是我们的伙伴，表现得非常出色，但将圣火传递到保护区对我而言至关重要。阿尔文·莫里斯担当火炬手，他是莫霍克人，同时也是卡纳威克的居民，曾在1984年洛杉矶奥运会上获得双人赛艇项目金牌和铜牌。莫霍克族首领向我们保证，即便皇家骑警暂时离开，也无须担心接力过程，当地人讨厌的只有皇家骑警。我们左右为难：是绕开卡纳威克，还是按照老者的建议，不让皇家骑警随行？亚当·格雷是温哥华管理层的一名年轻成员，他来自澳大利亚，有着丰富的举办经验，此时却也进退两难。我打电话对他说："亚当，你要明白一件事：圣火最重要，所以骑警必须下马，让圣火顺利传递下去。每一个人都必须以生活在保护区的孩子们的视角观看圣火接力仪式。"莫霍克族首领的保证对我来说已经足够了。

紧张的局势马上就化解了。

皇家骑警们一点儿都不赞同这个想法。他们认为，不允许他们负责接力的护卫工作有损于骑警的权威，会削弱士气。更糟糕的是，可能会存在不安全因素。很快，他们就致电奥林匹克安全事务负责人巴德·默塞、皇家骑警副总监加里·巴斯、戴夫·柯布和团队其他几名成员，召开电话会议。会上，皇家骑警表示，如果不让他们在保护区负责护卫，他们不会保障我们的安全。但当地原住民已经承诺保护我们的安全了，于是我说："伙计们，想想看，如果我们在保护区里卷入麻烦，有人受伤或是圣火熄灭，人们会怎么看他们？你们以为他们不在乎自己的名声吗？他们也希望圣火接力取得成功。他们和我们一样，也有孩子，有梦想和希望。"

我告诉皇家骑警，没有人比我更加喜欢他们的了，但这次，我不得不拒绝他们的护卫。"也许，并不是所有人都能参与此次火炬接力，但圣火却可以传递到保护区里，"我说，"任何担心安全的人，都可以选择退出。"

最后，圣火走进了保护区，接力也大获成功。莫霍克族首领践行了他们的诺言。数百个孩子亲眼目睹阿尔文手中的圣火，这一刻他们肯定谈论了多年。

卡纳威克的接力只是圣火在美丽之省（魁北克省）停留的数日之一，该省在我们的愿景里总是发挥着关键作用。没有加拿大的法语区，我们就不能真正实现举办加拿大奥运会的梦想。所有人都参与了进来，但全国第二大省份缺席却是行不通的。这就是我早早争取魁北克省长让·庄社理支持的原因。

2005年，我在一次会议中告诉庄社理，魁北克是温哥华奥组委的绝佳伙伴，因为该省拥有着丰富的冬季体育文化，为国家培养了很多伟大的冬奥会运动员，而且数名魁北克运动员都有望在温哥华冬奥会中摘得奖牌。我甚至表示，我们正在研究将火炬传递到国内几大立法机构的想法——我们觉得魁北克必然是目的地之一。虽然庄社理很喜欢这个点子，但他开玩笑说，把火炬传递到一个满是怨恨的地方可不明智。"可能会有人用火炬把这里夷为平地。"他打趣道。

接下来的几个月里，还会召开更多会议。让曾经担任联邦体育部部长，由于和我们之间的联系，而一跃成为我们推广奥运会的目标之一。2005年10月，魁北克成为第一个与奥组委签订合作协议的省份，它承诺在体育、文化、经济发展和志愿者等各个方面与奥组委展开合作。随后，我们又与其他九省和三处特区签订了类似协议，获得了现金和实物支持。作为交换，在奥运会召开期间，每个地区都可以适时推广境内的标志性景观和产品。

2009年12月10日，圣火传递到了议会大厦。我曾多次在质询时段到访众议院，被现场紧张的氛围惊得目瞪口呆，议员们互相大吼大叫。如果说我为什么不愿步入政坛，原因就在此。但我觉得，只要有机会将火炬传递到这里，情况就可能有所变化，哪怕片刻也好。如果我们没法让议员们停止争吵，那么就站到一旁，把一切都交给圣火来做吧。至少短短几秒钟内，议员们不会再如此针锋相对，全国都可以看到圣火在议会发挥安抚情绪的作用。

组织这样一场活动绝非易事。在此过程中，我们遭遇的问题之一，就是总理史蒂芬·哈珀对奥运会的态度，他的想法难以捉摸，这令人十分沮丧。我不确定他的顾问是否全力支持奥运会，他本人似乎也有所保留。其对手自由党立刻对此表示质疑，认为政府在背后操纵火炬传递，之所以将议会大厦设为接力点，是因为此举能为保守党加分。我不得不向自由党领袖拉尔夫·古德尔解释，此举并不是为了帮助保守党或任何人，而是为了国家。众议院议长彼得·米利肯同意圣火传递到议会大厦后，人们似乎减轻了疑虑，一切也都准备就绪了。

接下来的问题是，谁将担任火炬手。有人建议请总理传递火炬，但这看起来太政治化了，总理本人也很可能拒绝。于是我们邀请了芭芭拉·安·斯考特担任火炬手。她是来自渥太华的滑冰运动员，曾获得1948年圣莫里茨冬奥会冠军。我一路找到这位名为"加拿大甜心"的女运动员在佛罗里达州的家，和她的丈夫、前美国职业篮球联赛运动员汤姆·金谈了谈接力问题。第一次接到我的电话时，她还以为是骗子。后来她终于了解了我的意图，并为自己能够有机会参与这历史性的一刻而深感荣幸——这是奥运圣火首次进入众议院。

那天，接力开始前，彼得·米利肯在自己的办公室举行了一个小型招待会。结束后，我们很快就走到会议厅外。我手持油灯，点亮了芭芭拉手中的火炬，通向众议院的重重大门也已为她敞开。"这将是你所经历过的最神奇的事，"芭芭拉出发前，我在她耳边说道，"好好享受吧。"

她十分紧张。

芭芭拉的出现，可谓奥运会准备阶段的亮点之一。众议院双方成员都站在一旁，热烈地鼓掌。彼得·米利肯见证了这历史性的一刻。除了推选出的政治家，鲜少有人能够踏进众议院。现场挤满了摄像师，都在记录这一刻。我躲在角落里，盯着现场。政治家们突然开始高喊"前进吧，加拿大！前进吧，加拿大！"声浪渐退，我恰好碰到加拿大电视网资深政治记者汤姆·克拉克。他告诉我，在其报道议会新闻的漫长职业生涯中，这是最精彩的瞬间之一。

芭芭拉·安看起来十分高兴，她肯定喜欢上了这种受人瞩目的感觉。"想象一位81岁的老人能够有机会将奥运圣火传递到议会大厦，真是太令人兴奋了。"她对记者说。的确，她的想象成为了现实。

随着火炬在全国的传递，还产生了许多精彩的瞬间。不出所料，多伦多举行了重大庆典，迎接圣火，蒙特利尔和温尼伯市也一样。我在安大略省的伦敦市和火炬接力团队成员及其家人共度圣诞。当天，我们并没有休假，而是拜访了一家儿童医院，把圣火也传递到了那里。此举让孩子们度过了欢乐的一天，人人脸上都洋溢着微笑，团队成员也一样。

2010年1月10日，令人心酸的一幕发生在萨斯喀彻温省的莫特拉克。

莫特拉克是一处草原小镇，只有几百人。杰克·普尔就是在这里出生、长大的。尽管杰克一开始反对，本来他应该参与当地的接力活动，因为组建董事会时，当地对奥运会做出了巨大的贡献，此举正好是对该镇的回报。杰克最终还是同意参与，并开始有所期待，没想到后来他的病情出现了反复。他去世后，我觉得如果达琳能够代替杰克接受这一殊荣，就再好不过了。达琳同意了。

莫特拉克看上去和杰克平常描述得差不多：天气恶劣，是典型的大萧条时代的草原小镇，现代设施并不完善。杰克办公室墙上挂着一张放大的小镇主要街道的黑白照片，照片上一溜排的隔板房。它让我想起从前路过的、一个名叫"英寸"的爱尔兰村庄。村庄太小，一眨眼可能就错过了。但可以肯定的是，这个小镇的人们都感情丰富、品格高尚，充满职业道德。

达琳接过火炬，跑向当地学校的最后一段行程中，天气晴朗，却异常寒冷。学校举行了一场特别的悼念仪式,并点燃了圣火。参加仪式的人们由衷地为达琳鼓掌,掌声持续了很长一段时间,达琳竭力克制,才没有流泪。她对到场的观众(杰克的朋友甚至不远千里从温哥华赶来)说,她的丈夫本质上就是这座草原小镇的孩子,所以她才会将火炬传递到莫特拉克,这非常重要。她还在火炬上贴上了杰克的照片。

"他要和我一起传递圣火,"达琳说,"这是属于他的时刻,我无法独立跑完,所以,他来帮我了。"

杰克的大女儿格温也在现场发表了演讲。我告诉人们,这么多年,杰克经常谈起莫特拉克。我知道这个小镇对他而言有多么重要。仪式结束后,我们在村子里转了转,参观了杰克长大的地方,那里没有电,也没有自来水。我们都感到不可思议,好奇他是怎样从这么贫穷的小镇走出来的。

莫特拉克的行程结束后,接力继续向西行进。卡尔加里是人们关注的另一个焦点,火炬来到这里就好像回家一样。我们白天晚些时候才抵达那里,受到了成千上万民众的欢迎。很多人穿着1988年冬奥会的纪念衫和火炬接力运动服。我的朋友弗兰克·金是卡尔加里冬奥会主席,他曾经与我无私地分享了他的想法和经验,现在他也在那里疯狂地欢呼着。看到他真令人高兴。

2010年1月21日,火炬离开班夫镇前往戈尔登。跨越卑诗省边界的接力非常重要。如今,我们可以感受到奥运会的魔力了,生活在发生着改变。阿尔伯塔省前省长彼得·洛希在两省交界处,将火炬传递给卑诗省狮队橄榄球教练沃利·布诺,后者为能参与接力而异常兴奋。坎贝尔省长到场迎接圣火进入卑诗省,大批民众也参与了交接仪式。火炬所到之处,一片欢腾,其场面超出了许多人的想象,但我并不感到意外。奥运精神迅速传遍了卑诗省,反对的声音也消失了。

不到一个星期,火炬即将抵达乔治王子城,这片我曾经生活过的地方。此前我一直计划回到那里，同老朋友和我的儿子达米安一起迎接火炬的到来。达米安已经成长为一名合格的公民，同时也是奥运会的坚定支持者。火炬抵达的当天，我打电话给他，告诉他和家人早点儿去展览公园，因为组织者预计参与的民众会非常多。我敢说，达米安肯定会把伊森、马克斯和奥拉这几个孩子都带上，认为我夸大了人们对迎接圣火的热情。

不消说，有数千人到场，挤得水泄不通。达米安根本找不到停车位。我把伊森抱上舞台，他惊讶得双眼大睁着。有人请我说两句，于是我说，回到乔治王子城这个我初到加拿大居住的城市，心情特别激动，而且今天也是个特别的日子，因为我可以和儿子及其家人共同欢庆这一时刻。台下观众对我报以热烈的掌声。此时，公园里大约挤进了1.8万~1.9万人。

发言后，伊森和我一起去找他爸爸。达米安挥动双手和儿子打招呼，对着我大笑。虽然他是个安静而内敛的年轻人，但似乎也对现场感到不可思议。稍后，我们彼此道别，达米安看着我，骄傲地说："上帝啊，老爸，现在我真是对你刮目相看了。"我们俩都笑了。无论是我，还是达米安，我们能够共度此刻，真是意义重大。对他和他的准新娘史黛西，以及他们的孩子而言，这天都是个大日子。希望对我的其他子女而言，这天也同样重要。

火炬接力最终圆满结束，达到了我们预期的效果。它是种前所未有的力量，实现了国家的空前团结。我相信，接力将奠定基础，人们也将对奥运更加热情。如果我们没有通过接力去接触这么多民众，那么温哥华冬奥会期间，全国的反响也不会如此强烈。如果我们没有让乡村地区的原住民参与到火炬接力的过程中，那么他们参与奥运的过程能否被铭记，谁又能说得清呢？

我只希望杰克能够在场。我知道，他一直在注视着我们，一直如此。

8

Little **Big** Man
小巨人

开幕式常被视为奥运会的重中之重。经过焦急的等待,开幕式为随后各项活动奠定了基调和氛围,即便奥运会早已结束,人们还经常对开幕式里的某个精彩瞬间津津乐道——亚特兰大奥运会上,拳王阿里点燃了奥运圣火;利勒哈默奥运会上,一位跳台滑雪运动员划过夜空;巴塞罗那奥运会上,弓箭手用飞驰的箭矢引燃了奥运主火炬;北京奥运会上,绚烂壮观的烟火照亮了整个天空。

2008年北京奥运会举行盛大开幕式后,很多媒体记者询问,2010年2月12日的开幕式将如何与之比肩。我们不会设法赶超,根本没打算这么做,也无法做到。我们希望开幕式能让每一个加拿大人为之骄傲,与此同时,也能向世界诉说加拿大的故事。我们的开幕和闭幕式都关乎心灵,必须触及国家的灵魂。

我们必须找到一个特别的人,一个富有激情和创作雄心、愿意呈现一台精彩的表演,能够捕捉这个国家本质的人。开幕式要能触动电视机前观众那根骄傲而感性的心弦,同时也能抓住卑诗体育馆现场观众们的注意力。

负责开幕式的人要能够处理2006年都灵冬奥会闭幕式上,我们因平淡的表演而产生的、挥之不去的苦恼。不论人们的评价是否公平,我们当时的表现令部分奥运会合作伙伴对我们的能力产生了怀疑，质疑我们能否办好像开幕式这样大型、复杂而重要的活动。

都灵冬奥会后，我们成立了专门委员会来寻找公司承办开幕式和闭幕式。我们意识到，加拿大娱乐界只有三四家大企业能够参与竞标，而数家国际公司在举办类似活动方面颇具经验。于是，特里·怀特按要求列明所有规范，确定项目范围，然后我们发布公告，寻找竞标公司。我们请前景看好的竞标公司提交各种证明，并告诉我们自身优势为何。

我们意识到，应该对加拿大申请者放宽条件。按照理想的情况，开幕式策划者应该是当地人。我们的公告得到了积极的响应，最终共有16名候选人入围，其中包括颇具争议的制作人加斯·德拉宾斯基。我和他见过两次面，但没怎么说过话。不过，我们也收到了斯考特·吉文斯和堂·米舍颇具竞争力的提案。其中堂·米舍策划了盐湖城冬奥会的多项活动。申请人还包括安德鲁·沃尔什，他是个澳大利亚人，有着丰富的大型活动举办经验，其能力获得人们的交口称赞。此外，参与竞标的还有一家名为蓝山音乐会的卑诗省公司。

我们选人的指导原则是，中标者必须利用加拿大的人才，编织出独特的加拿大故事。我们正在寻找行业的巨人，但最终人选却只有5英尺（约1.5米）出头，名叫大卫·阿特金斯。

令人印象最深的人是位颇具创意、十分讨喜的澳大利亚人，这并不意外。大卫有着丰富的经验，策划过多次活动，其中就包括2000年悉尼奥运会闭幕式上，悉尼港上空令人惊叹的焰火表演。此外，他还是2006年多哈亚运会开幕式的总策划，这场开幕式是公认的全球最佳表演之一，当穆罕默德·本·哈马德·阿勒萨尼酋长骑着一匹栗色阿拉伯马，踏过百级台阶，点燃巨大的星盘状主火炬时，现场气氛达到了高潮。当时下雨了——有人告诉我，这是多哈50年一遇的降雨。尽管马在顶端台阶上差点儿滑倒，但酋长还是成功控制住了它。开幕式十分精彩，全部有赖于大卫大胆而天才的策划。还有一点不容忽视，大卫激发团队合作和信心的能力也十分突出。

早在甄选过程开始前，很多人，包括我在内，都以为最终脱颖而出的将是享誉全球的魁北克娱乐公司——太阳马戏团。该公司的表演具有独特的风格，混合了令人眼花缭乱的街头表演、太空体操和传统马戏节目（不包含狮虎表演）。盖·拉利伯特是公司创始人之一，曾是街头艺人，后因付费去太空旅行而出名。在对该公司位于蒙特利尔总部的考察中，我发现了其成功的秘诀：难以言喻的专注与创新，先进的设施和数以千计的演员阵容，其中还包括精心挑选的奥运明星。但真正的窍门在于练习，练习，再练习。

显然，我们都认为应该由太阳马戏团公司负责策划开幕式和闭幕式，一切都尘埃落定了。我们也知道，包括部分合作伙伴在内的很多人，都会赞同这一选择，因为该公司极为专业，也享有盛誉。太阳马戏团赢定了，我们现在只是在寻找其他合作伙伴而已。

作为奥组委，我们当然要参与其中并表现出我们的愿景。如果要触及国家的灵魂，那么我强烈希望，在开幕式和闭幕式中能够看到某些期待的片段，很多人也和我有同样的想法。

在与盖·拉利伯特讨论的过程中，他明确表示，希望开幕式以水为主题，更确切地说，是以地球的水危机为主题。我想，他把开幕式和闭幕式视为机遇，得以讲出自己要说的故事。无疑，这个想法很美妙，但是太阳马戏团似乎并不想谈及或认同我们的愿景，这令我非常苦恼。

我们确定了最终的几个入围人选，进行公开面试。盖和同事一起来面试，但看得出，他并不想来。他怒气冲冲，弄得所有人都不愉快，其态度好像在说，"好了，交给我们吧，包您满意，我们就是干这行的"。这样的表现令奥组委大吃一惊，我们要找的不仅仅是承包商，而是合作伙伴。这下我们不敢确定太阳马戏团能否实现我们的目标了，作为一家公司，它拥有其独立的特色，而我们透过天才的盖·拉利伯特，已经略窥一二。

最后一轮面试结束后不久，奥组委接到了盖·拉利伯特办公室打来的电话，告知我们，他们打算退出甄选，原因是公司在全球各地都有演出，不能全身心投入开幕式和闭幕式。不论这个理由是真是假，都无所谓，这样反而有利于我们做出最后的、更简单的决定。

最终，我们选择了大卫·阿特金斯，很大程度是因为他出色的履历及其深谙国际奥委会的事实。虽然其能力有待考察，但大卫有着强烈的好胜心，知道如何应对逆境，而困难是每个开幕式和闭幕式的策划者都必须准备面对的问题。毕竟，策划过一系列国际活动的制作人，应对这些复杂问题还是绰绰有余的。

不过，令我们印象深刻的一点是，大卫非常了解加拿大，也热爱这个国家。他深入研究了加拿大的地理、历史、原住民和天气，洞察加拿大的文化，其程度之深令人钦佩。比起各位面试官，大卫似乎更了解加拿大，而且他也非常清楚自己所要面临的挑战。他是一个随和的人。他表示，自己的职责就是讲述一个伟大的加拿大故事，并让人们为之动容。大卫称，要发掘有益于活动策划的人，与之一一交谈，从中获取表演内容的灵感，看看应当安排哪些演员进行演唱。他还建议举办一系列研讨会，让文艺界就演出充分表达自己的观点。他将汇聚举国上下的演艺人才——他确实做到了。

但是，在我看来，大卫还肩负着另一项艰巨的职责。

"大卫，"一天，我对他说，"你的重大职责之一是必须准备好拯救我们。你必须阻止我们做出愚蠢的决定，也要敢于冒天下之大不韪，必要时要抱有壮士断腕的决心。到了迫不得已的时候，你要想尽一切办法，阻止我们做出任何愚蠢可笑的决定。"

我们握手约定。在此期间，他会不断地提醒我。

2007年9月，我们对外公布了大卫和他精心挑选的团队。不出所料，有些人抱怨我们不该选择一个外国人来担此重任。于是，我们请大卫和加拿大娱乐界的顶级人物会面，其中包括温哥华音乐经纪人山姆·费尔德曼和布鲁斯·艾伦，内特沃克唱片公司的丹·弗雷泽和加拿大演艺学院创始人之一的雅克·李梅等。

不久后，大卫在众人面前进行了一场精彩展示，展现了他的经验，尤其是如何在不遗漏细节的情况下保留项目的完整性。大卫欢迎大家提意见，但也坚决捍卫自己的策划，他希望周围的人忠于团队，为项目做出最大的努力，并激发出人们最出色的表现。可以肯定的是，没有人比他更努力了。

（几年前，我从多个方面向盐湖城奥运会首席执行官米特·罗姆尼征求专业意见。罗姆尼后来担任政府官员，继而成为共和党总统候选人。他提供了很多宝贵的意见，其中最突出的一点是有关于开幕式的。他说，要坚定地支持策划团队，如果他们失败了，你也会遭到无情的批判。我永远铭记这一点，因此，我非常看重和大卫的关系，而我们私下也成了好朋友。）

2009年，表演逐渐成形，大卫及其团队也在不断丰富其架构。我总是惊叹于技术的力量。大卫开发出电脑控制的3D化表演，如果内容发生变动，他也可以进行展示，让我们充分了解不同元素的应用可以产生多么丰富的效果。第一次通过大卫的系统播放加拿大国歌时，我激动得热泪盈眶，在场的每个人都震惊于技术的表现力。

从一开始，表演就存在着一个巨大的变数，因为开幕式和闭幕式都在室内举行。以往，无论夏季或冬季奥运会开闭幕式都是在室外体育场进行的，因而可以让所有观众看到主火炬那升腾而明亮的火焰。有些人认为，室内体育场便于我们控制各种条件，但实际上没有那么理想。例如，屋顶就是不断移动的，因为卑诗体育馆是密闭的。如果我们想要在屋顶上投射有限的画面的话，问题就产生了。场馆内的光线也极差，放眼望去，整栋建筑看起来毫无生气、令人厌烦。

大卫希望表演能够不间断地进行，令人目不暇接。为了缩减温哥华表演的停滞时间，他想出了在舞台下方支持演出的点子，这样也可以使现场气氛更加热烈，观众可以拉近与演员的距离，和他们亲密接触。大卫构建了夹层地板，演员和道具可以从那里出现，然后离场。新建的夹层地板使体育场重现生机，也有效地使表演愈加流畅，缩短了停滞时间。

开幕式最震撼人心的场景之一，是开场的几分钟。开场的瞬间要尽量壮观，震撼人心，令观众惊叹，为整场表演奠定基础。随着策划的展开，大卫提出想用独特的视频作为表演开场，让电视机前的观众和透过大屏幕观看的现场观众都能欣赏到。

他说，用一架直升机对主办城市和地区，尤其是对那些原始的山地地区进行航拍。拍摄视频的摄像机将采用最新的高清技术，让每一位观众身临其境，仿佛乘坐直升机观赏眼前的美景，营造出一种亲近感。随后，直升机将盘旋在惠斯勒的一座山峰上，拍到一位孤独的滑雪运动员。只见他滑下雪山，高清摄像机也将一路追随。

我记得自己当时心想，"天呐，这可太有意思了。"但大卫接着说，滑雪运动员将在洁白无瑕的雪地上飞驰而下，边滑边展现出各种大胆的绝技。山腰处的雪地里，拼出枫叶的图案，当运动员滑过时，光荣的守护者手中的蜡烛一一亮起。最终，他将惊险一跃，令人们屏住呼吸——直接滑进体育场中，穿过升高的奥运五环，滑下斜坡后在平地停稳，在那里用两种不同的语言欢迎前来参加奥运会的人们。

这样的开场如何？

大卫在电脑上给我们继续演示表演效果。可以感到，在场的人立刻信心倍增。我还是第一次对自己小声说，"天呐，真是不可思议！

上帝啊，希望他能顺利滑进体育馆"。滑雪动作完成的难度很高，要求选出的年轻运动员具有钢铁般的意志。如果他失误了，一切就都毁了，动作完成的好坏会带来天壤之别，但我们愿意冒这个险。我参与了排练，明白它的风险与回报，这个特技真是太棒了。

大卫的另一个设想，是邀请席琳·迪翁在开幕式上演唱加拿大国歌。他让音乐总监大卫·皮尔斯专门为席琳·迪翁改编了一首英法双语的国歌。他甚至设法编辑了音轨，向我们展示歌曲效果——这是我听过的最美妙的仿真歌曲。它太动人了，现场所有人都重听了两遍或三遍。

不幸的是，席琳当时正准备怀孕，所以拒绝了我们的邀请。这太令人遗憾了，因为民众非常期望她能够在开幕式中演出。席琳是国际上最知名的加拿大歌手——在全球都家喻户晓。所幸接替她出演的妮基·扬诺夫斯基当晚的表现也可圈可点，如今，她也成为了扬名国际的新星。

席琳并不是唯一一个错过奥运会的明星，喜剧演员马丁·肖特原定于闭幕式中表演，但最终却因为母亲的病情无奈退出。我们试图确保雷纳德·科恩、麦克·迈尔斯和吉姆·凯利能够出演，但都未能成功。

与艺术家打交道是种截然不同的体验。大卫经常向我转达艺术家的各种要求和问题。明星及其经纪人向我提出的第一个问题，通常都是还有哪些人会参加开幕式，其他艺术家的演出内容是什么？

大卫不遗余力地投身于这个项目。他努力去了解什么是加拿大人，我们从哪里来——历史构成了这个神奇国家的脊梁。对于他的努力，我钦佩不已。在他学习的过程中，我们也更加了解自己。

例如，大卫对整体表演进行策划时，希望能够融入加拿大各地不同风格的音乐。在此过程中，我们从他那里了解到，小提琴是加拿大文化中多么重要的组成部分——它不仅仅属于阿卡迪亚文化。结果，随着研究的深入，我们发现小提琴在原住民文化中也具有重要的地位，对纽芬兰、拉布拉多、渥太华谷、北美草原，甚至西海岸而言都举足轻重。因此，表演中应当运用这种音乐。

表演中的一个难点是法语，我们也努力融入这一元素。大卫的团队截取了著名的魁北克歌曲《我的国家》中壮丽的章节。《我的国家》是1964年知名歌手吉尔·菲诺创作的一首动人歌曲，大卫认为它非常适用于开幕式，因为它是魁北克当地脍炙人口的歌曲，又含有冬天的主题。歌曲开头唱道"我的国家不是一个国家，是冬季。"歌词描写了苍茫大地上的狂风、严寒、冰雪和孤独。我觉得大卫也意识到，这首歌可以团结那些魁北克民族主义者。吉尔·菲诺主张魁北克独立，但是我们觉得，这首歌可以传递出一个强烈的信号，就是我们愿意接纳魁北克文化。毕竟，这是多数人，而不是少数人的奥运会。采用这首歌也至关重要。

大卫必须与版权所有者就表演中使用的每一段音乐进行协商。《我的国家》的版权所有人是吉尔·菲诺，他立刻通知我们，只有按照更严格的条件，才能在开幕式上使用这首歌。首先，任何展示枫叶的地方都不能播放该歌曲。不能在声称魁北克是加拿大一部分的任何场合下使用该歌曲。他的要求令我们极为受挫，我从未遇到过这么顽固的人。显然，我们绝不会同意那些蛮横的要求。

我觉得大卫肯定没有料到会得到这样的答复，他已经围绕这首歌策划了一段重要表演，并全身心投入其中。魁北克明星加鲁将带来美妙而动人的歌曲，策划的演出会令每一位魁北克人深感骄傲，感受到自己与奥运会的牵绊。大卫已经花了大笔的钱，将这首歌作为音乐中的重点部分来设计开幕式，他说，肯定有法子说服吉尔·菲诺改变主意，于是就请我想办法。

我决定使用自上而下的办法，请魁北克省长让·沙雷帮忙。我追随他到了俄罗斯，尾随其后，请他干预，并询问是否有人与菲诺交情够深，能够说服他同意我们的请求。让尝试了，但几天后他打电话来告诉我，他也无能为力。他的语气听起来很自责，对无力帮助我们而感到抱歉，他已经使出浑身解数，请朋友对菲诺施压，但根本不奏效。看来这个方法根本就不管用。

我很生气。我们竭心尽力，在开幕式中为魁北克省设计了一场震撼人心的表演，结果人家根本不领情。后来，我在电话里对魁北克省长和其他人说，我们已经尽最大的努力呈现精彩的演出，但仍遭到拒绝，那么无论法语部分的表演如何，我都不允许任何人对我的团队说三道四。最终，我们不得不即兴创作并添加了一首名为《再高一点，再远一点》的新歌。加鲁演唱了这首歌，随后主火炬就被点燃，表演也进入了高潮。即便如此，我觉得奥组委成员还是对原定计划的流产颇感失望。

在奥组委内部引发争论的另一部分表演，是大卫希望呈现的诵诗表演。老实说，我从未听说过诵诗，它是一种比赛，诗人们朗读或背诵原创作品，由观众们予以评判。比赛作品通常政治意味浓厚，探讨当下社会热点问题。我不太确定这个节目是否符合开幕式的主题，但大卫认为，邀请不同的演员来呈现一些精彩的表演是非常重要的。他希望谢恩·科伊赞朗诵他的《不只是加拿大》一诗，其内容是有关于这个国家的。

虽然了解大卫的逻辑，但我还是本能地反对这一想法。我觉得诵诗节目在电视上播放后，感觉像是给加拿大人自己准备的节目，将全球其他地区的观众排除在外。我觉得它也没有表现出我们寻求的那种谦逊的品质，而且诗歌中没有法语，这点也令我很担心。我记得自己问过大卫，是否有可能请这位诗人用法语朗诵部分诗歌。大卫说，绝无可能，这是艺术，不能和政治混为一谈。可以看出，大卫对法语部分的表演越来越恼火。

总之，关于诵诗是否应当包含法语的问题，我们进行了投票，而多数人反对我的意见，认为应当坚持使用英语。这还是我的意见头一次遭到投票驳回。不消说，谢恩没有使用法语的表演肯定遭到了批评，但是，不得不承认，他的表现非常出色，在开幕式上大放异彩，世界各地的评论也都对其赞誉有加。

我们必须做出的一项重大决定，是奥运主火炬的设计。整个奥运会期间，主火炬都要不间断地燃烧，让全体民众随时都能看见熊熊的奥运圣火。同时，在密闭体育馆里放置巨大的、持续燃烧的主火炬，还需要考虑到安全问题。原本在申奥阶段，我们设想把体育场的边缘用作主火炬（形成真正的圣火光环，几英里外都能看见），但现在却不得不放弃这一想法，其理由不胜枚举，至少实现这一目标的花费我们就负担不起。2008年经济遭受重创后，这一想法更成了无稽之谈。

大卫一如往常地想拥有极富创意的设计，而且希望能为观众带来惊喜。换句话说，他想到最后一刻才揭晓主火炬的模样。他想与众不同——为人们留下难忘的记忆。我觉得他表现得非常出色。他设计的主火炬包含了四个银色冰锥似的立柱，会用于早期开幕式策划，但会伪装成原住民的图腾，吊足了观众的胃口，让他们对主火炬的最终形态充满好奇。保密工作至关重要，因为主火炬揭幕将成为表演的标志性时刻。

显然，主火炬结构和相关的水利工程必须按照我们计划的那样揭幕，从地面上升起就意味着，奥运会期间，我们不能将其露出场馆供民众观赏。这个想法很好，但完全不现实，根本无法操作。这么做意味着，我们要在场馆外竖起第二个主火炬，遵循国际奥委会的规则，让民众在奥运会期间始终能够看到奥运圣火。有人认为，室外的主火炬可能是室内主火炬的缩小版。

如果要在室外竖立一个一模一样的主火炬，我们就需要寻找赞助商或捐助人来出资兴建。于是奥运会的重要友人康瑟特地产公司总裁大卫·波德摩就表示，特拉森天然气公司可以赞助第二个主火炬。大卫是特拉森天然气公司的董事会成员之一，也是用杰克·普尔的名字命名新会议中心外广场的倡导者之一。考虑第二个主火炬的安放地点时，杰克·普尔广场就从所有候选地点中脱颖而出。

该地具备了火炬安放所需的一切条件：广场依托北岸山脉和布勒内湾的美景，肯定会引起媒体的争相报道。最终，该选址每日车水马龙，游人络绎不绝，正如我们想要的那般。我们从未想到，主火炬景点如此受欢迎，仿佛石窟一样引人入胜。

2009年晚秋的一天，我和特拉森天然气公司总裁兰迪·杰斯帕森会面，当面讨论第二主火炬的赞助问题。谈话一开始，他就感到十分兴奋，仿佛已经能够预见火炬的熊熊火光。对于特拉森天然气公司而言，火炬项目再合适不过了，不仅仅因为它是项独特的燃气工程，更因为它是奥运会永久留存的遗产。结果，特拉森天然气公司成为我们最后一位奥运赞助商——公司提供300万美元建设第二个主火炬，并在冬奥会和残奥会期间为火炬提供燃气。我们没动用额外花费就解决了这一问题。

秘密建设与安装火炬是项严峻的挑战。火炬安装时，我们搭建了高耸的挡板，防止他人窥见，但随着奥运会的临近，我们还要冒着泄密的风险进行测试。测试一般在凌晨时分进行，但加拿大电视网在当地的附属机构却设法拍摄到了木质挡板内的火炬。他们租用了一架直升机，当火炬暂时露出的时候拍下了它的样子并在节目中播出。我感到怒不可遏，不明白为什么奥运合作伙伴要毁掉这份献给数千万加拿大人的惊喜。

开幕式的前几个月，人们纷纷猜测谁将点燃奥运主火炬——每届奥运会前，人们都会进行这样的预测。媒体会开出各种各样的候选人名单，传闻和争论层出不穷。

人们的焦点集中在两位候选人身上：冰球超级巨星韦恩·格雷茨基和希望马拉松义跑者特里·福克斯的母亲贝蒂·福克斯。其实，人们心目中的候选人还包括轮椅上的马拉松运动员里克·汉森和女子高山滑雪项目中唯一获得过金牌的加拿大运动员南希·格林。但民众最青睐的人选似乎只有韦恩·格雷茨基和贝蒂·福克斯。数万人通过网络签下请愿书，希望贝蒂·福克斯能够点燃主火炬，而民意调查显示，大多数加拿大人希望格雷茨基担任火炬手。有人认为，我们应当邀请加拿大最年长的运动员或最年轻的运动员来点燃主火炬，其他人则赞成让原住民酋长担任火炬手。火炬手应该让文化偶像来担当，不是吗？

如果让最受欢迎的候选人担当火炬手，那么一切都会变得很简单，但是这就毫无神秘感和揭秘时的兴奋感了，而这正是我们想要的反响。我们并不担心人们会对此议论纷纷，但我们也绝不会被媒体牵着鼻子走。

我们与福克斯一家人谈过，称正在努力定位福克斯家族，或者说贝蒂，这位特里·福克斯基金会的公共代表在奥运会中所扮演的角色。我们知道，该家族可能会好奇事情发展的结果。媒体一度建议我们用特里·福克斯的全息影像点燃主火炬。特里的弟弟达雷尔·福克斯在特里·福克斯基金会中发挥着重要作用，我和他会面并告诉他，我们想以特里的名字命名一个奖项。该奖项将颁发给奥运会中最能体现特里顽强拼搏和无私奉献精神的运动员。（根据奥运会中的表现，我们最终决定将该奖项颁发给两名运动员。）

最终，按照主火炬的设计，我们将给人们一个巨大的惊喜，完全出乎他们的预料。四人将点燃体育馆内主火炬的四个立柱，还有一人负责将火炬带入场内。这种设计几乎直接粉碎了各种传闻，因为它需要团队合作完成，而并不只有一名火炬手。随后，四人中将有一人点亮海滨的第二主火炬。实际上，第二主火炬也成为了奥运主火炬。

关于体育馆内火炬手的人选及其奥运资质，我们进行了漫长而艰难的讨论。我们坚信，四名火炬手都必须拥有崇高的品格，在民众的心目中，他们应当是不可战胜的加拿大英雄。听到他们的名字，人们就会想："是啊，怎么能没有他呢？"奥组委成员一致认为，四名火炬手必须是奥运会运动员，我们希望他们与奥运会密切相关。最终做决定的人只有大卫·阿特金斯、戴夫·柯布和我，压力之大可想而知。管理层和董事会有些人对未能进入这一专门小组而心怀不满。可是形势很严峻。最重要的是，我们可以通过这种方式保证项目的诚信，任何信息泄露的后果都是我们所承担不起的，知道的人越少越好。

经过相当长时间的探讨后，我们一致通过了四名火炬手人选：韦恩·格雷茨基、卡特里奥娜·勒·梅·多恩、南希·格林和斯蒂夫·纳什。这四个人都达到了我们设立的标准：都曾是奥运选手，都具有模范的特质。我们相信，大多数在家观看开幕式的加拿大和其他国家的民众，即便并不是全都认识，也会对其中一两人有所耳闻。其中三人都是奥运冠军，卡特里奥娜更是唯一一个连续两届奥运会获得速滑项目金牌的选手。2002年盐湖城冬奥会上，格雷茨基担任男子冰球队总经理时获得了金牌。斯蒂夫仅参加过2000年悉尼奥运会，但却在奥运会资格赛中奋力拼搏。他是卑诗省人，非常优秀，必须担当火炬手。南希也是颗耀眼的明星，她获得了20世纪加拿大最佳女运动员称号，令人难以忽视。

我负责通知四人担任火炬手的消息。还记得我去韦恩家拜访时，他正在和家人吃午餐。告诉他这一消息时，他才刚刚离席。我请他发誓保守秘密，其对其他三人也是如此。我们决定，不将其他火炬手的名字告知他们任何一人，同时也告诉他们，如果泄露了人选的秘密，那么一切就结束了，我们会另择人选。

给纳什打电话的时候，他刚参加完凤凰城太阳队的训练，正乘坐球队大巴前往酒店。

"你说要我干什么？"纳什说着，他不敢相信自己的耳朵。"约翰，这样，"他说，"请15分钟以后再打给我，我找个安静的地方接。"

我等他回房间后又打了一次，对方得知后异常兴奋，那种劲头是我从未见过的，就像一个6岁的孩子得知要过圣诞节一样。开幕式将于周五召开，而那个周末恰逢美国职业篮球联赛全明星赛开赛。斯蒂夫是名强大的队员，他表示自己一定要参加那场比赛。我告诉他，开幕式完全不会影响他参赛，如果有任何问题，我们也可以与美国职业篮球联赛沟通解决。于是他同意参加开幕式。卡特里奥娜和南希也同意参加。

南希本就有意参加，所以这个机会令她喜出望外。但我们却有些担心她担任火炬手的消息会泄露出去。南希如今是一名加拿大参议员，住在渥太华，那里的风声走漏得很快，就像破鱼缸里的水一样。我不得不告诫她，如果她担任火炬手的消息传出去的话，我们只能换人了。"我也不会承认自己打过这通电话，"我对她说。

南希表示自己可以理解。

现在，我设想让里克·汉森穿过干冰的幕墙，将火炬传递到体育场内。等人们意识到是他时，一定会为之疯狂。我相信，如果由他来传递火炬，肯定会比担任火炬手产生更大的影响力。他的入场充满着戏剧性，所有人的焦点都会集中在他一人身上。同时，他对完成艰辛的马拉松比赛颇有经验，而火炬接力的行程则长达4.5万公里。

一开始，大卫根本不喜欢这个主意，他更有创意，觉得我的想法根本达不到预期的效果。他觉得里克要推着轮椅，经过斜坡才能进入体育场的舞台，速度很慢，会严重拖延进度。大卫固执己见，我感觉自己很难说服他接受这一想法。

"大卫,"一天早上,我对他说,"我并不想强迫你,只是希望你考虑一下。我觉得这个点子很棒,我几乎能听见观众的欢呼声。要知道,里克在加拿大家喻户晓,他有权享受这个特别的时刻,也不会让你失望的——相信我。"

大卫只是沉默不语。后来我们就没怎么谈论这一话题了。

后来,大卫找到我,说他又看了一眼斜坡,里克不可能把轮椅推上去。他自己坐在轮椅里试过了,像他这样的健全人都很难爬坡。那段坡道是演出用的,并未针对残疾人进行特殊设计。

"大卫,"我对他说,"你不了解里克,他能做到,我保证。"

"不,他不行,"大卫坚持己见,"我试了,这太费劲了。"

"不,他能做到,"我冲他喊到,"我向你保证。你大可试试跟里克说他做不到。谅你也没这个胆。告诉你,大卫,我可不敢告诉里克·汉森他有什么事做不成。不如把他叫来,让他试试。"

几天后,大卫真如我所说的那样把里克带来体育场,让他试试。几分钟后他给我办公室打电话。"我觉得这真是个奇迹,"他说,"他第一个冲上斜坡,让人难以置信。他真是位了不起的运动员。你的点子能行。"

我赢了。

另一个大问题是,奥林匹克旗帜的旗手由谁来担任,那将是个极为荣耀而动人的时刻。开幕式当晚,将有8人护送旗帜入场,每人都拉住旗帜一角。大卫认为,我们应当借此机会展示加拿大的人才,尤其是鲜为国际社会了解的加拿大国籍人才。大卫、戴夫·柯布和我列出了一连串候选人。有人写加拿大出生的导演詹姆斯·卡梅隆,还有人写雷纳德·科恩。最终我们确定了演员唐纳德·萨瑟兰、歌手安妮·莫莉、宇航员朱莉·帕耶特、贝蒂·福克斯、冰球传奇人物鲍勃·奥尔、传奇的滑冰选手芭芭拉·安·斯考特、F1赛车手雅克·维伦纽夫和联合国部队指挥官罗密欧·达莱尔。有观点称，世界上很多人可能会认为萨瑟兰和妮·莫莉是美国人，而非加拿大人，而且会以为加拿大没有航天项目。这些优秀的加拿大人将令一些人感到眼前一亮。

很高兴能够打电话通知这些人。我对鲍勃·奥尔说，他得在最后一排拉住旗帜一角，因为如果他走在前面，全场会陷入一片疯狂，就听不见广播介绍其他旗手的声音了。福克斯家族为贝蒂当选旗手而高兴。她将走在前面，侧面就是唐纳德·萨瑟兰，所以大家都很高兴。打电话通知这些的时候，我明白了为什么他们在加拿大颇受推崇。当然，他们在自身的领域都非常出色，但每个人都谦逊而爱国。当问及是否愿意担任旗手时，他们都会说："你确定吗？肯定有比我更合适的人选。"

最终决定建造第二主火炬时，火炬手的人选很快就定了下来。我们一致认为，这一任务非格雷茨基莫属。我想，这是因为我们要求电视网留出5~10分钟时间报道第二主火炬的点火过程，因而火炬手人选必须众望所归。格雷茨基当仁不让，他的名字如雷贯耳，拥有明星效应。但是他要如何从体育馆赶去海滨广场呢？有人建议让他手持火炬跑过去，但这一方案被否决了，因为花费的时间太长。我想，"如果播放跑步过程呢？"肯定有数千民众在大街上排队等候观看这一幕。格雷茨基这位人们心目中的英雄，可以边跑边向人们挥手致意。我觉得这段距离还不够长，但大卫称，警方担心不能保障沿路的安全，于是这一想法只能作罢。

大卫决定让韦恩坐在皮卡的货箱里。我从一开始就不喜欢这个点子。这看起来很怪，简直无法想象。即便能够想象得出，我也不喜欢那个画面，觉得那看起来像个进城的乡巴佬。于是，我又有了另一个想法：为什么不设计一个专门的吊篮，让直升机吊在空中，用聚光灯追踪呢？我觉得这是个绝妙的想法。韦恩飞行在城市上空，手持火炬，尔后直升机把他放在杰克·普尔广场，点燃第二主火炬。这可不是开玩笑，各大媒体都将蜂拥而至，不会落下一个瞬间，看我们是否兑现了承诺，这就是他们想要的戏剧性效果。同样，大卫又提出了各种理由，证明这一想法无法实现。最终，我只好放弃争辩，但还是觉得直升机的设想最好，能够为冬奥会竖立起标志性的形象。也许还有人想盗用这个点子。

我觉得开幕式的重点是运动员入场式，而大卫也在这方面展现了他的才华。数年来，运动员入场式已经变得敷衍了事。这无疑是开幕式的一个亮点，镜头也常常记录下精彩的瞬间，但却逐渐变得有些平淡，甚至有点儿拖沓，一切都在人们的意料之中。大卫想从中挖掘深远的意义，令人们在温哥华留下难忘的记忆，让入场式打上独有的加拿大的印记。他认为，我们可以利用这一时刻，让全世界了解加拿大对待原住民的态度。大卫邀请加拿大原住民代表，让他们欢迎世界各地的运动员来到这个国家。想法很妙，但是全面规划很复杂，而且应当如何保密呢？

他的设想是，从加拿大数百个原住民社区中，挑选年龄在19~29岁的优秀年轻人。我们会请求各个原住民社区派出他们最优秀、最聪明的年轻人，也就是他们未来的领袖。他们将代表米提人、因纽特人等各个原住民部落。他们将身着部落服饰的现代版本，来营造我们所追求的多彩、壮观的场面。从实践角度来说，这很难实现，因为它意味着要与原住民社区代表一一进行讨论和协商，而且我们要将300~400名年轻人齐聚温哥华。他们抵达这里后，还要让他们毫无异议地接受我们的安排。我们决定邀请他们来温哥华参加原住民青年论坛，并在奥运会举办前一周左右，在斯阔米什对他们进行封闭式训练，届时，还将要求他们对开幕式内容保密。

大卫对入场式进行了规划并向我们展示出了模拟效果。这部分对开幕式表演的活力和真实性而言十分关键。观看电脑模拟场景时，我非常动容，但是为了确保加拿大原住民组织愿意参与其中，我们决定寻求菲尔·方丹的帮助。他是当时原住民议会的大酋长。如果我们的提案存在任何问题，菲尔肯定会告诉我们。此前，我与菲尔有过会面，知道他非常热爱奥运会，但我也知道，在他看来，原住民的利益高于一切。于是，我们将他请到了大卫·阿特金斯在温哥华市区的办公室，向他介绍我们现有的方案。此时大约是2009年早些时候。

"我们要给你看一些绝密材料，"我说道，"因此，不论我们最终是否达成协议，我们在房间里的谈话都不能外传，一个字都不能泄露出去。"

我们开始向菲尔介绍入场式的流程。他坐在那里，鼻子上挂着副眼镜，手扶着下巴，沉默不语，面无表情，让人看不透。于是，我向他介绍这个想法的起源，介绍其过程是围绕加拿大原住民欢迎世界各地朋友的理念展开的，从而推动奥运会和开幕式顺利进行。

"四个举办地的首领在开幕式上就像四位首脑一样，"我说。"然后，年轻的原住民领袖从四面八方汇聚而来，代表整个国家。他们在场地上载歌载舞，带着自己鲜艳的色彩和魅力，成为欢迎世界各地运动员的仪仗队。这些年轻人的职责就是代表加拿大欢迎全世界来宾。"

菲尔依然冷静地看着我，当时我已经说了20分钟了。我谈到这些年轻人通过参与入场式，能够留下怎样的遗产，他们的人生将更加丰富多彩，他们也可以把此次经历告诉自己的孩子，尔后代代相传。

"菲尔，"我说，"这就是我们想做的，我们需要你的帮助。我们或许还需要一些资金支持，因为这做起来很难，但我们想要实现这个目标。我们觉得这将是一个奇妙的时刻，举国上下都会为此而骄傲。"

菲尔继续盯了我几秒钟才缓缓摘下挂在鼻尖的眼镜，放在桌上。"约翰，"他说，"如果你们说到做到，一切都按计划进行，那么你为团结原住民和加拿大其他地区人民所做的贡献，会比我们过去一百多年的努力还要多。"

他的话宛如天籁之音。这是我奥运记忆里最美好的画面之一。我迅速收拾好文件走出办公室，告诉大卫·阿特金斯，我们成功了。

策划开幕式的过程总是充满争议，我们也遇到了各种问题。

开幕式举行前一个月，温哥华交响乐团指挥布拉威尔·托维对媒体表示，在得知他及其他交响乐团成员不会到现场演奏，而其他表演者将现场模拟演奏他们的乐曲后，他拒绝为开幕式提前录音的邀请，称模拟演奏的行为是"欺诈行为"。看到报纸上布拉威尔的言论，我们都震惊了。此前我们从未听他透露过一个字，至少我本人没有。我觉得事先没有与我们进行任何沟通，尝试解决问题，就擅自在媒体面前发表观点的行为一点儿都不光明磊落。总的来说，像我们举办的这种大规模的国际活动，模拟演奏的做法是通行的惯例，而他却对此表示抗议。提前录制音乐的通行做法是为了保障广播传送的安全性，电视网最不希望看到的情况就是因为艺术家出现意外而导致停播。提前录制音乐全都是为了达到顶级效果，确保无误。

然而，这一消息传得飞快，总是登上报纸头条。我给克里斯托弗·盖兹打电话咨询，他是我们的奥运会大使，在文艺界有着举足轻重的地位。他认为，如果要阻止消息进一步传播，我得给布拉威尔打电话，向他解释我们的立场，然后从他的立场上看待这一问题，尽力安抚。布拉威尔以我们为代价，在媒体上出尽风头，令我不齿。我觉得他说了假话，这太令人生气了。

我在惠斯勒给布拉威尔打了电话，打探了他的态度。他依然很生气。我告诉他，我们无意冒犯他。最终，我也只有认栽，不得不向他道歉，但是我觉得他根本不值得我这么做。我之所以道歉只是不想媒体再抓着这件事不放。如果道歉就能平息舆论的话，我愿意这么做。布拉威尔确认了媒体知晓我打电话道歉这件事才作罢。我觉得他最终错过了一个参与极为特殊场合的重大机会。总之，其乐团的几名成员还是前来为开幕式演奏了。这些骄傲、欢乐的演奏家参与到了我们国家最值得纪念的演出之中。

圣火点燃前的最后几天里，仍有不少人对温哥华是否准备好举办奥运会一事心存疑虑，甚至有传闻称，主办城市对待奥运会十分麻木和冷漠，人们根本不在乎。有文章称，奥运会期间，有人准备逃离这座城市，因为举办奥运会将带来一系列混乱。而这些都是某些人假想的混乱。

稍后我将和这些人好好谈谈。他们居然可悲地相信这些危言耸听的言论，而错过了一场即将为人们津津乐道数十年的盛事。有些人在夏威夷或亚利桑那州通过电视观看直播时，大呼上当，感觉自己完全被骗了。

我觉得温哥华人并不像某些人说的那样对奥运会漠不关心。事实恰恰相反：10%的人会直言不讳地表示，自己是奥运会坚定的支持者，另外10%并不想参与奥运会。但其间80%的人都相当期盼，温哥华在具备必要条件的情况下，能够举办奥运会。

声称温哥华市民尚未准备好举办奥运会的评论是一种侮辱。如果说确实有什么地方准备不足的话，应该是这座城市没有料到奥运会究竟有多大规模吧。开幕式举行前几周的一天，我亲口对市长格雷高尔·罗伯森说："老实说，我觉得你还没有准备好。你要做好心理准备，奥运会会令你大吃一惊。火炬抵达城市的那晚，你打算在林思齐公园举行庆祝活动？我可以告诉你，那地方根本不够，参观庆典的民众会把那里挤得水泄不通。"

温哥华即将经历数代以来都未有过的盛事，一切都会变得非常有趣。

9

Tragedy in Whistler
惠斯勒的悲剧

个性乖张的千万富豪霍华德·休斯曾长期下榻于威斯汀碧湾酒店。2010年冬奥会期间,这里也成为了我的管理团队的大本营。我们将这座酒店的西北大楼作为临时的办公地点。国际奥委会的总部也设在同一酒店内,便于协调委员会在冬奥会举办期间随时召开会议。这些会议有利于国际奥委会和温哥华冬季奥运会及残奥会组委会针对冬奥会期间可能出现的任何问题展开讨论。为了避免酒店住客误入其间,大楼前设置了安全防护栏,并且全天候封锁,因此,未获得最高安全许可的人员是无法入内的。

2010年2月12日上午,我一早就抵达了威斯汀碧湾酒店,感觉既紧张又兴奋。我的司机是一名加拿大军队的退伍老兵,曾经参加过阿富汗战争。他在清晨5点左右来接我,然后把我送到了酒店。我将在冬奥会期间一直待在这座酒店。我期待的日子终于来临。现在所有的目光都将聚焦于这一体育界的盛事,我们的团队将经受前所未有的考验。这一天终于到来了。在整整17天内,我们将成就世界体育史上最激动人心的传说。

我回到自己的办公室,为这一天的工作提前做准备。莫妮卡·亚科负责我的办公室内的一切事务,我们亲切地称她为"大力鼠",因为她虽然个子娇小，却坚强彪悍，对团队非常忠诚。另一位勤奋不怠的同事克里斯蒂娜·詹也已经进入工作状态，她正忙着筹备我在开幕式当晚即将发表的法语版演讲。克里斯蒂娜绝不容忍我的工作出现任何差池，将避免失误视为她个人的责任。团队内的所有成员都是这么做的。

我和戴夫·柯布在早上6点半一起吃了早餐，这几乎成了我们在整个奥运会期间的惯例。雅克·罗格将在当天早晨召开协调委员会的第一次全体会议，我们开始为这次会议议程所涉及的部分项目制订行动计划。我的团队会将抗议活动的相关信息，以及当天在惠斯勒开始的第一个比赛项目——滑雪的相关情况及时反馈给国际奥委会。我们将针对交通规划展开讨论，同时还将制订当天的总体计划。早餐后，我们还与国际奥委会奥运会执行主任吉尔伯特·费利举行了会晤，确保所有工作人员都能保持同一步调以及协调委员会会议开始时不会出现任何意外事件。

这次会议于早上8点举行，会议室的气氛很快就热烈起来。与会人员互相交流了信息。会议室内的国际奥委会代表和工作人员都是一等一的专业人士，其中许多人曾是参加过多届奥运会的元老。他们见多识广，经验丰富。这一令人震撼的盛会从开始筹备至今已十年有余，每一个人都对本次冬奥会大幕开启的一刻翘首以待。在我们举行会议的同时，最后一天的火炬接力活动仍在进行之中，这一长达106天的漫长旅程即将告一段落。街头的民众群情涌动，热情高涨。

英国伟大的长跑运动员、奥运会金牌得主塞巴斯蒂安·科将在斯坦利公园从美国加州州长阿诺德·施瓦辛格手中接过奥运圣火。施瓦辛格此前专程从萨克拉门托搭乘飞机赶来参加火炬接力活动。塞巴斯蒂安曾担任2012年伦敦奥委会的主席，在过去几年当中，我们建立了深厚的友谊。塞巴斯蒂安问我能不能赶往斯坦利公园为他助威，肯定会有一大拨记者和摄影师守在那儿等着采访他和施瓦辛格州长。我可以想象得出场面该有多热烈，不过我还是告诉塞巴斯蒂安我将尽力赶到。

与协调委员会的会议顺利结束后，我带上了蓝色外套，让司机赶往不远处的斯坦利公园。从酒店出门后不久，我们的车就被堵在了街道的拐角。街上简直就是人山人海。看起来好像每一个温哥华人都不想错过这一场好戏。男女老少，齐齐出动，穿红着绿，摩肩接踵，有的人甚至还穿上了正式的西装和礼服。整整半个小时，我们只前进了100米左右。我们压根不可能靠近斯坦利公园，因此只得掉头回了酒店。最后，我只好通过加拿大电视网收看了他们的火炬接力。

上午10点过后，我的黑莓手机响了起来。给我打电话的是戴夫·柯布。听到他严肃的口气，我立刻猜测肯定出了什么大事。电话另一头的他连声音都在发抖。戴夫告诉我，在进行无舵雪橇训练时，赛道上发生了一场灾难性的事故。涉事运动员来自格鲁吉亚，医生的初诊结果表明，这名运动员已生还无望。事发后，医务人员几乎在第一时间赶到了现场并将这名运动员送往了医院。我知道，他们一定会尽一切可能挽救他的生命。戴夫的情绪非常低落，与平时开朗乐观的他判若两人。我告诉他，在听到任何确定的答复后尽快给我打电话。这仅仅只是噩梦的开始。

我在办公室里呆坐了一段时间，感觉浑身无力。那个可怜的年轻人一直在我的脑海里，挥之不去。他是谁？为了参加奥运会，他曾经付出过多少努力？他的梦想是什么？一名想要在世界舞台上展示自我的年轻运动员很可能将不久于人世。"如果他真的不幸离世，至少他是为自己热爱的运动而献身"这种想法压根没法让我的心情平复下来。他只有21岁，一个如此年轻的生命就这样凋零，实在令人惋惜。几分钟后，我不再胡思乱想。我离开办公桌，关上了办公室的大门。

现在我该向谁求助呢？我本来想给雅克·罗格打电话，但很快意识到他很可能已经知道这件事了。国际奥委会曾经处理过这一类严重的问题。我想到了慕尼黑奥运会血案。他们肯定知道该怎么做。我一边在脑海中思索着可以打电话求助的人，一边还抱有一丝幻想，希望那位年轻人可以熬过生死难关。我真的希望接到的下一个电话会通知我：他终于挺了过来。但随后戴夫打电话告诉我，医生刚刚宣布：来自格鲁吉亚的诺达尔·库玛利塔什维利已经不治身亡。

我心痛得仿佛失去了自己的孩子。

我把头埋在两掌之间。我想到了已离世的父母，还有10年前因罹患红斑狼疮而不幸殒命的姐姐。我对亲人丧生的巨大痛苦深有体会。当时的我感到空虚、寂寞而无助。

我试图去理解这一事故所带来的影响。我试着去体会这名格鲁吉亚运动员的家人的感受。他的父母亲是否已经收到儿子离世的噩耗了呢？除了他的父母以外，世界各地的观众是否也了解到这次事故了呢？在某个瞬间，我甚至怀疑自己已经无力为这一场事故善后。我通常都能冷静地面对各种危机，但这场悲剧却令我感到忐忑不安。我对团队的其他成员也非常担心，我害怕他们会受到致命的打击。我需要动用个人的人脉关系，但我并不确定是否能寻求到真正的帮助。数年来，我曾参加过多个领导洽谈会和危机处理研讨会，但从没有哪一次会议明确地告诉我遇到这种情况应该怎么办。我无法确定下一步该怎么做。在未来的一段时间内，我只能依靠自己的直觉和魄力才能渡过难关。

我担心团队的其他成员会对这一场事故心怀内疚，甚至会认为他们的失职是导致这起悲剧发生的部分原因。在这种时刻，一个人很可能会丧失理智的判断和冷静的头脑，无法控制内心的激动情绪。但我们需要处理的这场事故注定无法躲开来自世界各地的非议。事实上，这起悲剧早已引发了热议。各路媒体将对主办机构穷追猛打，令组委会的工作人员在相当长的一段时间精疲力竭。

当我最终走出办公室时,我能感觉到工作人员纷纷将灼热的目光投注在我的身上。团队里的其他成员当时已经了解了整个事件的来龙去脉。所有电视频道都在报道这一场事故。在冬奥会的筹备过程中,我们已经为可提前设想到的所有危机情况制订了相应的处理方案。我们曾经设想过飞机失事、骚乱暴动、人员重伤、毒气袭击等意外事件并做好了充分的准备。但我们怎么也不会想到,在开幕式的当天就会出现运动员遇难的悲剧事件。

那时我们已经对该次事故的前因后果有了更多的了解。诺达尔在滑雪赛道的最后一段失去了控制,径直飞出了赛道护墙,撞向了旁边的钢柱。我通过电视收看了他撞击钢柱的惨烈一幕,尽管在接下来的几天内,电视台不断重播这个片段,但我再也不想看第二遍。诺达尔在撞上钢柱时的速度高达143.3千米/小时。这是他第二十五次在惠斯勒滑雪场的赛道上训练,也是他在正式比赛前的最后一次训练。

我们迅速与国际奥委会举行了临时的联合会议。会议室内压抑的气氛令我感受到前所未有的沉痛和悲伤。我看着雅克·罗格,他好像总是能完美地控制自己的情绪。但他当时似乎也完全失控了。其他人的情绪都跟他差不多。

每一个人都在喋喋不休地讨论着必须采取的措施,但在会议开始后的一段时间内,大家似乎都在顾左右而言他。会议室的气氛令人忐忑不安。我看见罗格坐在桌子的对面,听到他说,这一届奥运会将因为这出悲剧而被世人永记于心。我对这一幕至今仍记忆犹新。我没有任何为自己开脱的借口。我告诉他,目前最重要的就是,我们必须怀着悲悯之心体面地处理当前的问题,否则所有加拿大民众都将对我们非常失望。

我告诉罗格,我们必须毫不犹豫地澄清事实,坦诚公开地披露真相,无法推脱，不能回避。而找借口或以任何方式美化和掩盖真相将导致更糟糕的局面。我认为，我们首先必须凭良心办事。

让我们永远铭记这一天，缅怀那位追逐梦想的年轻人。我们必须以最富有人文情怀的方式来表达我们的哀思。他的队友肯定都感到万分悲恸。他的运动员同行肯定也感到了切肤之痛。格鲁吉亚人民肯定悲痛欲绝，而他的家人势必心如刀绞。温哥华（尤其是惠斯勒）的运动员们一定也受到了沉重的打击。我们还需要考虑，在开幕式当晚我们应如何斟言酌语地阐述这一沉痛的事实。与会人员对于上述观点都表示一致认同。

吉尔伯特·费利在会上起到了决定性的作用。他以令人信服的言辞向当时在座的各位保证，无论当时多么混乱，我们都一定能渡过这一艰难的时刻。我们必须熬过这段时间。我们会本着沉着冷静的态度体面地应对当时的局面。我愿意听取所有意见，只要这些意见与我们在言行上的悲悯之心是一致的。

罗格和我将在当天上午晚些时候出席在主新闻中心紧急召开的新闻发布会，针对这起事故进行说明。通讯专员尽心尽力地向我们汇报了需要向媒体发布的信息，但我对那些必要的话语压根不感兴趣。当时我真的不在状态。对于哪些话题是或者不是会议的重点，我完全不在乎。我压根不打算针对这名年轻运动员意外丧生的原因展开讨论。我只想实事求是地说出自己内心的感觉：我感到伤心欲绝——既为这名年轻人，也为他的家人。我希望让所有民众都知道，这起事故令我们团队的每一位成员都痛心疾首。我要说出内心的真实想法——这也是我唯一的本能反应。在未来的日子里，我们还有足够的时间去仔细分析赛道上发生的问题。

在此期间，我们还有一些实际的问题需要处理，例如，进行尸检和将诺达尔的遗体送回格鲁吉亚。我们应该承担哪些法律义务呢？我们发现，诺达尔的教练就是他的叔叔，还有两名队友曾是他的同学。诺达尔的生活与他所居住的格鲁吉亚山村的每一位村民们都密切相关。他的叔叔必须打电话给诺达尔家乡的亲友报告这一噩耗，这令他肝肠寸断，难以启齿。最后，我取消了原定于当日的多个活动行程，包括与加拿大总督的会谈。

罗格和我分别驱车赶往主新闻中心，参加上午 11 点半举行的新闻发布会。我们很早就抵达了目的地，随后进入一间接待室里等待。罗格并不善于公开表达内心的情感。他总是那么稳重内敛，给人留下喜怒不形于色的印象。但在那天上午的绝大部分时间里，他看起来都处于几近崩溃的边缘。我意识到，我们俩需要彼此支持，熬过这一场新闻发布会。当我们在接待室内等待的这一段时间内，我们轻轻拥抱了对方。他告诉我，在担任整形外科医生时，他曾经为无数难度极高的手术主刀，甚至还有过目睹患者死亡的经历，即便如此，他在面对这一起悲剧时仍感到猝不及防。

我们两人都热泪盈眶，几乎无法压抑住内心的痛苦情绪。这绝对不是面对新闻发布会的最佳状态，因为我们马上要走进会议大厅，面对来自全世界的媒体，而在我们的眼皮底下竟然发生了运动员意外丧生的事故，这必然会引来令人尴尬的提问。我觉得自己从未经历过如此孤独无助和脆弱不堪的场面。

那次新闻发布会的过程没有给我留下深刻的印象。只依稀记得频繁闪烁的闪光灯和挤得水泄不通的摄像头。发布会现场人满为患。我记得，罗格在某一段时间内为了稳定情绪而陷入了沉默。我轻轻地拍了拍他的背以示支持和安慰。我告诉记者，我们的团队都非常难过，我心痛得好像失去了自己的孩子。罗格表示，诺达尔的意外身亡为奥运会蒙上了一层阴影。

有记者提到了关于赛道极限速度及其危险性的问题。当时我压根不打算花太多的时间去回答这些猜测性的问题。相应的调查正在进行之中，而且当时也不是互相推诿责任的时候，我们应利用这一时刻来缅怀那位为自己热爱的运动献出了生命的奥运会运动员。在这位年轻人的身后承载着一个国家的希望。在新闻发布会上，各路媒体都表现出尊重而严谨的态度。事实上，在场的绝大部分记者似乎都被当天的伤感情绪所感染。我认为，出席发布会的所有记者都能看出，我们的悲伤情绪是发自内心的，他们对我们的震惊、伤心和渴望都有切身的体会，我们的确想为这名年轻人的家人提供有益的帮助。我们不应该在这样的日子再为难任何人。

与此同时，尽管已经发生了这样的悲剧，但仍有成千上万名观众不断涌上街头，观看火炬接力活动。每隔几分钟我都能收到充满感激的电子邮件，他们告诉我这真是温哥华有史以来最伟大的盛会。我多么希望自己也能被这份喜悦之情所感染。

新闻发布会结束后，我把注意力转向了发生该起事故的惠斯勒雪橇运动中心的工作人员身上。我很清楚，这一起事故令他们的情绪处于全面崩溃的边缘，但我最担心的莫过于那里的最高负责人——克雷格·莱托。他们的团队负责赛道的维护和运行工作，因此，如果说必须有人站出来对诺达尔的意外身亡负责的话，他们必然难辞其咎。当时我们还面临着多个重大的决定。我在当天晚些时候给克雷格打了个电话，以便了解他当时的情况。他是个外表严肃但口气温和的人，从来都不会拖拖拉拉。我计划第二天与他碰个头。

他们立即封锁了出事的赛道，以便警方和其他工作人员可以按照司法鉴定的所有要求开展工作。甚至还有人针对是否应该取消无舵雪橇项目的所有赛事进行了讨论。

在此期间，我们还了解到了与诺达尔和他的家人有关的更多信息。我们了解到，他们的习俗要求尽快安葬死者。鉴于法医和验尸官所需完成的调查以及加拿大法律的要求，我们不太可能在下周四（距当时还有一周多的时间）前将诺达尔的遗体送回格鲁吉亚。

我同时还必须考虑如何公布纳达尔的死因以及开幕式的相关工作。国际奥委会的委员们有他们的想法，而我也有我的打算。我和罗格都必须修改开幕式演讲的内容。我给大卫·阿特金斯打了个电话，我们针对可能出现的情况交换了意见。我们必须对这一名年轻人表现出应有的尊重和同情，同时，还不能辜负全球观众对开幕式盛典的热切期待，我们必须在这两者之间达到某种程度的平衡，而大卫是唯一一个知道该怎么做的人。

一开始，国际奥委会希望能以全场默哀的形式作为开幕式的开场。大卫否决了这一提议。他表示，那将是开幕式最糟糕的开场方式。当时，我理解大卫的心情，我也相信他的判断。他原本在忙着筹备一场复杂而精彩的演出，四处联络艺术家，准备主体育场的相关事宜，但在最后的关键时刻，却意外地收到了我们的通知："哦，对了，大卫，你得全面调整你的计划。"

我一再跟他强调，如果本次冬奥会出现任何闪失，那么全球观众将非常愤慨，他们一定会认为，在众目睽睽之下，我们没有表现出对这一盛会应有的尊重。一旦出现这类失误和严重的问题，我们将责无旁贷。其中的利害关系将产生深远的影响。我告诉他，当格鲁吉亚国家队走进主体育场时，我们应该给予他们当晚最热烈的欢呼声（除了加拿大国家队以外）。不过，大卫目光敏锐，他对这一切心知肚明。诺达尔的悲剧让我再次意识到，这位来自澳大利亚的艺术家的确是开幕式导演的最佳人选。在我的印象中，他是一个说话总是带着澳洲口音的加拿大人。

与此同时，我还非常担心国际无舵雪橇联合会处理这一场危机的能力。在当天上午与国际奥委会共同举行的会议中，国际无舵雪橇联合会的代表看上去显得惊慌失措。他们缺乏应对如此严重的问题所必需的沟通技巧和专业知识。他们将不得不面对来自媒体的无情逼问和巨大的压力。媒体将针对赛道的条件以及业已发生的悲剧向他们协会的成员提出极其尖锐的问题。这起事件会继续发酵吗?主办方会对赛道进行调整吗?我告诉国际无舵雪橇联合会的主席约瑟夫·芬特,我们将为他们提供协助和支持。我要求通讯部副总裁蕾妮·史密斯-瓦拉德马上为他们分配人手。她立即开始着手处理相关的工作。这场危机对她来说也是一场最艰巨的考验。最重要的是,我们将尽一切可能,确保为即将参赛的每一位运动员带去最精彩的体验。

这一天即将过去。火炬接力活动正在市区内如常进行,成千上万的观众将沿途的道路堵得水泄不通,喝彩声此起彼伏,当天中午过后,这一活动将圆满结束。当天的活动成为了一大亮点,让我稍感一丝欣慰,仿佛看到了黑暗中的一线光明。即使是城东突然爆发的一场抗议活动也无法打消观众的澎湃激情。

当天下午,我回到酒店客房,开始为开幕式做准备。我戴着一条黑色的领带站在浴室的镜子前,心里感觉很不是滋味。我想到自己的演讲,我并不知道,在提到诺达尔的意外时,我能否触动观众的心弦。我同时还想为主体育场的观众留下美好的回忆。我练习了几次,在用法语演讲时,虽然只有寥寥数语,却令我感到汗流浃背。正如此前的每一次演讲一样,我亲自撰写了演讲稿的所有内容。在早上的那起悲剧发生之前,我一直对自己的演讲内容感觉良好。但当时我却心烦意乱,我的信心也随之有所动摇。

在主体育场内,我需要与加拿大电视网的工作人员见个面,他们一整天都待在那里,不断地对晚间的电视直播计划做出调试。我将接受布莱恩·威廉姆斯的采访,他将担任直播节目的主持。我很了解布莱恩,他是一名非常优秀的媒体人,对于奥运会直播有着非常丰富的经验。但是，采访活动从一开始就充满了尴尬而紧张的气氛。媒体网络一直是我们组织奥运会的得力伙伴，但在那一刻，我却觉得加拿大电视网的工作人员并未与我们站在同一阵线。布莱恩似乎为了展现出专业的态度而刻意与我们保持距离。在我和他进行交流的同时，外面的抗议活动不绝于耳。这自然令我难以集中精力。我对这次访谈的效果并不满意。

此外，当天的天气也非常糟糕。倾盆大雨令道路陷入一团混乱。抗议人群令交通更加拥堵不堪。不幸的是，抗议活动的地点离卑诗体育馆非常近，这超出了我们的预料。负责接送媒体记者、国际奥委会的贵宾及其他嘉宾的巴士原定于七点到八点抵达主体育场，以便他们顺利入场观看表演。但抗议活动不但导致巴士降低了开往体育场的车速，还迫使警方不得不将限停的车辆减少至一次一辆。巴士乘客在下车后还屡屡被抗议人群的投掷物击中。这种行为真是野蛮无理。

不幸的是，有部分重要的嘉宾未能及时赶到主体育场现场，错过了开幕式的开场表演。有的嘉宾为此大光其火，这其中就包括那些因迟到而错过了表演的国际奥委会委员。总理倒是准时抵达了现场，但部分联邦政府官员迟到的事却让他极为不悦。加拿大总理办公室的部分官员也怒气冲冲，说话很不客气。虽然他们并未直白地表达心中的不满，也未对我们搞砸了他们的行程加以谴责，但这却是明摆着的事实。我当时怀疑，负责接送联邦政府官员及其他嘉宾的迟到的巴士是由渥太华运营的，这一点在事后也得到了证实。

虽然只是迟到了短短几分钟，但迟到事件却好像是这一天诸事不顺的一个缩影。几乎每一件事都出了岔子。

国际奥委会的委员们在离开酒店赶赴主体育场时拖拖拉拉，但他们却毫不在意。我猜测，他们肯定想当然地认为，当晚一定会一帆风顺。从那之后，我们不得不为他们及其他嘉宾定下了规矩：负责接送的巴士将在原定的时间准点出发。如果不能准时出发，那么您就必然会错过巴士，车不等人，绝无例外。我们希望一劳永逸地解决国际奥委会委员或其他贵宾不能准时乘车的问题。

　　卑诗体育馆主席包厢为雅克·罗格、总理、总督、卑诗省省长及其他重要嘉宾预留了贵宾席座位，当我在主席台就座后，主体育场内已经基本座无虚席了。迟到的观众很快填满了空缺的席位。当时，我的黑莓手机每隔几秒就能收到一封电子邮件。有的朋友了解到当天的事故，想要安抚我的情绪并表示慰问。但绝大部分电子邮件的内容都相差无几，发件人告诉我：这座城市当天的活动非常精彩，他们感到非常自豪——当然，诺达尔的意外身亡除外。世界各地的人们都向我们发来了贺信，表达祝贺和祝福。我很高兴能收到这些信息，因为我的大脑还不太灵光，而诺达尔的死讯又令我太过伤心，以至于我无法集中精力思考其他问题。达琳·普尔坐在我旁边，心里怀着对她亲爱的丈夫的哀思，她的丈夫杰克如果能有机会坐在前排观看这一幕，一定会非常激动。

　　我记得，开幕式的开场表演让我特别紧张，雪地滑板运动员约翰尼·里尔将跳过主体育场内的奥林匹克五环，作为开场时的终场表演。我曾在彩排时亲眼目睹过他多次成功地完成这个表演。但这一次却是货真价实的正式演出。如果他的表演失败或从空中摔落，他绝不会有第二次重来的机会。但约翰尼非常完美地完成了自己的表演，随后还在现场用英语和法语对来自世界各地的观众表示欢迎。我极速跳动的心脏立刻恢复了平静。我们的表演终于拉开了序幕。

　　坐着观看表演时，我有点儿心不在焉。现场的表演令人叹为观止。面对着全世界的观众，加拿大将其令人震撼的传说娓娓道来。但我仍然牵挂着我们团队的其他成员。诺达尔的死讯无疑给他们带来了巨大的冲击。戴夫·柯布、特里·怀特、凯茜·普利斯特纳·阿林格及其他管理人员在这一天内过得糟糕透顶，此刻他们肯定都在做深刻的自我反省。当天我不止一次地告诉自己，我们很快就能发现，我们的团队成员有多么优秀。如果说，我对这一事件的进一步恶化毫不担心，那无异于自欺欺人。那种感觉就像坐着飞机从3.5万英尺的高空急速下坠。如果飞行员不能在1万英尺的高空控制住飞机的话，坠机就在所难免。我们当时就好像坐在这样一架飞机上，而我的工作就是让飞机重新回到安全的轨道。如果我们无法妥善地控制住局面，所有的问题终将归咎到我的头上，每个人都会说："看吧，他就不是个合适的人选。他没有恰当的经验。我们当时怎么会选他的呢？"

我四处张望，在主体育场的每一个角落，观众们都面带微笑。在我身后，坐着承办本次冬奥会的四个原住民传统聚居区的民族领袖。他们分别代表来自斯夸米什、马斯奎姆、里尔沃特和泰斯雷尔－沃土思的原住民。他们被视为上述原住民的民族领袖，坐在总理和总督的身后。欢迎加拿大原住民运动员代表团入场的一幕是当晚令人印象最深刻也最感人的环节之一。数百位由各民族的长者精心挑选并派至现场的青年原住民领袖载歌载舞地走进主体育场，向其他运动员表达了欢迎之情。没有任何一个国家可以通过这种方式呈现这感人的一幕。

整场节目似乎吸引了所有观众的目光。我能感觉到，所有观众都在静待格鲁吉亚国家队入场的那一刻。当他们走进主体育场时，我们看到所有运动员和教练都佩戴着黑色的袖章以示对诺达尔的追思，正如我所料想的那样，在场的观众纷纷起立，向他们捎去加拿大的问候，掌声经久不息。这一幕凄美哀绝而又令人动容。激动的泪水充满了我的眼眶，我为自己的国家而感到骄傲。我们正以我们所知道的最佳方式安抚所有受伤的心灵。

在表演进行到一半的时候，工作人员示意罗格和我前往主体育场一侧的休息室，以便为登台演讲做好准备。化妆、佩戴耳机、检查音效……我和罗格很快准备就绪，并一起走到了演讲台前。在我的一生当中，从未如此紧张过。罗格宣读完联合吊唁函后，就只剩我一个人留在了舞台上，我不停地发抖，表情也不太自然。

"杰克·普尔和诺达尔·库玛利塔什维利将永远被铭刻在我们的心中，"我终于开口了："站在每一位加拿大公民的肩头，我承诺，所有温哥华人都将在2010年……展现出有生以来的最佳表现。"

我希望能打动每一名运动员，让他们知道，我们对他们在每一个方面所付出的努力都满怀敬意。我想让他们知道，我们对他们怀有无比的信心和高度的信赖。但我也不想否认，他们在参加比赛时肯定会怀着沉重的心情。"面对即将参加的比赛，你们肯定感到格外沉重，你们的队友诺达尔已经不幸离世，但你们应该更加团结。我希望你们能延续他的奥林匹克梦想，将他的运动精神永远铭刻在心。"

在这一生当中，我曾经发表过成千上万次演讲，但从来没有面对过这么多的观众，也从来没有这么多人对我的演讲内容和演讲方式如此在意。我从来没有在观众面前表现得如此谦卑。

我对演讲中的法语内容也不无担心。法语是加拿大的第二大官方语言。无论我多么努力，观众都能听出我的法语发音有多蹩脚。有的朋友甚至曾开玩笑说，我连英语都不太地道，更不用说法语了。我在撰写演讲稿时，对那几句法语格外较真的紧张态度多少显得有点儿可笑。我很清楚，我们在演讲或表演时所用的法语将成为观众们茶余饭后的谈资：只有屏幕上的几句法语字幕是远远不够的，观众们想要听到更多的法语或感受到强烈的法语氛围。尽管面临着不小的挑战，但我仍然认为，我们在两大语种间取得了良好的平衡。

我不知道，我的法语演讲稿到底出了什么问题。当晚，当我读到法语部分时，所有法语单词看起来都变得一片模糊。更糟糕的是，舞台灯光投下了一团浓重的阴影，因此，我压根看不清演讲稿的内容。

我知道，当时的情况实在是太糟糕了。我感到一阵眩晕，手机里的电子邮件却在提醒着我，这不是一场噩梦。但我仍然尽我所能地稳住局面。除了在法语环境中居住过一年，我没有其他任何法语背景，因此，对我来说，要想流利地使用法语肯定是极其困难的。

"这一路走来，我们的团队获得了很多人的支持。"我继续说道，"每一位加拿大公民——加拿大原住民、新移民、加拿大的英语居民和法语居民，还有那些来自各不相同的民族、语言和文化背景以及小文化区的加拿大居民，正是他们每一个人造就了今日的加拿大。

"在这个我一生中最为自豪的夜晚，我要向我忠诚、无私的队友，向我们身着蓝色外套、不知疲倦的志愿者，向我们的合作伙伴，向我们深谋远虑的政府领导，向国际奥委会、全球奥林匹克大家庭以及我们的亲朋好友表示由衷的感激，感谢他们的信仰、他们的努力、他们的牺牲以及他们的勇气。"

罗格和我在演讲结束后回到了自己的座位上。凯蒂莲翻唱了莱昂纳多·科恩的歌曲《哈利路亚》，余音绕梁，令人怀念，格外适合在这样的夜晚聆听。观众们热情高涨，意犹未尽。我的女儿莫莉在等着我。她为我送上了阳光般的微笑和温暖的拥抱，她迎接我的方式总能让我心情舒畅。

接着就到了唐纳德·萨瑟兰、贝蒂·福克斯、鲍比·奥尔及其他护旗手护送奥运会会旗入场的时间。贝蒂满头银丝，显得容光焕发。随后，哈里·维肯海塞尔代表出席本次冬奥会的所有运动员宣誓。

几分钟后，里克·汉森坐着轮椅驶上坡道，大卫·阿特金斯还曾一度担心他无法完成这个任务。随后，点火仪式开始了。开幕式的这个环节此前已经在严格的监督之下进行过多次彩排，这也是所有人都翘首以待的高潮部分。此前每次我参加彩排（通常都安排在凌晨）时，四根冰柱都能从地面上顺利地竖起。一切计划都在有条不紊地进行中，就像一块严丝合缝的瑞士手表，我迫不及待地想看到观众的反应。

坐在轮椅上的里克进入了主体育场，他从一层浓雾中穿过，仿佛穿越了冰雪覆盖的冻原。他很快就来到了卡特里奥娜·勒·梅·多恩身边，用他手中的火炬点燃了她的火炬。卡特里奥娜跑向史蒂夫·纳什并点燃了后者手中的火炬，接着，南希·格林和韦恩·格雷茨基的火炬也被依次点燃。大卫设计的这一环节可谓无可挑剔。直到他们各自的火炬被点燃的那一刻，这四名火炬手的身份才正式揭晓，这也让观众们更加惊喜。很快就到了点燃主火炬的时刻。几秒钟后，我就发现，我们有麻烦了。有一根冰柱没有竖起来。地板冻住了，因此，冰柱被卡在了地上。

我心想：哦，我的天啊。这不是在做梦吧？

接下来的30秒感觉就像一小时那样漫长。四名火炬手都是加拿大的传奇人物，他们站在自己的位置上，静静地等待着此刻正位于主体育场上方的大卫的最新指示。他们全都佩戴着隐形耳机，可以在这样一个百年难遇的时刻，精确地收听到大卫的指示。我可以想象得到，在这一刻向下俯瞰着主体育场的大卫，内心肯定非常难过。难道没有人能上前把主火炬撑起来吗？我看着舞台中央一团混乱的场景，就在不久前，那里还充满欢声笑语，一派歌舞升平。

具有讽刺意味的是，与电视观众不同，绝大部分坐在主体育场内的观众并不知道发生了什么事。那些在家观看开幕式的观众得知一根冰柱出现了故障，但现场观众却误认为总共只有三根冰柱。史蒂夫、南希和韦恩点燃了从地面上竖起的三根冰柱。可怜的卡特里奥娜只能站在一边，显得格格不入。

我感到非常羞愧。我想起自己曾跟达琳·普尔开玩笑说，万一出了岔子，那肯定是杰克在后面捣鬼。他看到我坐立难安一定非常开心。我知道他一直与我同在，他会尽力挽回局面，让我备感轻松。他一定会尝试一切补救措施。他遇事总是处变不惊，他肯定会说，火炬出了故障并不是什么要死要活的大问题。但是，没有了杰克，这一天仿佛变成了一场永无止境的噩梦。

诺达尔的意外身亡为周五开幕式后的所有问题定下了悲伤的基调。这将使最不起眼的小问题也变得触目惊心。在每一届奥运会开幕式当天都会出现让人头疼的交通拥堵问题。至少在我参加过的每一届奥运会上——无论是盐湖城冬奥会，还是北京奥运会——这个问题都屡见不鲜。我记得戈登·坎贝尔曾提到过，雅典奥运会开幕式后，他花了四个小时才回到酒店。工作人员花了挺长一段时间才排除了系统的故障。不过，我们该怎么处理抗议活动呢？要知道，在加拿大，参加抗议可是一项民主权利。

我认为，警方处理的结果和我们预期的一样好。他们将抗议人群的情绪处理得很好。警方尽力化解了激烈的冲突，极力避免暴力事件或冲突升级，以免最终不得不使用催泪瓦斯或演变成惊心动魄的肉搏战。我们绝对不想在电视新闻中看到任何使开幕式蒙上阴影的血腥画面。但由于警方的态度过于克制，抗议人群趁机涌入了毗邻主体育场的地区，对我们的交通系统产生了负面影响。最严重的问题则是我们的主火炬出现了故障。

到了第二天，"状况频出"已经成了奥运会评论员的口头禅。这看起来似乎对我们很不公平，但抱怨或发牢骚却不会有任何帮助。我们必须继续推进手头的工作，帮助温哥华奥组委的工作人员们消除疑虑。我不希望人们觉得，我们的准备不够充分。

我很清楚，我身边的管理团队以及温哥华奥组委的其他工作人员都在等着我发号施令，希望我能告诉他们，一切都会好起来的。虽然我的内心非常难过，但我仍尽力表现得镇定、冷静、坚强。即便我心里没有丝毫的把握，我仍然希望我的团队能受到鼓舞，打起精神，对克服困难充满信心。我出于本能做出决定，将重要的团队成员分配到关键职位，以便更好地支持奥运会的正常运行，我想让大家都看到，我们敢于迎难而上，这似乎有助于我们重新回到正轨。我们团队的其他成员一直对奥运会项目充满信心，他们为我们正在努力完成的目标付出了全部心血。我们处于一个高速飞转的工作环境之中，其中包含不计其数的部门和环节。我们的目标是引领所有人的前进方向，推动他们圆满完成任务。但在这一刻，我们的工作却举步维艰。

戴夫·柯布是我的得力助手，我对他的工作尤为担心。自从加入团队的那一天起，戴夫就化身为一名勇往无前的斗士。他一手策划了筹资活动，帮助我们募集了创下历史纪录的高额资金。他对每件事都抱有坚持不懈的积极态度。在他温柔的外表下，有一颗无畏的心，他无惧挑战，希望本次冬奥会成为有史以来最精彩的一届奥运会。他事必躬亲，充满活力，对我们来说，他起到了非常重要的作用。

但我能感觉到，诺达尔的死讯几乎令他伤心欲绝。无论对他本人还是整个团队的其他成员来说，这可能都是一个非常沉重的打击。他负责运营工作，他认为自己应该对惠斯勒发生的意外负有直接的责任。诚然，诺达尔的意外身亡完全超出了戴夫的控制，但他却必须承担起相应的责任，他需要对苛刻的诘难做好心理准备，他还需要起到带头作用，确保我们在处理所有与诺达尔有关的事宜时能保持体面和尊严。戴夫还必须严格监控一切与重启雪橇运动中心有关的事务。他的每一个举动都包含着有别于以往的重大意义。

开幕式结束后，我必须赶去参加主新闻中心举行的新闻发布会，大卫·阿特金斯以及参加开幕式的部分演员也将到场出席。我坐在大卫身旁，身边围绕着精疲力竭但却满脸自豪的演员们，其中就包括莎拉·麦克拉克兰、凯蒂莲、妮莉·费塔朵等多名超级巨星。我一眼就看出，大卫因为主火炬的故障问题而郁郁寡欢。我特别同情他，因为我非常清楚他为开幕式倾注了多少心血，而他又多么希望能奉献出一场尽善尽美的表演。除了主火炬的故障外，他还不得不在开幕前的最后一刻临时修改表演流程，将各种悼念诺达尔的环节加入其中。在我看来，大卫干得非常漂亮。

尽管点火环节出了点儿纰漏，但我仍然认为，整台表演是一场震世杰作。在倾尽全力完成了所有工作之后，他却不得不坐在新闻发布会现场，没完没了地回答那些关于主火炬故障的提问，这对他很不公平。不过，大卫的表现赢得了总理史蒂芬·哈珀的高度赞誉，哈珀表示，这是他一生中看过的最棒的演出，而总督米夏埃尔·让也对本次表演的艺术魅力给予了充分肯定。

但是，除了这些屈指可数的溢美之词外，我不得不承认，我们在本次冬奥会开幕第一天并没有获得来自200家合作伙伴的支持。我们感觉孤立无援，他们好像根本无法理解，要让一场规模如此盛大的活动顺利运行需要花费多少精力。相反，总理办公室官员们的各种不合理要求和声色俱厉的指责使我们在交流过程中针锋相对，各不相让。他们真应该在斥责旁人的过失时先做一下自我反省。

在我们最难过的时刻，虽然我们的伙伴并没有中途放弃，但却突然表现出漠不关心的样子，他们的态度令我怅然若失。我从不在乎那些只愿同安乐、不可共患难的朋友。戈登·坎贝尔是这一群人当中难得的意外，他在当天早些时候与数名美国州长举行的会谈结束后给我打了电话并表示将为我们提供支持。"我只是希望你能知道，我会始终陪伴在你的左右。在你有需要的时候，跟我开个口就行了。"他告诉我。

对于他的深情厚谊，我心怀感激。其余的合作伙伴则让我们感到非常心寒。当然了，一旦开幕式当天的耻辱和风波逐渐淡出公众的视野，再拿下几枚金牌，他们最终还是会走出来，摆出与我们站在同一阵线的模样。一旦人们看到，本届冬奥会成为了有史以来最伟大的一届奥运会，号称是我们朋友的人就会接二连三地冒出来。可见"患难见真情"的箴言是有几分道理的。

我应该向冬奥会开幕当日国际奥委会高级官员为我们提供的帮助表示感谢。在这一路上，他们一直与我们并肩作战，将我们的困难看作他们自己的困难。至少在我们看来，他们的确表现出分担责任的诚意。国际奥委会绝不会将我们弃之不顾，任我们自生自灭。他们亲眼目睹了我们为了筹备本届冬奥会投入的心血以及开幕式当天我们是如何厄运缠身的。雅克·罗格与我相互扶持。勒内·法塞尔和吉尔伯特·费利同样为我们提供了鼎力协助。

我无时无刻不怀念我的密友杰克·普尔。在开幕式当天，我非常想念他。"如果碰到这种情况，杰克会怎么做呢？"我不止一次扪心自问。我们肯定会不停地交换意见。我们可能会花一整个晚上的时间讨论下一步该怎么办。如果有他在的话，一切问题都能迎刃而解。新闻发布会结束后，我从主新闻中心沿着海滨向酒店走去。经过杰克·普尔广场上的第二主火炬时，我看到了汹涌的人潮，人们都想靠近护栏近距离观赏主火炬或合影留念。

当晚我躺到床上时，只感觉身心俱疲。第二天，我需要赶往惠斯勒参加预先计划好的滑降比赛。我们事先已经接到通知，这场比赛很有可能会因为天气原因而临时取消，但是在我看来，这还算不上最糟糕的事。这可能会为我们赢得一点儿喘息的时间，以便解决诺达尔意外身亡的后续问题。我希望能尽可能多地拜会我们团队在惠斯勒雪橇运动中心工作的成员，同时会见那些曾参与救援诺达尔的医疗团队的勇士们。他们亟须树立信心，振奋精神。我需要向他们保证，一切都会好起来的。

黎明到来前总是最黑暗的时刻——虽然我对此并没有多大的把握。

10

Cypress-Our Special Child
赛普里斯山——特殊问题特殊处理

今天会发生什么事呢?

辗转反侧,夜不成眠,次日凌晨 4 点半左右我就起床了。多年来我对这个项目始终心怀忧虑,这也给我的睡眠质量造成了巨大的影响。即使睡得最安稳的夜晚往往也只有四到五个小时。那一段时间我的睡眠状况一直如此。

我走到威斯汀碧湾酒店客房的阳台上,俯瞰滨海的第二主火炬。我想看看它是不是还在熊熊燃烧。我还心怀着一丝希望,期待能看到任何一点点天气转晴的迹象。但当天仍然是一个雨天。

我与戴夫·柯布在威斯汀碧湾酒店的咖啡厅共进早餐,随后开始了一天的工作。我们通常是最早到达咖啡厅的人。我们聊到了前一天的活动、诺达尔意外身亡将造成的后续影响以及我们在接下来的 24~48 小时将采取的应对措施。这一次谈话的内容非常沉重。与诺达尔事故有关的许多问题都需要我们及时扛起责任,当天上午的晚些时候我必须赶去惠斯勒处理相关的事宜及其他问题。早餐结束后,我和戴夫与管理团队的其他成员一起来到我们的私人会客厅,就每一个人的职责以及是否需要修改我们的计划展开了讨论。

诺达尔的意外身亡给我们在惠斯勒的工作人员造成了巨大的心理

创伤。除此之外，我们还有各式各样的现实问题亟待处理。在未来几天的无舵雪橇项目的比赛中，是否还会发生事故呢？我们是否需要在赛道上采取额外的安全措施，以缓解来自各界的担忧情绪呢？针对事发现场的调查将在何时结束？调查结果将对原定于在雪橇运动中心举行的其他赛事（如：俯式冰撬和有舵雪橇）的时间安排会产生哪些影响呢？运动员们又将作何反应呢？在获悉一名运动员同行意外遇难的消息后，他们在比赛时将表现出何种精神状态呢？他们会目瞪口呆吗？即使他们真的表现出这种状态，我们又怎么忍心出言苛责呢？

这绝对不是参与体育竞技时的最佳状态。雪橇运动是对体力和意志力的巨大考验。我们需要让参加比赛的运动员们相信，惠斯勒的赛道是绝对安全的，与世界各地的绝大多数赛道别无二致，他们完全可以信赖赛道的性能，就像他们相信自己的实力一样。

周六中午，惠斯勒聚集了大批媒体，更多媒体记者正计划在周末赶过来对诺达尔的事故以及赛道的调查结果进行跟踪报道。我们与诺达尔的叔叔、格鲁吉亚无舵雪橇队的教练菲力克斯·库玛利塔什维利举行了紧急会晤。雅克·罗格以及国际无舵雪橇联合会的高管人员也将出席这一次会议。

菲力克斯身穿格鲁吉亚国家队的队服。他中等身量，体格粗壮，头发灰白，脸上留着浅浅的胡茬儿。他的黑眼圈非常明显，显然昨晚一直辗转难眠。他看起来似乎一直从事艰苦的户外活动。诺达尔的一名队友也出席了这次会议，他背靠着墙，一动不动。他与诺达尔来自同一个小村庄。他出席会议的目的是为了支持菲力克斯，但他一直保持沉默。

我想起，菲力克斯在前一天被迫给他哥哥大卫打了个电话，告知他关于诺达尔的死讯。我能想象得到菲力克斯该有多么愧疚，他一定认为，自己在某种程度上需要对这起悲剧负责。这种充满自责的痛苦心理是一种很自然的反应。当然,这并不是他的错,但我竟无言以对,不知该说些什么才能减轻他的痛苦。

我们通过翻译跟菲力克斯进行了交流。整个交流过程令人潸然泪下,每一个人都谨慎地斟字酌句,力求更委婉地表达内心的哀思。我们见面的时间并不长,但菲力克斯已经明确表示,他的家人迫切希望我们尽快将诺达尔送回格鲁吉亚。"你能办到吗,约翰?"罗格询问坐在菲力克斯面前的我。"这事儿交给我吧。"我回答,"虽然还有法定程序需要走,但我会竭尽全力成全他们的夙愿。我会办好这件事的,我保证。"

会议结束后,我在雪橇运动中心待了一会儿,了解我们的工作人员和志愿者的情况,还与国际无舵雪橇联合会的管理人员进行了交流。我与国际无舵雪橇联合会的主席约瑟夫·芬特刚聊了几句就发现,联合会的成员至今仍茫然无措,目前的困境是他们从来没有遇到过的:各路媒体蜂拥而至,向他们提出各种刁钻的问题,试图暗设陷阱挑起矛盾,而这些行为将令本次冬奥会或无舵雪橇运动会陷入极度被动的局面。各路媒体针对诺达尔的意外抛出的大量问题如一束束刺眼的强光:赛道出事是因为安全系数太低吗?国际无舵雪橇联合会的管理人员以及温哥华奥组委是否应对这一事件承担直接的责任呢?

这是采访时常见的潜台词。部分英国的报纸将加拿大"登上领奖台"计划归咎为本次事故的元凶,暗示我们为了帮助加拿大国家队赢得主场优势而提高了赛道的速度,这些报纸推测,因为加拿大运动员在这一赛道上训练的次数是最多的,因此他们能够更好地调节雪橇滑行的速度。这一推断极其荒谬,令人愤慨,任何记者做出这种推断都是不符合其专业水准的行为。从来没有人会为了获得竞争优势而将他人的生命置于如此危险的境地。我们的体育场馆面向来访的运动健儿开放的训练时间已经远远超过了此前任何一届奥运会主办国。这些新闻报道让人不忍卒读，但我们却无法逃避这些问题。

到周六下午，我们了解到了关于诺达尔身亡前最后一刻的更多详细信息。我与参与事故调查的加拿大皇家骑警队的警官进行了交流。我曾经很好奇，加拿大皇家骑警队将派出什么样的专业人士对这一起雪橇赛道事故展开调查。要知道，皇家骑警队的调查人员怎么可能对这项运动和这一类型的体育设施有深入的了解呢？但这名警官却令我大开眼界，与其他绝大多数政府官员一样，他在规定的时间内找出了问题的症结。

在赛道内高速滑行时，诺达尔在冲向第15个弯道时失去了控制。所有目击者都能看出，他的意图非常明显：他的左手高举在半空中，同时一只脚踩在冰面上，试图减缓自己的速度。在冲向第16个弯道时，他撞向了护墙的顶部，他的雪橇已经彻底失控。在那一瞬间，巨大的引力使诺达尔被弹出了雪橇，飞过护墙，迎面撞上了用于支撑的钢柱。而电视台竟一次次地重播着这一悲剧性画面，公共媒体在这一起事件中的表现令我非常失望。我简直无法想象，这个孩子的父母在看到这些场景时该有多么痛苦。

到当天下午为止，雪橇运动中心的所有调查工作都已告一段落。有关部门决定，可以恢复所有雪橇运动（包括无舵雪橇）的训练活动。但国际无舵雪橇联合会做出仲裁，要求所有参加无舵雪橇比赛的男选手都必须在女子项目的赛道中开始训练，此举是为了降低速度并减轻所有运动员心中的心理负担。此外，为了以防万一，第16个弯道的护墙被升起，同时还在支撑柱周围都加设了护垫。许多参加无舵雪橇比赛的运动员都认为，这一决定将扰乱该项目的正常进行，于是纷纷提出了抗议。我可以理解他们的感受，但我也知道有不少参加比赛的运动员感到非常紧张，他们很可能会对这一决定持欢迎态度。他们只是不敢公开表达自己的观点，担心会因此而激怒他们的运动员同行。

在未来的 10 天时间里，惠斯勒将会把赛道上的事故发生率降至比 2002 年盐湖城冬奥会更低，基本与四年前的都灵冬奥会持平，但这样的承诺却并没能让我感到如释重负。

我把主要的精力都转向了如何帮助诺达尔的父母将他们儿子的遗体运回格鲁吉亚巴库里阿尼这件事上。我给本次冬奥会的首席医疗官杰克·汤顿博士打了个电话，向他讨教如何以最快的速度解决这一问题。杰克向我阐明了正常的程序，他还告诉我，警方和验尸官参与调查后将会令问题更趋复杂。在特殊的情况下，我们却无法加快相关进程，这其中的原因令我费解。

"杰克，光这样是不够的。"我告诉他，"我们必须加快速度。你需要联络有关部门，同时向他们解释清楚我们的情况。如果还需要跟负责相关事务的加拿大政府的高层官员交涉的话，那么你现在就应该联系他们。你应该想尽一切办法恳求他们给我们提供协助，我们要全力以赴，在最短的时间内将诺达尔的遗体空运回他的家乡。"

杰克向来个性果决，他表示，他将尽一切努力，但结果似乎并不乐观。

"有消息时马上通知我。"我告诉他，"这事儿我就交给你了，杰克。"

到当天下班的时候，杰克如有神助，督促各相关部门加快了办事效率，将诺达尔的遗体滞留在加拿大的时间减少了三天。这项工作虽不起眼但却具有重大的意义。

我想花尽可能多的时间待在惠斯勒滑雪场内，与我们的志愿者和全职工作人员进行交流，确保他们的情绪得到安抚。我知道，他们的内心一定非常紧张。我对雪橇运动中心的主任克雷格·莱托非常担心。克雷格是我见过的最友善的人，他对雪橇运动中心的运营事务了如指掌。他宅心仁厚，在同事中的人缘很好。拥有像他这样的员工是我们的幸运。

当我在周六见到他时，我告诉他，他目前正面临着职业生涯中最具挑战性的时刻。事实上，这种艰难时刻可能一生也只有一次。在接下来的几天内，他需要全面展示自己的真实个性和领导风范。他的团队将从他的肢体语言、他的情绪和他的感染力中获得激励。"这绝非易事。"我告诉克雷格，"但你的同事都将唯你马首是瞻，他们需要从你的身上看到一切终将好转、风波终将平息、困境终将过去的希望。最重要的是，克雷格，他们都会将目光投向你，需要你去说服他们，鼓励他们，你们终将携手渡过这次难关。我保证，我将尽全力为你提供所有帮助。"

我非常清楚，让克雷格及其他许多工作人员为这次发生的事故承担部分责任对他们来说并不公平。我告诉克雷格，他不能再把时间放在胡思乱想上。他必须把精力放到奥运会的日常运营工作中来，他在过去几年当中一直在努力筹备这些项目，他应该将工作重新拉回正常的轨道。由于这起意外事故，克雷格无法放下内心的歉疚。在这条赛道上还将举行多项比赛，而克雷格将有望圆满完成自己的任务。

在回温哥华之前，我参加了惠斯勒镇中心广场的点火仪式。成千上万名观众走上街头，点火仪式古朴典雅而又不失加拿大风味，让我觉得心头暖融融的。我做了简短的发言，但我无法保持在通常情况下常有的轻快口气。惠斯勒非常出色地解决了本次冬奥会的难题，我们建设了一流的体育场馆和奥运村，虽然我们的付出并未获得应有的认可和赞誉。站在演讲台上，我可以看到面带自豪的观众，整个惠斯勒度假村团结一心的态度让他们备感骄傲。惠斯勒最辉煌的时光在这一刻表现得淋漓尽致。

我必须在周六待在惠斯勒，因此，我遗憾地错过了女子自由式滑雪运动员詹妮弗·海尔在赛普里斯山的精彩表演。身高5英尺的詹妮弗总是充满活力，她来自阿尔伯塔省斯普鲁斯格罗夫，她的微笑和人格魅力能令所有人为之倾倒。她很有希望代表加拿大本土运动员夺得主场作战的第一枚金牌。她曾在都灵冬奥会上拿下一枚金牌。我知道，詹妮弗非常渴望赢得这枚金牌，她为此进行了极其艰苦的训练：她希望能在自己的国土上为国扬威。当我得知她最终只取得了第二名的成绩后，为她感到遗憾，因为我知道，虽然我们不应该轻视银牌的分量，但金牌才是她真正想要的。我们都认为，她赢得金牌是实至名归，同时，这样的消息也将有助于我们压制媒体大肆宣扬的负面报道。

周六那一天，我一直在与我们团队的各位成员进行电话沟通，针对陆续出现的新问题展开探讨。其中之一就是，我们收到一些前期反馈，抱怨冬奥会开幕式上与法语有关的内容太少了。如果说在整个冬奥会期间有哪个问题能让我瞬间暴跳如雷的话，那一定是法语使用率的问题。这个问题让我如履薄冰，一刻也无法放松。

我们整个团队已经想尽了一切办法，确保整个冬奥会期间能体现加拿大对两种官方语言同等的重视程度。在筹备阶段，我们尽力确保温哥华奥组委的工作人员都能娴熟地使用英语和法语，而加拿大政府负责官方语言推广工作的官员——格雷厄姆·弗雷泽也对我们的工作给予了高度肯定。我们在关键岗位招聘双语员工的举措赢得了他的热烈褒扬。我们有近四分之一的员工都能使用法语交流。我们确保所有的标志都采用了两种语言。我们的 4500 名志愿者分别从加拿大各地驱车或搭乘飞机赶来为奥运会的工作贡献一己之力，其中许多志愿者来自魁北克省或其他法语区。我们的每一份打印件都备有英语版和法语版。我们已经与不列颠哥伦比亚法语和加拿大跨文化交流基金会签署了谅解备忘录，以帮助我们扩大法语在非魁北克地区的影响。弗雷泽鼓励我们放手去做，不过我们确实提高了官方语言的普及率。

提到开幕式，很少有人知道，我们曾希望以魁北克省广为人知的省歌《我的国家》作为演出内容之一，但却被这首歌的作者婉拒了。

然而，光是转移批评人士的注意力是不够的。

无巧不成书，我本来计划在惠斯勒停留一段时间，参加由法语国家组织举办的一场招待会，并代表温哥华奥组委致欢迎词。该组织是由以法语作为官方语言的国家和地区组成的。鉴于前一晚发生的事件以及当天晨报上刊载的关于法语使用率的一些批评文章，我对于自己将受到何种接待并没有什么把握。事实证明，虽然有一部分出席招待会的代表就开幕式的问题在一旁私下交流意见，但始终没有人对我正面发难。

不过我也听到有人在窃窃私语，表示整场表演动人心魄，扣人心弦。但即便如此，我仍能明显感觉到会场内的尴尬气氛。人们都谈笑风生，针对每个话题交流意见。不过，绝大部分话题都与我无关。有趣的是，几个月后，也就是 2010 年 8 月，我居然收到了一封表扬信，来信的正是位于瑞士的法语国家组织的主席，他在信中对我们为在冬奥会期间推广法语而付出的诸多努力给予了高度肯定。他还表示，法语国家组织希望伦敦和索契的奥运会组委会成员能效仿我们的行为，延续我们的标准。

就奥运会期间的法语推广活动来说，魁北克省省长庄社理在我们针对这一话题的多次交流中曾做出过最恰当的总结。"无论你怎么做，"庄社理告诉我，"总会有人认为，你做得不够好。总会有人对你吹毛求疵。"他的话很有道理。如往常一样，在冬奥会期间针对法语使用率展开的讨论充满了政治色彩。所以，当加拿大文化遗产部部长詹姆斯·摩尔站出来谴责冬奥会开幕式的法语使用率过低时，我心想，看吧，这显然就是为了拉拢魁北克省的选票嘛。詹姆斯·摩尔是代表温哥华郊区选区的议员，同时他还兼任加拿大官方语言推广部的部长。但即使我已经很清楚一大部分热点话题都是出于政治目的，也丝毫不能化解我的烦恼。我的意思是说，作为直接管理我们工作的部长和合作伙伴，詹姆斯·摩尔早就对我们的挑战和计划心知肚明了。因为我已经亲自向他做了汇报。

看看吧，多年来我们一直致力于向加拿大民众传播奥林匹克精神，尽一切努力调动我们团队成员使用法语的积极性，而这就是我们得到的回报吗？开幕式上的法语使用率太低？您是来跟我开玩笑的吧。

我于周六晚乘车返回了温哥华。一路上，我不停地回复在过去24小时内收到的上千封电子邮件。没错，其中不少邮件毫不客气地批评了我蹩脚的法语。但还有更多邮件对我勇于尝试的勇气给予了高度赞扬。有很多邮件鼓励我打起精神，就像我激励我们团队的其他成员那样，这些邮件也让我备感振奋。令人欣慰的是，许多不知名的加拿大观众对我如此关心，他们写这些信，只是为了告诉我千万别泄气。他们安慰我说，黑暗总会过去，黎明终将来临。

当天的交通堵塞问题变得更加严重。谁会知道从加州开过来的巴士不擅长爬坡呢？但除此之外，政府高官和重要的贵宾们也制造了不少麻烦。例如，开往赛普里斯山的巴士将在半山腰的安检处停车，观众们必须按照国际奥委会和加拿大皇家骑警队的严格要求进行检查。但美国副总统乔·拜登的一支黑色凯雷德保镖车队却在开过安检处时拒绝停车受检，最后我们不得不强制勒令副总统的得力助手下车并步行800米。我们绝不会让任何人有机可乘。

更糟糕的是，这支副总统的保镖车队还导致计划上山的所有车辆都堵在了半道。除了乔·拜登以外，其他违反规定的也大有人在。阿诺德·施瓦辛格就是其中之一，甚至连加拿大总理的随行人员也在冬奥会首日惹下了不小的麻烦。在任何邀请各国国王、女王和其他王室成员出席的奥运会活动中，错综复杂的重重规定更是令幕后问题频发，让我们备感头痛。

我们的高难度挑战之一就是让这些嘉宾团明白：如果他们不能遵

规守纪地顺利进入各大体育场馆，那么我们就将面临巨大的麻烦。我认为，公众对我们肯定都非常同情。政府领导们深知，我们的管理工作面临着不小的困难（特别是赛普里斯山一带），从冬奥会第二天开始，我们已经无法再分出更多精力来处理政治游行的问题了。

我在周日上午的第一项工作就是会见我们团队的其他成员。我们针对前一天出现的一系列问题进行了讨论：令人头痛的交通堵塞、日益恶劣的天气、开幕式上法语使用率过低的后续反馈、诺达尔的意外身亡……，不胜枚举。在我待在惠斯勒的时候，我已经非常清楚，民众的信心是非常脆弱的。诺达尔的意外身亡令民众变得忐忑不安，天气问题也让每个人都灰心丧气（尤其是在赛普里斯山，多个比赛项目都很可能会被取消），而国际媒体的负面报道却对我们当前面临的部分问题穷追猛打。

我觉得，作为管理团队的一员，我们必须分头行动，尽可能赶赴更多的体育场馆（特别是那些已经出现问题的地点，例如惠斯勒雪橇运动中心和赛普里斯山），为现场的工作人员和志愿者提供支持，同时向他们做出表彰和承诺：他们的工作非常棒，一切都会好起来的。我们决定把管理团队在关键场馆内的活动出席率提高一倍（尤其是在赛普里斯山）。

例如，我让冬奥会工程部的执行副总裁丹·道尔赶去惠斯勒并监督当地的所有事务。这一方案不是为了监视其他同事的工作，而是为了在出现犹豫不定、无法抉择的情况时，为他们立刻提供有效的帮助。丹值得依赖，比任何人都更擅长提供指导性建议。我们的人力资源部副总裁唐娜·威尔逊将赶赴赛普里斯山，为筋疲力尽、茫然失措的奥运团队加油鼓劲。

在有史以来最温暖的2月，赛普里斯山遭遇了许多令人头痛的麻烦事，连日暴雨也给我们制造了不小的难题，我们担心各大项目的比赛都会被暴雨毁掉。如我们所料，这也导致民众对于我们在赛普里斯山而非惠斯勒安排了这么多场赛事的原因众说纷纭——要知道，惠斯勒的低温和降雪天气几乎是板上钉钉的事。简而言之，其原因主要是因为赛普里斯山拥有惠斯勒所没有的优势。最重要的是，赛普里斯山与温哥华的观众距离更近。这将有利于我们售出更多的冬奥会门票。这应该不能算动机不纯吧。在晴好的天气里，从赛普里斯山远观温哥华的旖旎风光在全球可谓绝无仅有。坦率地说，我们事先并未预料到赛普里斯山会出现百年难遇的极端天气。而惠斯勒现有的五座体育馆、一座奥运村、一个庆典广场及其他设施已经严重超出了负荷。

国际奥委会要求我们在奥运会的筹备阶段组织相关的项目测试。这让他们有机会感受到我们在奥运会举办期间将要面对的压力。对我们来说，这也是一次迎难而上、直面赛事压力的大好契机。在组织项目测试的过程中，我们的不足之处将会一一暴露，而我们仍有足够的时间来弥补这些不足。

我们安排了21个项目的测试活动，并在测试结束后得到了一份令人满意的测试报告。几乎所有项目都获得了"甲等"评级。我们的团队在这个计划中针对交通运输、技术、安保、认证、评分系统、食品和饮料进行了测试。除了赛普里斯山以外，几乎所有场地都完全达标。而赛普里斯山的场地空间狭窄、进出通道过于拥堵、当地的民众不够热情，此外，降雪量可能不足也是我们非常担心的问题之一。

2009年针对赛普里斯山进行的项目测试结果远低于奥运会的标准，再加上还出现了工期延迟的问题，因此，我们仍有大量工作要做。表现平平的赛普里斯山将迎来有史以来最严峻的考验。我们有一年的时间将其打造成世界一流的比赛场地。我们努力筹建滑雪场，在现场培养团队合作精神，招募最优秀的志愿者，安装人工造雪机和照明设备，并极力营造充满活力的运动氛围。到本次冬奥会开幕时为止，一座从上到下共有 14 层的看台已经准备就绪，这也是北美洲山区最具现代格调的建筑。这座看台看起来就像是一个巨大的麦卡诺模型玩具，站在上面可以将滑雪、单板滑雪越野赛（冬奥会近期新增的项目）及其他赛事的精彩赛况尽收眼底。最终，我们化水为酒，点石成金，令赛普里斯山及其多座体育场馆旧貌换新颜。美国国家广播公司的报道对赛普里斯山的绝妙景致给予了极高的评价。

组委会绞尽脑汁，采取了多项措施，以便为各种天气做好准备。我们与加拿大环境部合作，在赛普里斯山安装了用于天气预报的独家高科技设备，此举的唯一目的就是帮助我们提前为冬季的各类气候挑战做好准备。无论是降雪量过多、过少、无降雪，还是下雨、天晴——哪怕是外星来客——这一系统都能做出准确的预报。几年来，我们不停地观测、分析并试图对未来的天气做出预测——我们通常能提供非常精准的预测结果。详实的数据令我们高枕无忧，这也大大有助于我们的管理工作。如果我们在惠斯勒采用这一技术对天气状况进行预测，发现 10 点钟的晴好天气非常适合进行滑降比赛，那么老天爷就绝对不会令我们失望。这一技术可以在我们最需要的时刻派上大用场。

在本次冬奥会开幕前的几个月内，赛普里斯山的天气情况看起来相当不错。但随后出了一点儿小问题。山间的天气状况冷暖不定，仿佛成心跟我们作对似的。我们当时认为，根据往年的数据来看，今年也一定会有大量降雪。但圣诞节结束后，局面却变得更加糟糕。没有任何降雪的迹象，偶尔一点儿降雪也派不上多大用场，而且山上降雪的地区也并不是理想的区域。最重要的是气温过高，这让人工造雪也变得格外困难。

暖风将我们早前在山区做的筹备工作毁于一旦。温哥华迎来了自 1937 年以来最温暖的 1 月，平均温度高达 45 华氏度，比往年的平均气温整整高出了 7 度。这简直就是厄尔尼诺的加强版。在距离赛普里斯山仅有数公里之遥的卡皮兰诺高尔夫乡村俱乐部内，打高尔夫球的一众宾客，无论男女，都身着短袖。赛普里斯山滑冰场的冰面开始消融。随着冬奥会开幕式逐日逼近，赛普里斯山的天气状况成为了我们山区运营团队日常最为关注的焦点问题。我们制订了一系列全新的计划。山上的大部分区域仍然没有积雪，很快，各路媒体就将编派出厄运啦、悲剧啦等等不靠谱的消息并将散播到全球各个角落。比如：他们的新计划能奏效吗？他们还有希望吗？

专家们在赛普里斯山进行了为期一天的实地考察并做出预测，天气情况只会变得更糟。赛事和场馆运营团队夜以继日地召开研讨会，用于其他应急事宜的款项被紧急调拨过来，以便为赛普里斯山提供更好的支持，我们还做出了多项重大决定。当天，我们群策群力，献计献策。我们四处调集干草来保护并稳定滑冰场内的赛道，以免地面上的冰层融化。与此同时，我们还积极寻找与赛普里斯山类似的冰雪资源。

整个团队都下定决心，在面对恶劣的山区自然条件时绝不轻易认输。老天爷似乎并不赏脸，而每一天对我们来说都更加提心吊胆。我们将从其他积雪地区采集的所有雪块运送到赛普里斯山妥善存储，已备比赛时的不时之需。当埃里克森空中起重直升机队将干草运往风景如画的关键地段时，当卡车将曼宁省级公园的雪块运进赛普里斯山时，我们仿佛看到人与自然的角力赛在这一刻一触即发。

开幕式的脚步正逐渐临近，由保罗·斯凯尔顿率领的山区运营团队直接搬到了赛普里斯山上，几个星期后，他们几乎个个精疲力竭。我多次上山去监督现场的工作并为他们加油鼓劲。这无异于他们自己的"奥运会"，发令枪已经打响，为了取得最后的胜利，他们必须全力以赴。他们努力践行着"一切皆有可能"的精神。戴夫·柯布、特里·怀特、凯茜·普利斯特纳·阿林格夜以继日地工作，与其他同事一起做出重要的战略决策，虽然面对着不少困难，但他们仍然尽力排除万难，各个击破。这绝不能成为史上第一届直接取消比赛项目的奥运会。

我邀请总理前往现场向工作人员表示慰问和鼓励。他与工作人员共进午餐并告诉他们，他和卑诗省的人民为他们付出的心血感到无比自豪。这对他们来说无异于巨大的鼓舞。

其他合作伙伴都有点儿惊慌失措，纷纷来电向我求证，我告诉他们一切都将如常进行，而他们也可以拿我的话去安抚那些打电话向他们求证的人。我有信心，我们的团队一定能渡过这次难关。与这样一群永不言弃的伙伴共事是一件非常美妙的事。在二月初的一天，我登上雪地履带车去视察赛普里斯山的近况。来自澳大利亚的保罗·斯凯尔顿（大家私下都称他为"骨头哥"）对我说："头儿，您去操心别的问题吧。我们绝不会辜负您的期望。"

我知道，他们不会。

收听天气报告成了每天最痛苦的功课，而且相关信息也对我们几乎毫无帮助。头一天，天气预报员告诉我们"马上就会有一场大风雪"，结果到了第二天，他又说"昨天的话不作数了，过几天我们将迎来暖风细雨的天气"。本来我们就情绪低落，他们却在这个时候还落井下石。当温哥华奥组委的首席天气预报员克里斯·多伊尔在多个运营会议上介绍预测的天气情况时，我简直想要高声尖叫。我甚至在其中一次会议中直接告诉克里斯："你给我闭嘴。"

我无法面对这样的局面。他总是说，天气将在三天内好转，但这三天似乎永远都不会到来。我非常清楚，克里斯和我一样沮丧。如果能够让天降大雪，他甚至愿意为此横穿弗雷泽河。他多么渴望能给我们带来好消息。但每一次他试图发布激动人心的信息时都被我横加阻拦："你在跟我开玩笑吗？你是逗我的吧？为什么我们这次要相信你？"当我一夜梦醒，发现朗朗晴空下的山头被皑皑白雪覆盖时，我终于不得不承认：我的确应该对他的天气预报工作多一点儿信任。

很明显，能否在赛普里斯山上成功地举办体育赛事最终将取决于我们所有人的努力。在开幕前夕的最后几天，运动员陆续抵达，我们还针对既定计划进行了调整和修改。显然，整个加拿大都在为赛普里斯山上辛勤付出的工作人员鼓掌喝彩。到本次冬奥会开幕时为止，整个团队都经历了极其艰巨的考验，但他们最终圆满完成了任务。竞赛场地已准备就绪。而赛普里斯山背后的故事也终将告一段落。虽然面临重重困难，但我们最终得以在筹备阶段为各项赛事做好了准备，这一成就完全可以与奥运会本身的辉煌相媲美。但奥运会开幕后前几天的天气并没有太大的起色。仍然是暴雨倾盆，并且温度偏高。用踏实肯干、处变不惊的通讯部副总裁蕾妮·史密斯-瓦拉德的话来说就是：赛普里斯山的"特殊问题就得特殊处理"。我们越来越担心，部分站台可能会因观众过多而导致坍塌，这迫使我们不得不在第一个周末取消了8000张看台站票。这是一个艰难的决定，但我们没有其他选择。运动员和观众的安全永远是最重要的。

在第一个周末，降雪量过少并不是赛普里斯山唯一的问题。电气故障导致小卖部陷入瘫痪状态。小卖部门口排起了长龙，那些急于买到一杯热饮的观众不得不耐心等待。部分巴士仍无法开上山来。有的巴士在中途抛锚，导致车上的观众不得不在倾盆大雨中苦等其他车辆将他们送回市中心。

所有这些问题在几日内都得到了妥善解决——除了降雪量过少的问题。这个问题直到冬奥会结束仍没有完全解决。我们自然希望从冬奥会开幕就天降大雪并维持理想的气温。不过，在极端恶劣的气候条件下坚持工作的志愿者和山区运营团队本身已经成就了可歌可叹的奥运故事。他们无私奉献的精神和坚韧不拔的毅力令我们为之鼓舞。

尽管温哥华一直暴雨不断，但热情的观众却令我们深感欣慰。成千上万名观众在第一个周末涌入市中心地段，其中许多人只是为了赶赴杰克·普尔广场一睹奥运圣火的风采。我们事先在主火炬周围设置了安全防护栏。我们必须这么做，因为主火炬所在的广场内还建有国际广播中心和主新闻中心。只有记者凭有效的资格证方可进入上述两栋建筑。这意味着主火炬必须设置在我们为这一地区特别安装的链条状安全防护栏之后。

出于安全的考虑，我们在安全防护栏的不同区域都盖上了蓝色防水布，不过那些想要一睹主火炬风采的观众可不怎么买账。但加拿大皇家骑警队严格要求我们采取上述措施，我们也有义务为加拿大本土及海外记者提供最周密的保护。总有形形色色的人出于这样或那样的目的违反我们的规定。

部分观众认为防护栏有碍观瞻，对此心怀不满。我在冬奥会开幕后的第一个周日接到了温哥华市市长罗品信打来的电话，他坚决要求我们找到某种解决方案，因为观众的反对声浪已经日益高涨了。同时围观人群的人数也在不断增加。某天晚上，在经过广场时，我听到人群中不停地喊着响亮的口号，我觉得很可能是他们在半开玩笑地喊着："福隆先生，拆掉防护栏！"

事实上，没有人会预料到，每天前往海滨参观主火炬的观众人数已经远远超过了三万人。它已经成为了奥运会开幕后（至今）最大的旅游景点。我给我们的首席问题解决专家——特里·怀特打了个电话，问他是否有其他好点子。起初，特里表示，我们必须承担相应的安全责任，因此他也拿不出其他办法。

但在经过与加拿大皇家骑警队商讨之后，我们最终制订出了一个完美的解决方案：将安全防护栏搬到更靠近主火炬的位置，这样一来，观众就可以在更近的距离内毫无障碍地观赏主火炬的风采。我们还设法在主火炬以西搭建了一个带顶棚的观景区，便于观众们平视圣火熊熊燃烧的壮丽景观。观景区位于会议中心的一栋大楼内,会议中心本身也是景点之一,可以同时容纳大约150名观众。从那里,观众可以近距离感受到火焰的热度扑面而来。观景区面向公众开放后,参观人群的总数有增无减。

虽然我们可以将备受追捧的主火炬景点旁的混乱场景归结为"甜蜜的负担",但各路媒体对我们当时面临的问题胡编乱造、大肆发布"本届冬奥会状况频出"的报道,还将本次冬奥会开幕式归入奥运史最差纪录的性质就与之截然不同了。

到周日晚间,我的管理团队成员已经陆续受到了大量批评,他们为没有人站出来为我们说话而郁郁寡欢,垂头丧气。其实许多问题在任何往届奥运会中都非常普遍(特别是交通拥堵问题)。我们的团队为赛普里斯山的体育场馆所付出的心血只是为了不辜负奥运精神,而我认为,他们的优秀表现并未获得足够的认同。就好像上帝在说:"只要天降大雪,任何人都能举办一场完美的冬奥会。但巧妇难为无米之炊,如果没有雪,谁也没法办成事。"

在冬奥会开幕后第一个周日的下午,我决定前往列治文奥林匹克椭圆速滑馆参观那里即将举办的一场男子速滑决赛。我急于看到列治文奥林匹克椭圆速滑馆的宏伟场景:速滑馆内挤满了速滑运动的铁杆粉丝,其中许多人来自著名的荷兰橙衣军团,他们都怀着对近几年来最壮观的奥运会体育场馆之一的敬畏之心。同时,我还想与身着蓝色夹克的志愿者们握握手、拍拍肩。

抵达列治文奥林匹克椭圆速滑馆后不久,我就感觉到自己的手臂被人拉了一把。我转过身来才发现是一名志愿者。

"您是福隆先生吗?"他面带迟疑地问。

"是的。"

"我是吉姆·菲欧利。"

这让我大跌眼镜。

"吉姆·菲欧利？"我惊叫起来，"你来这里干什么？我还以为你在澳大利亚呢。"

"我本来待在澳大利亚，"他说道，"但我不能眼睁睁地看着祖国举办如此盛大的活动，而我自己却躲在一旁袖手旁观。因此，我就报名参加了志愿者活动，今天我是您在列治文奥林匹克椭圆速滑馆的场地服务经理。"

"怎么从来没有人跟我透露过这个消息？"我不禁哑然失笑。

我与吉姆·菲欧利素来交好。我在刚来加拿大的那段时间就已经认识了他，当时我还在乔治王子城的一所中学担任体育部主任。我们在参加地区游泳锦标赛时，整个学校只能派出五名游泳运动员。这与那些动辄拥有几十名游泳运动员的学校简直是天壤之别。吉姆是一名非常优秀的游泳运动员，他是国内同一年龄组的运动员中最棒的。在整场比赛行将结束时，只有一个项目尚未开赛：4×100米混合接力。即使我们的人数并不占优势，但我们仍然拿下了多个项目的冠军，我们的累积得分也非常高，但要想最终赢得比赛，我们还必须取得接力赛的第一名。不过可惜的是，我们没法派出一支接力队。真见鬼，我们甚至连一支像样的游泳队都没有。

所以我找到了迪克·扎里克，他是另一所学校游泳队的领队和当地游泳项目的主管。我告诉他："迪克，我想给吉姆·菲欧利一个机会，由他代表我们团队参加接力赛。"迪克起初只是哈哈大笑。他还以为我在开玩笑。

"我是认真的。"我说道。

"简直是胡扯！"他反驳道，"你不能这么做。"

我问他为什么不行，难道他不想看到这个孩子的优异表现吗？随后，迪克走到角落里，跟其他教练和承办方代表聚在一起商量了起来，不久后，他走过来向我提议：吉姆可以以个人身份参加接力赛，但每次完成一个来回的比赛后，必须离开游泳池，回到起跳台并重新入水。

"没问题。"我回答道。"就这么说定了。"

我找到了吉姆，并将比赛的规则告诉了他。他必须游完100米、离开游泳池、登上起跳台、重新入水、再游完100米，直到完成所有400米的比赛。简单地说，就是他必须靠每一个来回的累积成绩赢得全程的比赛。

吉姆最终成为了这一项目的世界冠军和纪录保持者，如今他已经是澳大利亚新南威尔士州体育学院的一名游泳教练了。我非常高兴能再次与他见面，看到他回来担任志愿者令我更加开心。他的精神令人心生敬意！而且这其中的所有费用都是由他自行承担的。

当我在列治文奥林匹克椭圆速滑馆随意漫步时，发现所有志愿者和工作人员的表情都轻松自在，这与我前一天在惠斯勒的所见所闻是截然不同的。每个人都面带微笑，而人群中那些真心热爱速滑比赛的人则笑得尤其开怀。我的管理团队不断向我报告，温哥华周边和惠斯勒其他体育场馆内的比赛都在有条不紊地进行。甚至连绝大多数巴士的问题也得到了妥善解决。

但各路媒体却对这些好消息置若罔闻。截至周日晚间，各大媒体（尤其是海外媒体）依然对诺达尔的意外死亡、恶劣的天气、开幕式的法语使用率过低、巴士故障以及海滨主火炬的安全防护栏等负面消息紧追不放。

我记得，我听到加拿大电视网周日晚间节目的主持人曾说道：让我们来看看全球媒体都是如何评价我们的。然后他对来自各国媒体（其中主要是英国媒体）的头条新闻和负面报道进行了总结。这么看来，加拿大对本土奥运会的报道居然是以别国媒体的负面评价为衡量标准的。这真是令人难以置信。

周日晚上，我参加了美国奥委会的一个招待会，该次会议的目的之一是为了对我们的工作做出表彰，这也让我所有的消极情绪得到了暂时的缓解。该委员会的委员们都兴高采烈，美国运动员在冬奥会开幕不久后的精彩表现令他们尤为欣喜。会场内的气氛非常活跃，这让我感觉很不错。

前往卑诗体育馆参加第一场赛事的颁奖仪式是我当晚的头等要务。詹妮弗·海尔将被授予银牌。我和戴夫·柯布提前抵达了卑诗体育馆。当时现场洋溢着一派鼓舞人心的欢欣气息。很快就将有24000名观众进入这一圆形体育场陆续就座，这一座体育场是我们为庆典活动而专门设计的。整个场馆看起来格外富丽堂皇。

但在詹妮弗登上领奖台之前，围绕在我们身边的一个电视转播器旁的人群爆发出了欢呼声。我们走过去了解情况。当时，观众们都在高声呐喊并在空中不断地挥舞着双手。来自蒙特利尔的亚历山大·比洛多刚刚在本土为加拿大拿下了第一枚金牌。我激动得想要双膝跪地祈祷感恩。

亚历山大在男子自由式滑雪项目中与奖牌擦身而过，但他在赛普里斯山的夜晚以一生之中最优秀的成绩交上了完美的答卷，在这一极具历史意义的时刻为国扬威。温暖人心的人文情怀更是为这一枚胜利果实平添了独特的意义。在亚历山大金牌之旅的终点等候他的是他的哥哥——弗里德里克，后者是一名脑瘫患者。

那天晚上，弗里德里克为弟弟取得胜利而欢欣鼓舞的画面令许多加拿大人热泪盈眶。这一兄弟情深的故事令人动容，并且将在未来数天内传遍整个加拿大，因为亚历山大在接受媒体采访时从不忘将弗雷德里克带在身边。第二天晨间的《温哥华省报》的头条标题完美演绎了这对兄弟的故事：《伟大的亚历山大》。没错，亚历山大当之无愧。

看到加拿大首金这样一个至高无上的荣誉被授予这样一位值得尊

敬的年轻运动员，我的心情非常激动。亚历山大无愧为全加拿大青少年效仿的楷模，堪称极致体育精神的完美代言。事实上，亚历山大的胜利及其背后的故事代表了体育精神最美好的一面。

我为魁北克省感到骄傲。魁北克省已经培养出了许多伟大的业余运动员，因为该省拿出了最严肃的态度发展业余体育事业，同时为各类项目提供了大力赞助。亚历山大只是参加奥运会的法裔加拿大运动员团队的首发阵容之一，这些运动健儿将有望在本次冬奥会夺得奖牌甚至更多金牌。魁北克省的居民此前还认为，他们在开幕式未能受到足够的重视，不过从周日晚间直到接下来的一个星期内，他们可能都只顾着在街上载歌载舞以示庆祝了。我为此感到由衷的欣慰。亚历山大成了他们的英雄。

从我个人的角度来说，我也为温哥华奥组委那些兢兢业业的工作人员以及成千上万名志愿者感到高兴。他们急需一些好消息来鼓舞士气，提振人心，而我认为，这就是一则喜闻乐见的消息。如果我能在那一刻像火箭一样飞去赛普里斯山，那我一定会冲到亚历山大面前与他热烈拥抱。整个加拿大的观众都想抱一抱这位年仅22岁的可爱的小伙子。

随后，观看詹妮弗·海尔的银牌颁奖仪式就更加别有意味了。在座的所有观众当时都已经获悉了赛普里斯山的消息，因此，体育场内群情激昂。詹妮弗自然赢得了每一位观众经久不息的热烈掌声。她的个人成就令整个会场为之叹服。

颁奖仪式结束后，我和戴夫·柯布决定步行回去，顺路看看主火炬及沿途的情况。我们还没有解决防护栏有碍观瞻的问题，但会在几天内制订出解决方案。我们走出体育场时才发现，周围已经是一片狂欢的海洋。即使天空仍在飘雨，沿途步行也变得妙趣横生。到处都是狂欢的人群，有的在高声喝彩，有的在纵情放歌。年轻的姑娘靠在小伙子的肩头。红白双色的加拿大国旗在各个街头迎风招展。我不断地停下脚步拍摄照片。戴夫成为了我的专职摄影师，他的微笑似乎也受到了周围欢乐气氛的感染。到处都是一派欢天喜地的气象。

亚历山大一举夺冠的好消息显然已经传遍了大街小巷，那可是货真价实、实至名归的金牌啊！

看到这幅令人热情高涨的画面，"非常开心"已经不足以形容我当时的心情。我默默祈祷，我们终于能在这一天时来运转、否极泰来。但在我继续浮想联翩之际，我开始提醒自己，第二天早上，我必须回到现实，重新面对那些实际的问题。我将以抬棺人的身份参加诺达尔的追悼会。

11

The Sun **Finally** Shines
阳光终将闪耀

周一一早,我便来到位于温哥华金士威街的殡仪馆。我转个弯进到一个庄严肃穆的小教堂,已经有很多人聚集于此。在这里我看到了年轻的运动员诺达尔·库玛利塔什维利,他的遗体静静地躺在棺材里,他身着一套暗色西装,大概是他在高中毕业典礼上穿过的那套。

诺达尔的追悼会已经进行了两天,仪式是封闭的,来的人都是与他关系亲密的朋友,大约 25 人,包括他格鲁吉亚的队友和教练,以及其他一些运动员和奥林匹克工作人员。我的爱尔兰老朋友派特·希基也来了,他现在是欧洲奥委会的主席,也是格鲁吉亚人的好朋友。虽然派特代表了雅克·罗格和国际奥委会,但是我想主席还是应亲自前来。

上一次我参加这样的遗体告别会是在我母亲的葬礼上。我走到诺达尔的棺木前,触碰他的手,献上我的敬意。在他身上已经看不到那夺去他生命的创伤事件留下的痕迹。看着诺达尔,很难不去想 72 小时前他还和队友有说有笑,分享他在惠斯勒的经历。毫无疑问,面对他即将进行的训练,这个涉世未深的孩子显得有点儿紧张和激动。而如今,他却静静地躺在那里,远离了热闹的赛场,被人群围绕着。这一切太令人难以接受。

诺达尔的叔叔菲力克斯也在场,他的状态和我周六看到他时差不多：心碎、困扰、悲痛、迷茫。他的生活变得难上加难。这次追悼会本是私人的，但是小教堂渐渐来了许多格鲁吉亚裔的加拿大人，他们自发前来，向这位逝去的年轻人表示支持。人们走到棺材前，有的轻轻触碰遗体。许多人默默地留下了眼泪，有些人难以自已地抽泣。有些人放下花后悄悄离开，还有人跪地祷告。大部分人都穿着黑色的衣服。

会上有个短暂的追悼仪式。牧师简单说了一些追悼词和祷告词后，棺材被封上了，我排队成为护柩者的一员，帮助将实木的棺材抬上等候在外面的灵车。派特·希基也是其中的一位。诺达尔的队友也加入进来，其中两个队友是诺达尔的同班同学，与他一起长大。棺材很沉，我们八个人合力仍觉得费劲。

室外的天空阴沉沉的。早些时候下了毛毛雨，不过在开追悼会时停了，因此那些等候在外面前来吊唁的人没被淋湿。大部分人来自当地的格鲁吉亚社区，不过门外也有很多记者和摄像机。

殡仪馆西头，一队温哥华警察骑着摩托车一字排开，队伍约30米长。他们陪同灵车前往机场，遗体将在格鲁吉亚奥委会主席的陪同下运回格鲁吉亚。警察们身着亮黄色夹克，队伍排列整齐，当遗体运出时，他们集体敬礼，这个场景很正式，令我很感动，而且充分地展现了加拿大警察的风貌。我来到他们面前同他们握手。我只想代表温哥华奥组委，但其实代表了所有加拿大人，为他们早上的表现向他们说声谢谢。这是一种奉献精神。

和他们握手时，我注意到一件不寻常的事：几乎每位警察眼里都含着泪水。我也差点儿哭了。这些警察每天奋斗在前线，他们是这个星球上最坚强的一类人，而现在他们含着泪站在雨中，只为了这个为了追梦而去世的格鲁吉亚孩子。

我为他们骄傲，我想拥抱他们每一个人。我们身处梦魇之中，度过这个可怕的周末，殡仪馆外的每个人都感同身受。这些警察想做点儿什么，以某种方式做些贡献，而这就是他们选择的方式。

这是意义深远的一刻。关于我们国家和为之付出的人们的故事很多。在加拿大，同情心并不稀有。我们国家勇于担当，从不逃避责任。我们帮助人们，表现出善意。我们做正确的事，就像这些警察正在做的事一样。没有人要求他们这样做——而是他们认为这么做是对的。

那天早上，我总能听见这个国家各个角落传出的无声的低语，那是一种低沉的鼓励。我想，每位加拿大人都对我们应对极端困难局面的方式感到自豪。奥运会将延续诺达尔的精神，所有运动员都会记住他。但是加拿大人仍希望这是一次盛事，他们希望我们摆脱批评的声音，勇敢前行。从某种意义上说，我们就像一支曲棍球队，我们在比赛上半段落后，而赛场上的观众正在不断鼓励我们。这是一种静默的呐喊声，越往后，它会越发清晰嘹亮。

追悼会后，我坐上车，此刻所有人都在保持安静，现在是反思的时间。早上的经历将伴随我，并且最终鼓舞我在面对指责时，尤其是面对外媒时，代表加拿大人发声。不过这个机会不会立刻到来。

很快，我就会前往主新闻中心。在上周五和雅克召开新闻发布会后，我将在那里首次与媒体见面。

和以往一样，在记者招待室里，雷内·斯密斯·瓦拉德坐在我身边。雷内是温哥华奥组委的首席媒体发言人，是奥运会期间召开的日常新闻发布会上的代表。有时候我觉得她需要一件防弹衣，因为记者的发问十分尖锐。不过她仍能从容不迫地应对，在两种官方语言中切换自如；她的法语无可挑剔。

周一上午，我参加了由魁北克省省长让·庄社理主持的新闻发布会。比赛期间正好是魁北克节，为每个省和地域宣传是我们合伙协议内容的一部分，协议早些时候我们就签订了。前一天晚上，庄社理还在为亚历山大·比洛多获得金牌欢呼。

新闻发布室里,上百位来自加拿大和世界各地的记者正等着我们。毫无疑问,场面很吓人。发布室内后排是一堆黑漆漆的摄像机,捕捉着我们的一举一动和每一个表情。我很了解媒体,我知道他们每个人,尤其是电视台,都在寻找尖锐的言论,或者是口误,这样记者就可以大做文章。肢体语言更是尤为重要。

向比洛多和魁北克省表示祝贺后,我花了几分钟时间谈了诺达尔的追悼会,提到遗体正在运回格鲁吉亚。我谈到了我们现在正面临的挑战。让用几分钟谈了魁北克节,表明亚历山大的胜利具有历史意义。接下来就是提问环节。

第一个问题由一位坐在前排右侧、身材魁梧的男子提出,是问我的。他有着一头惊人的白发和白胡子。他就是极具影响力的《新闻报》的专栏记者瑞振·特伦布莱。回忆中,他用法语问了我一个问题,并要求我也用法语回答,这个问题明显是在刁难我,想让我下不来台。

我想,事实就是这样。

可能在魁北克节这天,在这种公开场合下用法语发问能够主导整场新闻发布会。但是除了魁北克人,其他人对这个话题并不感兴趣。不过瑞振和其他魁北克作家很好地垄断了发问时间。

虽然我在奥运期间处理过各种各样的问题,但很少遇到像瑞振这样充满敌意的、激进的记者。他想知道为什么开幕式上没有更多法语的内容,而且他对我给出的答案并不满意。他紧接着旁敲侧击地又问了同样的问题,语气更加尖锐,直到其他记者与我一样对这样一连串的发问感到厌烦时他才停下。

虽然在缺少与魁北克合作的情况下,我很想发脾气,但是我想试着维护人才主权和音乐版权,于是我选择了捷径。

毫无疑问,他们想要让·庄社理负起责任,他们问了他对开幕式的想法。我知道庄社理要说什么。他会说自己很喜欢开幕式上的表演,

众议院团结一心：加拿大众议院在历史上首次迎来了奥运圣火。图为自 1948 年以来多届冬奥会花样滑冰项目的金牌得主——巴巴拉·安·斯科特手持奥运圣火的场景

上：匹兹堡企鹅队的队长希尼·克罗斯比手持奥运圣火穿过哈利法克斯市中心的场景

右上：加拿大原住民们在开幕式上欢迎全球观众的场景

右下：加拿大居民和海外游客在温哥华和惠斯勒的街头参加狂欢活动的场景

上:加拿大总理史蒂芬·哈珀在追悼会上默哀数秒,向来自格鲁吉亚的无舵雪橇运动员诺达尔·库玛利塔什维利表达敬意

右上:2010年,我们迎来了有史以来最温暖的1月,而我们位于赛普里斯山的运营团队和志愿者们倾尽全力与恶劣的自然环境作战,确保奥运会开幕后有足够的雪量

右下:伟大的亚历山大:来自蒙特利尔的亚历山大·比洛多在参加男子自由式滑雪项目时,在本土为加拿大拿下了第一枚金牌

上：雪地滑板运动员正准备挑战赛普里斯山的赛道

下：身着蓝色外套的幕后英雄：25000名身着蓝色外套的志愿者是我们成功举办冬季奥运会和残奥会所必不可少的因素

上：图为来自加拿大的运动员乔安妮·罗切特，她的母亲于数日前因心力衰竭而不幸离世，但她化悲痛为力量，在比赛中取得了优异的成绩

下：图为加拿大女子冰球队队长哈里·维肯海塞尔（图中的 22 号）与其队友为夺得金牌而欢呼雀跃的场景

在残奥会开幕式上,主体育场内欢呼的观众正在等待运动员入场

但是法语内容过少令他失望，他希望能多一些，不过他还是肯定了温哥华奥组委对法裔加拿大人的尊重和他们做出的努力。如果他不说开幕式上应该多些法语内容的话，瑞振可能会在下一期栏目中把他批评得体无完肤，魁北克的其他媒体也会添油加醋。这就是媒体游戏规则。因此听到省长这么说我并没有太在意，他别无选择，他也算不上是敌意。

但是法国记者想让我为开幕式道歉，我拒绝了。我说我们没什么好道歉的，在开幕式上以及整个奥运期间我们为宣传加拿大其他语种付出了努力，我们感到骄傲。我没有必要道歉。"我们尽力将所有必要元素不同程度地融入整个赛事中：音乐、语言、艺术。"我说，"我要说清楚我们现在做的事——我们在举办冬奥会。这是一个持续17天的盛会，它包含了很多很多层面。"开幕式是向世界各地的人们展示加拿大，我解释说，而且全世界的人们对这次开幕式都是一片赞誉。

终于，我们能换个话题了，发布会的前20分钟一点儿意思也没有。我必须调动体内的每根神经，才能控制住自己不提高音量，在全世界面前痛斥这虚伪的、伪政治的机会主义者，预谋着让我们难堪。不过我还是保持镇定，尽可能回答好每个问题，同时等着话题转变。

然而之后令我生气的是，有些人将对法语内容的抱怨提升到了政治层面，包括加拿大文化遗产部部长詹姆斯·摩尔和加拿大官方语言专员格雷厄姆·弗雷泽在内的一组人也跳了出来，宣称他们将会对开幕式上法语内容过少一事进行调查。

调查？这一定是在开玩笑。

据我们所知，弗雷泽共收到30条抱怨。弗雷泽的前任是我们很好的合作方和支持者，但弗雷泽先生不同，他远远地对我们指手画脚，毫无建设性的意见和帮助。我不止一次告诉过他，他的方法没有用，让他说出任何一个他参与过的能超过我们的项目——他一个也没说出来。私下里，他和我说开幕式令他印象深刻，但在国会和参议院面前他就是另外一套说辞。为了举办一届双语奥运会，我们付出了努力，我为此自豪。我曾邀请国会和参议院议员们来看看我们正在做的事，但没收到任何回复。

晚些时候，魁北克政府在魁北克楼举行了招待会。魁北克楼位于福溪沿岸，对面就是奥运村，它是一栋耀眼新颖的现代建筑。不过在目前这种处境下，我并不想参加这个会议，我知道此时此刻我去了一定会非常尴尬。但我要是不去，事情会更糟。我不能逃避任何人。魁北克是我们的首要省级合作方。撇开庄社理那些不痛不痒但是情有可原的批评不说，他从一开始就是站在我们这边的。

我到的时候，现场的氛围非常好。人们还沉浸在亚历山大夺冠的喜悦中。虽然没人和我直接说什么，但我能感受到人群中弥漫着关于法语的争议。不一会儿，我就看到詹姆斯·摩尔向我走来。詹姆斯是个大个子，走到哪儿都很抢眼。他的一头黑发梳得服服帖帖，总让我想起《广告狂人》剧组的某个人物。他微笑着，我不知道自己有没有笑。

我们握了手。

"你可能对我有点儿恼火。"詹姆斯立刻说。

"是啊，你的评论确实让我很失望，"我说。

"好吧，我希望你能理解我，我只是在履行职责，"詹姆斯回答。"对事不对人。"

我告诉他，我理解他是在从事自己的工作，不过如果他要批评我们，我想他至少应该搞清楚事情的来龙去脉。詹姆斯当初被任命为2010年冬奥会政府秘书长，他知道每一个我们在筹备期间所做的决定，知道我们要将法语内容插入到开幕式里时遇到了一些困难。他也知道为了反映法语在加拿大的影响和文化，我们作为一个组织也做了无数努力，一开始我们赢得了广泛好评。但是当我们还沉浸在诺达尔去世的悲伤中时，他却因为开幕式上缺少法语内容倒打一耙。他可真会挑时间。

"詹姆斯，你要知道，在温哥华奥组委中，双语工作人员的人数比温哥华联邦政府的双语工作人员的人数要多得多，"我说，这话之前我已经对他说了很多遍。

"我并不怀疑。"他说。

事实上，我们召集的奥运会志愿者数目等于加拿大一个中等大小城镇的人口数。不管以什么标准来衡量，我们已经竭尽全力履行了这个职责。他是知道这一点的。

"詹姆斯，"我说，"我曾和你私下谈论过这事，你也有我的联系方式。你要做的就是拿起电话事先和我谈谈，那样我或许可以告诉你一些关于开幕式上法语内容的情况。你是我们的伙伴，应该给予我们更好的待遇，这就是我的全部要求。在你走到公众面前指责我们做的不够前，我希望你给我们一个机会，让我们解释。我觉得你非常不公平。坦白来说，周六一早醒来，在报纸上读到你说的那些话，我很不满。"

一直到周一，像瑞振·特伦布莱这样的评论员和其他文化机构的代表不断地向我们施加压力，要求在闭幕式上增加法语内容，以弥补开幕式上的不足。

讽刺的是，瑞振也在魁北克楼举行的招待会人群中。他和我说，他在新闻招待会上针对我只是在履行本职工作。然后他继续说，撇开开幕式不说，这是他作为记者所经历过的最棒的奥运会，他有着很好的双语体验。不过糟糕的是他在栏目中只字未提这一点。

你可以想象，面对闭幕式上有更多法语内容的要求，我们有多紧张。我打电话给大卫·阿特金斯提前给他打预防针，因为这些话迟早会传到他的耳朵里。大卫比我还生气。我们怎么知道人们真正想的是什么？难道为了迎合那些偏激的人，我们要在闭幕式开始前最后一分钟换掉节目，插入新内容？我非常同意大卫的观点。很久之前，这场展示就已准备就绪了。

这是加拿大举行的最大的盛会之一,需要耗费多年的时间。排练就要好几个月,而且整个奥运期间,排练次数还要激增。艺术家们已经就位,正在加紧排练。所有的演出曲目都已经录好。所有音乐的压缩带需要在闭幕式结束5分钟内就完成。但是现在他们想让我们把一些节目从节目单里剔除,然后安插一些法语歌曲演唱?

据我所知,闭幕式上的法语节目比开幕式上多。我们本来就是这么安排的。但是我不能说得过于详细,破坏惊喜效果。而且,在公众面前,我要表现出接受批评。我不想给人留下粗鲁或傲慢的印象。但是现在的情况变得很棘手,因为它要榨干我们的表演团队,他们已经精疲力竭了。而且大卫·阿特金斯的怒火随时准备爆发。

我听说我们可能很快会接到总理办公室因为此事打来的电话。当我听到这个消息时,我想:"好吧,够了。我现在要结束这一切。"我通过一个朋友要到项目管理办公室的电话。我告诉接电话的女人我要和总理谈谈。

"哪位?"她问。

"我是约翰·福隆。"我回答道,"我是温哥华奥组委主席。我有紧急的事情。"

那个女人问我紧急是什么意思,是今天还是明天就必须处理。

"不。"我说,"马上。我要立刻和总理先生谈谈,事关冬奥会。"

她说她查一下总理的行程安排再和我联系。半个多小时后,我的电话响了。电话另一端说:"总理先生愿意与您通话。"

我深深地吸了一口气。

感谢史蒂芬·哈珀愿意给我回电话。我和他大概说了下温哥华奥组委现在面临的窘境,而造成这样的窘境更多是因为人们要求我们更改闭幕式演出,加入更多法语内容。我想让他知道我们一直以来都很关心法语问题。我告诉他闭幕式本来就会有更多法语节目,然后解释了我们在开幕式为了增加法语节目采取了一些措施,但是却遇到了麻烦。开幕式演讲时,我说了法语,私下里我却收到了一些批评,关于这件事我把我的想法也和总理分享了。

我偶然间看到了一篇博文,文章内容猛烈地对我进行攻击。"约翰·福隆采取的法语措施羞耻地象征了双语主义。"有人这么写道。他说我的这些措施是"凶残""恶心"的。天哪,这感觉真是太好了。

我把我的遭遇和总理分享。在我看来,总理和我一样,是个内向孤僻的人。"法语不是我的母语,"我对他说,"这对我来说相当困难,有时甚至可怕。"

总理非常贴心,他很同情我。"我在我的职业生涯中也遇到过同样的挑战,"他说,"它充斥着我的整个政治生活。"

他说他处理这个问题的一个方法就是演讲时先讲法语。他发现,在公开场合,只要人们先说法语,就会受到那些讲法语的人的尊重。"这是我能给你的建议,"他说,"先说法语,这样人们会为此喝彩。不用担心那些批评。魁北克人民很高兴看到你的努力。你只要尽力而为就行。"

"但是总理先生,"我说,"和我比起来,你在这方面身经百战。这样的处境让我很不舒服。我看着演讲稿,那些话就自己蹦出来了。"

他哈哈大笑,但还是表达了他对我的支持和信心。

我们谈论了关于闭幕式上要增加法语内容的要求。我和总理罗列了几点在这个节骨眼要改变节目我们会遇到的困难。他知道我们不可能有大改动。"尽力就好,"他对我说,"一有机会就把法语加进去,并付诸实施。尽力而为。我相信闭幕式会非常精彩,你们一定能出色地完成任务。整个加拿大都将为你们骄傲。我很期待。"

我解释说,我们这么多人在努力为国家增添荣耀,听到同伴因为法语内容攻击我们，我们很难过，士气也受到打击。我知道他理解我的话。

这次谈话非常棒，总理先生的话让我感到好多了。事实上，整个冬奥会我觉得史蒂芬·哈珀才是真正的领导者，他为奥林匹克带来了一种伟大的精神。看到他为赛场上的运动员大声欢呼令人振奋，他享受着比赛的每一分钟，就好像是他自己在比赛。他的举止显然很有品位，穿着的红色上衣也很好看。如果他无法到场或者不确定比赛的时间，他会变成狂热的支持者。

我和詹姆斯·摩尔还没完，魁北克楼的招待会结束后，我又和他进行了几次谈话。我对整件事已经没那么生气了。

"詹姆斯，"我说，"看在上帝的分儿上，我们是搭档。我的意思是，我永远不会这么对你们，也永远不会走到公众面前说联邦政府的坏话。我从来没有因为任何事批评过你们。我一直为你们着想，尊重你们。詹姆斯，到底是谁从中真正受益？全世界的人都在围观我们，看着我们相互掐架。这成何体统？我们已经竭尽全力办好了开幕式，可我们还在此争论，而全世界都在看着。"

这些大概就是我们最后一次谈话的全部内容了。我想我和总理的谈话还是有效果的，因为很快这件事就好像蒸发了一样。当人们采访詹姆斯·摩尔的时候，他开始告诉记者他没什么好说的，而且争议已经解决了。

（法语再次成为话题是在奥运会结束后了。我们决定给国会议员、卑诗省的立法院议员、参议会议员和举办地市议会成员每人寄一封信和一件蓝色的志愿者纪念夹克，感谢他们多年的支持。我只是想向他们表示感谢，而且我们还有这些夹克的库存，无须额外购买。他们都欣然收下，除了魁北克人党，他们给我们写了封信说，如果我们给他们的信不用法语重写，他们就会退回所有的夹克。事情解决了，他们收下了夹克,不过这是最后一次,他们没有更多发难。)

那天晚上,我和戴夫·柯布回到卑诗体育馆观看亚历山大·比洛多的金牌颁奖典礼。晨报铺天盖地都是他前一天晚上夺冠的新闻。这孩子为祖国赢得一枚重要的奖牌,这是他应得的荣誉。无论我身处何地,电视上都在重播他夺冠的比赛。爱国之情充斥着每个角落,激动的粉丝们热情高涨。

典礼结束后,我和戴夫决定四处走走,看看大街上的情形。街上比前一天晚上更加热闹。我们漫步在罗伯森街,这条大街平分了市中心。街道周边交通便利,十分繁华热闹。它是我们自己的红场。这条街以及其周边基本上每天都熙熙攘攘,难于穿行。我很惊讶竟然有这么多人知道我是谁。不断有人前来与我合影。这种明星般的待遇让我很感动,不过我必须承认,对于我这样内向害羞的人来说,我还是感到有些尴尬。

即便如此,人群中散发的正能量还是很令人振奋。我和戴夫十分享受此情此景,我们与这些素不相识的人笑着、闹着。现在放松的局面和我前两天的焦头烂额形成鲜明对比。我好像处在两个世界:一边是咄咄逼人、充满敌意的媒体,而另一边是在完全与之相反的大街上,人们都很快乐,很享受当下,看起来完全不知道那些所谓的争论和唇枪舌剑。

还有一件事也让我肯定了我的两个世界理论:前一天晚上,大约有八百多万加拿大人在观看让·黑尔的颁奖仪式。这个数字很惊人,我第一次意识到整个国家都把注意力放在了冬奥会上,他们关注比赛,将公交车和冰柱等问题都抛诸脑后。

我记得那个周一晚上,我转弯走到另一条街,那里人群特别密集和喧闹,还有一些警察。我和戴夫站在不远处看警察如何处理这种危机潜伏的状况。他们不慌不忙,每个人心情都很好,警察们也是。粉丝们和警察们互相击掌庆贺、握手、拥抱、合影。还是这条街,1994年,温哥华加人队在斯坦利杯决赛中输给纽约骑兵队后，这里发生了上百人规模的骚乱。而现在这里的人们已经大不相同。看到这些情景让人欣慰不已。没有人在乎此时还下着雨，虽然这场雨没有前天晚上下得那么大。

如果说温哥华的大街和惠斯勒的大街看起来就像全球狂欢聚集地，那么奥林匹克文化大大激发了这里的热情。由伯克·泰勒领导的文化团队魔术般地将加拿大最好的才艺整合在一起——而且是在预算紧张的情况下。超过两百万人参与了这次盛会，他们分别从事喜剧、舞蹈、音乐、电影等艺术行业，展现了加拿大文化的多样性。

表演者来自世界各地，主要是俄罗斯和英国的表演者，他们为我们带来他们举办奥运会时将要表演的节目。对于本土加拿大人来说，奥运文化节是一次新鲜的大狂欢。每个人都能找到自己喜欢的内容，每个设备都在集结待命，每天晚上都会投入使用。场馆别具一格，装饰风格展现了加拿大各个地区的特色，我们无法忘记每天晚上有22000人涌进场馆观看颁奖典礼和参加音乐会。

到了星期二，法语争议似乎已经被遗忘了。但是我们又遇到列治文速滑馆冰面清洁机故障，我们必须从卡尔加里运一台赞博尼磨冰机过来（奥林匹亚的竞争对手）。我们知道媒体会调侃我们这项支出。我们还得取消赛普里斯山滑雪场的站票——事实上有两万张。当然，我们不愿这么做，但是恶劣的天气使得观众席无法站人。我们不希望有人受伤。之前我们已经取消了8000张票了，现在一共有2.8万张票要退款。

正如我所说，我们不愿这么做，但这就是奥运会，尤其是冬奥会，天气总是会造成严重破坏。1988年的卡尔加里冬奥会上，由于大风天气，13万张票被取消；10年后的长野冬奥会上，由于降雨和大雾，5.9万张票被退回，有一场比赛一个观众也没有。所以这类事情见怪不怪了。

比赛还在继续，媒体却把焦点集中在取消售票上，而忽略了其他更值得报道的事。

与媒体所报道相反的是，我觉得我们在努力处理这些问题。冬奥会一开始就有很多麻烦困扰着我们，有的已经解决，有的还在处理。尽管我不太相信，不过据说天气很快就会转好。天气是如此地变化多端。天气晴朗时，温哥华是世界上最美的地方。有了阳光，人们的态度和情绪会有什么变化呢？因此我觉得到了周二事情会有转机，即便这是媒体，尤其是英国媒体，不想看到的。但这是他们的问题。

我很惊讶许多人给我发了邮件和短信，他们和我素不相识。我不知道他们是如何挖出我的邮箱地址，反正他们做到了。他们想告诉我，他们很享受整个赛事。发邮件的人来自世界各地。有些是美国人，还有很多来自爱尔兰的支持者，一些澳大利亚人和英格兰人——他们礼貌地表达了对本国媒体行为的愤怒。

我无数次在邮件里看到这样的话：感谢你们的热情，让我们度过了一段美好的时光。不过大多数邮件还是加拿大人发来的，他们想告诉我，他们从未这般为我们的国家自豪过。这些是普通法裔加拿大人渴望我们继承和延续的，他们在客厅里或是温哥华大街上，为我们欢呼，有时候大声呐喊，有时候默默加油，不管怎样，他们都是在鼓励和支持我们。

不过现在最重要的是要做到未雨绸缪，在媒体大做文章之前把问题处理好。每天我都发消息给我的执行团队：保持高度警惕，不要想当然。要提前做好两三天的准备，确保没有遗漏一个地雷。如果某天我们感到交通压力过大，就要加开巴士。暂且不管成本，巴士过多总比短缺好。无论问题多小，如果它可能对我们造成威胁，就要处理好它。我们必须把服务保持在高水准，所以要是我们听到志愿者抱怨某一场馆食物供应不足，我们就会立刻解决。不希望看到一个志愿者离开，或者士气低落。

我的待办事项中,最重要的就是去尽量多的场馆,尽可能向我们的 2.5 万名志愿者表示感谢。你可以拥有世界上最棒的执行团队、最先进的设施和最周密的计划,但是如果没有一支快乐的志愿者队伍,那你的麻烦就大了。

我记得在筹备过程中,我们曾认真讨论过到底需要多少志愿者。有些人认为我们真正需要的志愿者数量要远多于计划,因为要考虑到 20%~30% 的退出率。我觉得这些预测很讨厌,好像很多人会觉得这份工作太累、不讨人喜欢,尤其是在天气不好的情况下,他们不用一会儿就会打包走人。毕竟,有些工作只在幕后进行,而且是体力活。有人可能会说,不好意思,我退出。很多人可能一声招呼不打就一整天不出现,让你匆匆忙忙找人替代。

我不相信我们会失去这么多志愿者。我想我们组委会会承担相当一部分繁重琐碎的工作,这样那些志愿者们就不会抛弃我们。不过我的很多同事仍然坚持,每届奥运会都发生过这种事。都灵冬奥会发生过,雅典和盐湖城也发生过。此前举办的奥运会都出现过这种情况。我说:"我们和他们不一样。加拿大人不会做这样的事。他们一旦接手一件事就会负责到底。我们的字典里没有'半途而废'这几个字,也不会随意推卸责任。这个国家的人们秉持着坚韧不拔的精神,这种精神让我们战胜恶劣的天气,建立起国家。加拿大人比他们强多了。"

我认为身为加拿大人就要奉献——对此我有充分的依据。有几次我感到很无奈,我问同事,如果比赛中他们中的一位没有出现,我们招了新的代替者,他们会是什么感觉。他们都说感觉受到了侮辱。每位志愿者都像我书中提到的人那样可靠。

虽然以前发生过不愉快的事,但是我们有必要另眼看待我们的志愿者,并且照顾好他们。我想无论是分配在停车场还是其他地方的志愿者，都要把他们看作冬奥会成功举办的关键——我们要与他们沟通，告诉他们这份工作是多么重要。对待他们就像对待我们的家人一样。我们要不断地向他们表示感谢，照顾好他们，确保他们吃得好，这是我们的义务。

我试着起好带头作用，每次看到穿蓝夹克的志愿者，只要条件允许，我就会跳下车，上前感谢他们以国家的名义所做的付出。当我非常谦虚地向他们表示感谢并给他们一个拥抱或者拍拍他们的背时，他们看起来很高兴。这种坦率的尊重和感谢方式让他们很开心。我还记得有几天天气异常地冷，还下着雨，但是在正在举行滑雪和跳雪比赛的赛普里斯山和卡拉汗山谷，我们都能看到志愿者，他们非常勇敢，而且面带笑容。如果说我有后悔的事，那就是我没能向每位志愿者表示感谢。

偶尔我们也会听到志愿者抱怨有些场馆的食物不足或者质量不好。这事发生了，那就是我们失职，我们会立刻弥补。我们也确实失去了一些志愿者，不过只是极少的一部分。我们的志愿者们在比赛期间尽职尽责。

周二晚些时候，我和许多志愿者聊天，了解他们的工作，知道他们大部分时候都很开心，他们厌恶外媒报道冬奥会的方式，尽管一切进行顺利，而当地媒体似乎完全认同外媒，尤其是英国媒体，对我们的报道。可以说这些批评影响了我们的士气。

虽然我不确定到底该怎么办，那天晚上我还是决定不能再放任不管，必须采取行动。我要处理那些报道内容，接受媒体的挑战，并且质疑那些英国媒体的报道。我要让我们组委会的人——共5万人——看看我对我们举办冬奥会的信心。他们正等着我们反击。

在这个节骨眼儿，《卫报》出版了一则消息，说我们的冬奥会是"史上最差奥运会"候选者。另一份英国报纸称它是"灾难奥运"。《每日邮报》说我们现在可以把我们的"枫叶邮票贴在更切实的东西上：

诺达尔·库玛利塔什维利的遗体被装在不起眼的小箱子里运回他的家乡。"他们报道这些东西，其他新闻机构跟着印刷，发行到世界各地。全世界都在讨论这件事。

据称有些作者的真正抨击目标是2012年伦敦奥运会——这只是他们在提前练手。伦敦奥组委主席塞巴斯蒂安·科对英国媒体非常愤怒，他不止一次称赞他的温哥华之行，指出英国奥组委被那座城市狂欢的氛围所感染，不得不暂停手头的工作。他说他读了那些文章，简直是一派胡言。我完全同意。

每日的记者招待会被安排在每天早上11点，在主新闻中心二楼庄严的加比奥拉会议室举行。会议室装修得很漂亮，展现了奥运会举办地西海岸的风景。我想对于雷内·斯密斯·瓦拉德来说第一个周二早上是最糟糕的，因为记者还在围绕着冰柱的问题向我们发难，而我们已经在努力补救。不幸的是，雷内还没有权利宣布我们已经找到解决办法。因此她只能坐在那儿，忍受抨击。之后甚至有在场的记者对我说他们看到她被辱骂也为她不好受。并不是那些记者言语粗鲁或是针对她，而是他们不停地用问题炮轰她，就像拳击赛场上如鼓点般落下的拳头。

经过周二的记者招待会、我的执行团队的遭遇以及志愿者们认为应该有人出面为组委会辩护，我决定出其不意，出席周三上午的日常招待会。

瓦拉德知道我打算解除我们之前签订的协议，并且直面英国媒体。正常情况下，我对于什么该说、什么不该说都十分谨慎。我很讨厌"信息盒"这个概念，但是我对于在什么场合该说什么还是擅长把握分寸的。我不会小看任何一个记者，也不会放松警惕。

瓦拉德知道我不会脱口而出一些令我们处境更加艰难的话，她可以完全相信我。她也知道我会说明真相，至少是我亲眼所见的情景。

如果我都不能站出来为我们组委会辩护，还有谁能呢？我知道有些当地媒体也认为我们受到英国媒体的不公待遇，他们完全不理会英国媒体的报道方式：那些英国人为了卖报纸添油加醋，歪曲事实。这是他们多年来惯用的手段。用我父亲的话说就是残羹冷炙、污言秽语。为何指望他们报道我们时就有例外呢？

我知道自己要谨慎，不要表现得傲慢或过度防卫。我不打算否认我们在一些问题上的过失。有些批评是中肯的，比如说冰柱的问题。我们本应有备用计划。但有些批评就毫不合理：比如赛普里斯山的条件。好像天气原因是我们可以控制的一样。好吧，开幕式上的冰柱本应升起四根而不是三根，但这难道就是在国际上诋毁一个国家的理由？

周三上午，当我们走进新闻会议室时，媒体们看到我都十分惊讶。我想记者们一定很期待我宣布一些事情。我开始说我认为冬奥会进行得一切顺利。是的，我们在奥运会举办前期遇到了一些问题，这是大多数奥运会在开始时都会经历的——交通也是问题之一——但是我们已经解决了。我要向记者们指出的是他们的报道和事实有出入，比如对很多省会新建的展览台的报道，更重要的是对比赛场地的报道。我没有明确提到我们从国外获知的那些尖刻评论。不过不出所料，很快就有一个记者问我如何看待英国媒体对这次冬奥会的评价。

"我有看到一些评论，我承认我不喜欢，而且我认为那些评论不真实、不公平。"我回答，"不过话虽如此，当我们犯错或者赛事进展不顺利时，我们还是要及时修正。"我举了冰柱的例子。不过之后我罗列了一些我认为进展顺利但是被某些媒体忽视的事。场馆的票已售罄，电视收视率非常高，运动员们对这次冬奥会体验赞不绝口。市中心虽然人口密集，但是并没有出现预想中交通混乱的场景。相反地，这个城市的一切都井然有序。

"比赛开始后的头四五天，"我说，"我不认为有谁会说'我本该想到这点的'。昨天和今天都是相当顺利的一天，我们也在尽力把这种状态延续下去，并且向人们展示出我们的坚韧、体贴和谦虚的态度，处理好意外情况。在我看来，冬奥会上最令人愉快的事之一就是运动员精神了。人们拥抱这些来自世界各地的年轻运动员们。加拿大人民表现得很好。"

我说我认为有些抨击，特别是来自某些英国报纸的评论，非常荒谬而且与事实几乎相反。他们对这些事的评价已经够糟了，更糟糕的是这些评论并不真实。有些作者甚至不在当地，却对我们横加指责，就好像他们坐在观众席一样。这种行为令人难以容忍。在我说话的过程中，我能感受到会议室内大家情绪的变化。记者们想要采访我。甚至我说话时，BBC的记者向瓦拉德的手机里发送了一条请求采访我的短信。

我对这次记者招待会感觉良好。我认为我正视了我们头四五天的表现。一个月后，冬奥会已经结束很久了，我收到一位名叫玛丽·康尼贝尔的女士给我发来的邮件。玛丽是主运行中心的一名高管，主运行中心设在温哥华奥组委总部，位于城市东部，是我们的神经中枢，也就是说，我们通过它密切关注赛事的进行。在她的邮件中，玛丽承认冬奥会开始的四五天里，她情绪低落。那些针对我们的抨击对我们的士气造成了毁灭性的影响。玛丽说，正是在她低谷的时候，我出现在了会议上，告诉那些记者适可而止，媒体已经准备好站在我们这边，我们只需要让他们切实报道这里发生的事，展示我们的成果。

"那天你走进招待会现场，异常冷静，直言质疑那些媒体，"玛丽写道，"我们在主运行中心大声欢呼，仿佛赢得了一次比赛。你不知道那天对我的意义有多重大。"

周三记者招待会结束20分钟后，我坐在椅子上和詹姆斯·皮尔斯交谈，他是BBC体育频道的记者。我们坐在广播中心的东北侧，窗外是港口和青山。他想让我重复我在招待会上的言论，同时我也想借这个机会直接和英国报纸上的评论者们对话。"这个我们做不到，"皮尔斯开始前就对我说，"但是我们可以给你一个麦克风，那样就可以了。"

我照做了。我告诉他当我读到《卫报》和《每日邮报》上的某些言论时，我想知道这些记者都报道过哪几届奥运会。詹姆斯又问了我一些问题，然后就把摄影机关了。我们坐着聊天，他告诉我他理解我，他很惊讶于这座城市里的氛围。我们握了手，他保证他会直接发布我的采访录像，不会有任何删减。他确实这么做了。

我不知道这是不是巧合，不过从那天起，一切都变了。毫无疑问那一天对于我们来说是一次转折。那天早上过后，批评就少了。相反地，媒体关注的焦点开始转向这次冬奥会有多么成功。记者们能够感觉到整个国家每个加拿大人重整的士气。

原以为我们再也见不到阳光，但是太阳终于出来了。大家都感觉好多了。

12

Owning the Podium
登上领奖台

之前的大部分问题先放到一边——虽然我们总是会手忙脚乱——现在,冬奥会的焦点自然而然地转移到了运动员身上。

亚历山大·比洛多为这个国家带来了期待已久的、最珍贵的夺金时刻。他将赛普里斯山征服在脚下。事实上,在冬奥会开始的四天里,赛普里斯山,这个我们最担心的"天敌",对加拿大运动员庇佑有加。除了亚历山大获得金牌,来自北温哥华的麦尔·里克尔也在家人和朋友的热烈欢呼声中,登上了女子单板滑雪障碍争先赛的最高领奖台。

在赛程前期,在赛普里斯山还产生了多枚银牌。其中一枚来自自由滑雪选手詹妮弗·海尔,还有一枚来自男子单板滑雪障碍争先赛选手麦克·罗伯逊。四枚银牌的得主都非常优秀,是加拿大运动员和年轻人的榜样。关于他们献身体育、坚持不懈的故事有太多值得人们喝彩的地方。对于我这个冬奥会组织者来说,麦尔夺取金牌背后的故事有着特殊的意义,因为我了解一些在当时还鲜为人知的情况。

麦尔的父母非常支持她的事业。她的母亲南希是一位退休的生物学教授,父亲卡尔是一位退休的地理学家。卡尔通过注册登记,成为了一名冬奥会志愿者。他被分配到惠斯勒雪山赛场,每天为比赛做场地准备工作。他在工作团队中发挥了重要作用。麦尔向金牌发起冲击的那天，卡尔的工作日程是在惠斯勒值班。同事们都坚持认为，他应该请假去看女儿比赛。但是卡尔说，那样做会给他的志愿者同伴们丢脸，所以他决定在惠斯勒雪山上履行自己的职责。他错过了麦尔在赛普里斯的精彩表现，不过之后他会听到有关那场比赛的一切。这个故事体现出的正是我们众多志愿者所共有的一种精神。

周五，加拿大再夺一金，这是一个真正的、标志性的"加拿大时刻"，我们应该感谢如一团烈火般勇往直前的运动员——乔恩·蒙哥马利。乔恩是加拿大顶级俯式冰橇运动员之一，没多少人认为他会在本届冬奥会上摘金。但是在他那乱蓬蓬的红头发和红胡子下，跳动着一颗真正的冠军之心。他把握住了人生机遇，最终赢得了金牌。赛后，在去往惠斯勒奥运村的路上，他的传奇还在续写。

观众和乔恩的支持者们组成了一支仪仗队，乔恩从他们面前经过，到奥运村广场上接受 TSN[①] 的采访。那是个晴朗美好的夜晚。当乔恩穿过拥挤的人群，走向 TSN 的户外舞台时，每个人都在欢呼呐喊。途中有位女性出于无可指摘的本能，递给乔恩一扎啤酒。乔恩接过来就开始大口痛饮。一口下去，他的胡子上沾满了白色啤酒沫。周围的人舔光了那些啤酒沫。见鬼，是整个国家舔光了那些啤酒沫！乔恩就像一颗转瞬间光芒四射的明星：这个来自草原的能力超凡的孩子，笑容如同萨斯喀彻温的土地一样宽广，加拿大人在本届冬奥会上对他的期待不会满足于此。一天后，他会再次跳上领奖台庆祝胜利，放声高唱走调的《哦，加拿大》，再次赢得全国人民的喜爱。多棒的小伙子！上个赛季我曾在惠斯勒的一次媒体活动上见过乔恩。我注意到他那钢铁般坚定的眼神，我想他是一个真正的斗士。现在他站在领奖台上，脖子上挂着金牌。他成了真正的冠军，成了我们每个人的加拿大新一代英雄。

[①] 加拿大首屈一指的体育新闻网，译者注。

对于我们的人民来说，周六的冰球比赛才是本届冬奥会开赛以来第一场意义重大的比赛——加拿大对阵美国。有许多人认为，也有许多人祈祷，这场比赛能成为我们夺金之战的前奏。美国全国广播公司当然希望这两队争夺金牌。我却暗自希望俄罗斯队能横扫传统强队，晋级决赛——再现1972年冬奥会的情景。加拿大队是显而易见的夺金热门，加上俄罗斯队的威胁，我相信美国队会为我们带来一场精彩的比赛。美国队的队员们具备随机应变的心理素质，从不轻易放弃。他们的总经理是布莱恩·伯克，在冬奥会前不久，他的儿子布兰登不幸遭遇车祸丧生。布莱恩怀着巨大的悲痛来到冬奥会。他是一个坚毅、谨慎的人，为本届冬奥会做了充分的准备，不让他的队员们耗费太多的精力。这种迹象向所有人表明，他相信美国队是一支强大的球队。

他是对的。

我曾去加拿大冰球馆冰场上层的一个房间探望布莱恩。他在温哥华加人队当总经理期间，正是在这里逐渐获得了我们的了解和喜爱。我想欢迎他回到温哥华主场，并对他痛失爱子表示哀悼。当我推开房门时，看到他坐在那里，认真观察着正在下面冰场上训练的队员。他的面孔发红，有些浮肿，证明几个星期以来他一定经历过多个极度难熬的夜晚。我觉得眼前的他像个角斗士，显示出万夫之勇，给他的队员们上了人生中深刻的一课。我们的交谈虽然简短，却充满了友谊的温暖。我祝他一切顺利。下楼时我想，有伯克助阵，美国队会把每个对手打翻在地。他们的确做到了，从击败我们开始。

面对加拿大门将马丁·布鲁德尔，美国队全场表现出色，显示出速度优势和超乎寻常的防守能力。瑞恩·米勒发挥出了顶级门将的水平。加拿大队以3:5的比分败阵。比赛结束后，现场内外、全国上下，许多人的脸上写满了沮丧、惊讶和绝望。我并没有被这种悲观情绪所感染。我认为，这次失利可能正是我们需要的，有助于我们的队员甩掉优越感和过度自信的包袱，全力备战附加赛。

许多人都认为加拿大队本应轻松通过小组赛，然而我们遇到了麻烦，不得不进行附加赛，这足以说明2002年盐湖城冬奥会冠军的头衔给了我们多大压力。不过坏事变好事，韦恩·格雷茨基在后来的比赛中发挥出色，成为加拿大队夺金的功臣。我认为，对于加拿大队来说，输给美国队同样也是一个机遇，让我们有机会正确地认识到问题，甩掉历史包袱。要想夺得金牌，就要脚踏实地，去拿下每一场比赛。真正的好戏还在后头，史上最精彩的冬奥会冰球决赛呼之欲出。

在经过对美国队的惨败和其他几次小挫后，一种明显的紧张，甚至是焦虑的情绪，开始笼罩整个加拿大冬奥代表团。开赛一周以来，我们的运动员未能占据奖牌榜首位，"登上领奖台"计划因此受到来自媒体的新一轮质疑。本届冬奥会开幕前，即将上任的加拿大奥委会主席马塞尔·奥伯特曾说，我们将成为出色的东道主，而且"本届冬奥会将属于我们。我们将登上领奖台"。他的这番话又开始被记者们引用。我欣赏他显示出的自信，但是我祈祷他不要反被自己的话所累，他本来只是想做出一种姿态，激励运动员们去赢得比赛。

人们能看到和感受到我们的运动员承受着巨大的压力。梅丽莎·霍林斯沃斯颤抖的声音就是明证。在女子俯式冰橇项目上，人们都认为她稳拿奖牌。当面对无缘奖牌的比赛结果时，她的情绪近乎崩溃。她泪流满面，为自己的表现向全国观众道歉。这情景真令人备感煎熬。她无须道歉。她已经全心投入，只是在那一天没有赢而已——这在竞技体育比赛里再平常不过了。我真的觉得这是个好兆头，她的眼泪显示出我们的运动员有着多么强烈的求胜欲望。全国观众都能看到，他们是多么努力，为这个国家带来它渴求的成功，他们与加拿大人民万众一心。这是加拿大人进取精神和谦逊品格的完美融合。

第一周结束时，即将离任的加拿大奥委会首席执行官克里斯·拉奇告诉记者，尽管离赛事结束还有一个多星期的时间，但我们不可能登上奖牌榜首位。美国代表团一如既往，已经脱颖而出，遥遥领先，包括他在内的许多人都认为很难赶超。我获悉了一个确切消息，加拿大奥委会计划召开一场新闻发布会，公开宣称加拿大代表团不会像我们许诺的那样"登上领奖台"。这消息真让我难过。

我认为，召开这么一场发布会会令我们一败涂地，这等于向我们的运动员表示，我们彻底放弃了争夺第一的目标。这会向那些接下来仍要参加比赛的运动员传达怎样的信息？我们对他们没有信心？而且，对于认为我们代表团表现不佳的看法，我不敢苟同。纵观比赛日程，我发现在后面的不少比赛中，我们仍有很大机会赢取奖牌。到目前为止，街头巷尾的人们对我们的胜利感到欣喜，对他们来说，现在就开始大打退堂鼓简直荒谬可笑。此外，我认为就这么一个主题召开发布会完全没有必要。为什么要对以后的事情过早做出判断，为什么不等到赛事结束后，有了确凿事实，再来进行总体评判？

我仍记得我走进位于加拿大广场的奥委会办公室时的心情，我发誓，就跟要参加一场爱尔兰人的守灵仪式差不多。马塞尔的发言听上去还不乏乐观，克里斯·拉奇和其他人则像要公布什么噩耗似的。虽然召开这场发布会不是我的责任，但是我觉得这个主意糟透了。我紧咬嘴唇，忍受了一阵子后，终于决定把这个烂摊子丢给他们，离开了发布会现场。

我认为，我们不应该消极地评判运动员们的表现，恰恰相反，我们应该突出我们取得的那些最伟大的胜利，尤其是在赛普里斯赛场上的佳绩。我们有史以来第一次在加拿大本土夺得金牌——他们却召开新闻发布会来编造我们的运动员表现不佳的报道。上一次加拿大举办奥运会的时候，我们总共才拿了五枚奖牌。相比之下，我们已经取得了巨大的进步——这是了不起的成功。

发布会当天，并没有引起什么大的新闻反响。但是一天之后，克里斯告诉记者，我们很可能完不成奖牌目标。于是，我们躲过了第一颗子弹，却招来了第二颗。"登上领奖台"计划的目的，是帮助我们的运动员克服种种阻碍，发挥出他们的最好水平。认为我们的每个运动员都能赢，这种想法荒谬可笑。在竞技体育比赛里，任何事情都可能随时发生。

凯莉·范德比克是我们最强悍的高山滑雪运动员之一，拥有为加拿大夺取奖牌的真正实力。当她从雪山上飞驰直下时，就像出膛子弹一样勇猛无畏。她竭尽全力备战冬奥会，然而不幸如噩梦般降临：在欧洲的一场比赛中，她摔碎了膝盖。她本来可以手持滑雪杖，登上珠穆朗玛峰，站在奥运领奖台上的。但是，体育运动就是这样充满了不幸。凯莉只能看着别人参加冬奥比赛，为别人喝彩，并担心自己还能否参加下届冬奥会。

每个运动员都有过悲痛的经历——每次像奥运会这样的重大赛事也都有过悲痛的时刻。

"登上领奖台"这个计划的创意最早是在冬奥会的筹备阶段提出的，源自盐湖城冬奥会的启发。在那届冬奥会上，美国代表团的表现改变了整个国家原本对冬奥会的态度。那时的美国人民，还没有完全摆脱9·11袭击带给他们的脆弱和不安全感。美国运动员们在盐湖城的表现使他们重新凝聚起来。这真的很棒。

我们清楚地知道，从某种程度上来说，温哥华冬奥会能否成功取决于我们的运动员表现如何，而不是我们的组织工作怎样。即使我们把本届冬奥会办得完美无缺，也不足以令加拿大人认为这些付出是值得的。加拿大人一点儿也不关心我们怎么搭乘接驳大巴去惠斯勒，或者我们的技术手段是否激动人心，或者媒体工作帐篷里是否太冷。对于他们来说，体育和运动员就是奥运会的全部，别的都没什么好谈。要达到我们的预想，让加拿大人以我们希望的方式去关注本届冬奥会，我们必须拥有一个有史以来实力最强大、最充满自信的代表团。加拿大人需要打开电视，像熟知家人那样熟知我们每个运动员的名字，他们需要听到《哦，加拿大》一遍又一遍响起。这是我们在以往历届冬奥会上都没能做到的。

盐湖城冬奥会后，我接到了加拿大奥委会的克里斯·拉奇打来的电话，问我是否有兴趣与他们合作，共同研究如何能使加拿大在2010年冬奥会上有最佳表现，取得奖牌总数上的突破。围绕这个问题，加拿大奥委会曾经有过多次讨论，大都是由能干的体育部主管马克·罗瑞主持。（很遗憾，马克没来得及看到自己才华的成果就去世了。）马克认为，如果我们全力以赴，就能在温哥华取得有史以来最伟大的成功，甚至最终登上奖牌榜首位。但是这需要充足的资金、完备的计划和现实可行的方法。有人建议让凯茜·普利斯特纳·阿林格组建一支团队，就采取某些措施确保我们在本届冬奥会上取得奖牌榜首位提交报告。凯茜是前奥运奖牌得主，同时也是一位经验丰富、务实干练的体育领导者，当时还未加入温哥华奥组委。

这项研究大概要花费5万美元。克里斯·拉奇打电话问我，温哥华奥组委能否承担一半费用。他觉得这样可以显示合作诚意，表明温哥华奥组委和加拿大奥委会是真正的伙伴。如果说我们有什么共识的话，那就是我们都认为，运动员是本届冬奥会能否成功的关键。我当时的第一个念头是，尽管这项费用并不算庞大，也不可能得到董事会的批准——至少没那么容易。不过这个念头只是在我脑海里转了一下，我并没有向克里斯提及。考虑到加拿大在以往冬奥会上的表现，如果我们在温哥华能大获全胜，那将改变这个国家。是时候让运动员们看到，加拿大的体育领导者们正付出真正的努力，采取切实措施去帮助他们赢得胜利。想靠虚幻的"大富翁资金"和过时的科技手段获得奖牌是荒唐可笑的。美国、德国、挪威这些冬季体育运动强国，已经把如何赢得比赛作为一门科学来研究。对于他们来说，结果才是最重要的。

我告诉克里斯，我将把他的建议转达给董事会。他也是董事会成员。在董事会里，还有6位成员来自加拿大奥委会。我知道我会获得他们的支持。至于其他人的态度，我就没那么确定了。对奥运选手的支持工作通常留给各种全国性的体育组织，比如加拿大奥委会，而不是奥组委的职责，我认为我们也没有能力承担。

我尽力委婉地游说董事会成员。我告诉他们，在我看来，我们的成功取决于三点：兑现我们的承诺，为运动员和观众带来一次伟大的冬奥会体验，以及出色的赛场表现。我相信，如果我们的运动员表现平平，却仍摘得不少金牌，加拿大人会说："好吧，这挺有趣。"但是对本届冬奥会的感受和记忆瞬间就会烟消云散，不留任何痕迹。一代人付出的心血就此白费。

尽管我费尽心机游说，许多董事会成员却不为所动。他们认为支持运动员不是我们的工作。有几个人觉得我的做法有点儿出格，我们手头的事情已经够多了，只能勉强应付，我的建议是在增加我们的负担。他们还想知道，如果接受我的建议，接下来会怎么样。会有更多的花费吗？最终，董事会同意分摊研究费用。不过分摊到何时则由他们决定——不管怎样，暂时还是会出钱的。

之后，我对克里斯说，想让我们支持这项研究的唯一条件就是加拿大奥委会接受凯茜·普利斯特纳·阿林格提出的任何建议，无选择、无差别地全部接受。否则我们就不会分摊费用。要么我们接受凯茜的建议，不管实施成本有多高，要么我们退出这个研究项目。克里斯同意了。

凯茜组建了一支小型研究团队。几个月后，她提交了研究报告。

报告对每个冬奥项目都进行了分析，指出我们在这些项目中要想取得金、银、铜牌还存在哪些实力差距，到 2010 年冬奥会前还需要采取哪些措施来帮助运动员登上领奖台。凯茜估算了实现我们的奖牌目标的成本，包括器材、教练、差旅、训练和其他方面的费用。这不是一笔小数目：总计 1.1 亿美元。用她的话说，有了这笔资金，我们才有真正的成功机会。

从凯茜的报告砸在桌上那一刻起，我们都觉得她估算出的价码难以接受。很明显，加拿大奥组委根本无力独立资助这项计划。我知道之前有人提出温哥华奥组委应该提供资金帮助。当我们同加拿大奥委会就这个问题开始商讨时，他们明确表示要我们去筹集全部资金，原因很简单，他们没钱支付这笔费用。尽管这项计划长达 5 年，那也意味着每年 2200 万美元的巨额花费。上哪儿去找这笔资金？我勉强说服温哥华奥组委董事会同意为凯茜的研究分担 25000 美元的费用。还要怎样才能让他们决定再为这项计划出钱？

要打开思路，采取大胆的策略，打破套路出牌。我相信解决问题的出路在我们的赞助商那里。把冬奥会和冬奥代表团作为一个整体展示给他们，只要方法得当，他们都会被"助力打造加拿大史上最伟大的奥运代表团"这样的计划所吸引。如果凯茜·普利斯特纳·阿林格的设想能够实现，那么"登上领奖台"计划既能帮助我们的运动员摘取奖牌，同时也能使赞助商受益。的确，这种做法以前没有人尝试过，但是我发现，赞助商们喜欢我们的设想。加拿大代表团在温哥华的表现将是我们迈向伟大梦想的重要一步。

研究报告显示，加拿大有可能在奖牌数量上取得突破。这引起了我们董事会内部相当激烈的争论，有点火药味儿是必然的。有人对我们全程参与这项计划感到担心。不过，这项计划还是得到了支持，我们告诉董事会成员，必须想办法把研究成果变成现实。如果我们不做，那还有谁来做？没错，即使要花费 1.1 亿美元。为了实现这个计划，我们开始游说联邦政府来分担费用——当然，我们并不知道渥太华是否会同意。

除了杰克和其他 7 位加拿大奥委会委员，董事会里没有人一开始就明确表示出支持。事实上，一些人明确表示反对。但是回到我的首要关注上来：我们要让冬奥会不仅仅是一次为期两周的体育赛事。我们还要通过它来树立国家形象，改变加拿大人民对祖国的看法。如果我们的运动员全力拼搏，却未能取得佳绩，我们就没有完成我们的使命，梦想也随之破灭。这就是我的想法。是时候拿出勇气来了。

我还坚信我们能够筹集到资金，因为赞助商们希望自己的名字出现在"登上领奖台"计划里。经过一段时间的争论，大多数董事会成员同意签约资助这一计划，当然，前提条件是计划得到联邦政府的支持。因此，我们接下来面临的困难之一就是说服渥太华的官员和部长们，但是新的障碍又出现了。

仔细读过凯茜报告的人都会注意到，报告主张在某些比赛项目上大量投入，而对其他项目则基本忽略。凯茜在咨询了许多专家后，得出的观点是应该直接把资金用于最有机会获取奖牌的项目。这有点儿违背加拿大体育界的传统，我们通常不会这么严苛、冷酷地进行取舍。比如，凯茜提议在高山滑雪项目上投入巨资，而放弃在加拿大不怎么普及的跳台滑雪。要想在 2010 年冬奥会上取得胜利，必须把最好的机会给最好的选手，不浪费任何资源。就是这么回事。

这种策略很可能使我们同联邦政府的商谈更加困难。我们要想说服渥太华在 5 年内支付 5500 万美元，就必须团结所有冬奥会项目联合会的代表官员。如果我们之间出现了分歧，或者哪怕只有一个联合会宣布受到了歧视，联邦政府都会有所顾虑，对这项计划避之不及。我们在渥太华安排了一次与自由党国会议员史蒂芬·欧文的会面，他是当时负责冬奥会事务的部长。

会面前一天,我们召开了一次小组会议,商讨采取什么样的说服策略。我再三强调要突出我们与各联合会的团结。我谈到以前就是因为我们从未显示出团结,才让渥太华有借口拒绝提供此类资助。我们就这么轻易被打发掉了。所以每个人都要明白,除非我们明确表示这项计划极有可能成功,否则联邦政府就会顾虑重重,退出计划。对这一点,我和其他人一样肯定。

我还担心加拿大体育局对我们的建议会持何种态度。它的态度将极大地影响商谈结果。作为联邦政府部门,加拿大体育局为政府提供有关所有业余体育运动的咨询。他们最终会就资助要求向史蒂芬·欧文提交一份报告,建议政府同意还是否决。那天参加我们的策略会议的还有加拿大体育局局长汤姆·斯克林杰。讨论开始没多久,我问汤姆,加拿大体育局对2010年冬奥会有什么设想。

"这个嘛,"他回答,"我们没什么设想。"

"'没什么设想'是什么意思?"我的话脱口而出,"你们必须有规划。我的意思是,你们肯定得为冬奥会好好计划,明白加拿大到底想取得什么成果。"

我永远也不会忘记汤姆的回答。"我没闲工夫去规划。"他说,"那是部长的事儿,跟我没关系。"

我差点儿从椅子上掉下去。

"汤姆,"我说,"你真的是想告诉我,你没有任何设想,把做梦才能实现的东西胡乱写在纸上,然后塞进抽屉里,连这种举动都没有过?"我才不相信他没有给过部长他自己的愿望清单。

史蒂芬·欧文的政治助理当时也在场。他大部分时间都面无表情地坐在那里。我担心加拿大体育局真的不愿意为2010年冬奥会出力,那就意味着"登上领奖台"计划胎死腹中了。会后我回到下榻的酒店房间，没过多久，电话铃声响起，是史蒂芬·欧文的助理打来的。他向我保证部长对本届冬奥会有所期待，是坚定的支持者。"我明白今天你听到的跟你希望的大相径庭，"年轻人说，"但是别担心。部长先生希望本届冬奥会成功举办。关于联邦政府是否参与支持，以及采取何种形式参与，部长先生持开放态度。如果他相信你说的话，他会为这项计划力争支持的。"

我告诉他，听了他的话，我终于可以松口气了。

第二天，由凯茜·普林斯特纳·阿林格、克里斯·拉奇和来自所有冬奥项目联合会的代表们组成的小组与史蒂芬·欧文在国会山进行了一次会谈。我很了解史蒂芬，将他视为支持我们冬奥会计划的盟友。我相信，最起码他会公正地听取我们的建议。

凯茜第一个发言。她介绍了她的研究，以及她是如何得到现有结论的。接着，加拿大冰球协会的韦恩·罗素代表所有冬奥项目联合会发言，传达出团结一致的声音，这一点至关重要。最后由我做总结发言，我阐述了我们的整体设想，以及如何通过"登上领奖台"计划实现设想，极力说服联邦政府参与。我对部长说，你给我们5500万美元，剩下的资金我们自己想办法，互相合作，费用均摊。

轮到史蒂芬发言了。他首先表示凯茜的报告深深打动了他。这是个不错的开始。他觉得报告中尤为有意思的一点是，这项计划有可能在如何发展加拿大高水平业余体育运动方面进行尝试探索。计划里的一个重要措施是，对某些运动项目来说，必须达到一定的水平，从事该项目的运动员才能得到资助。

我们希望史蒂芬能在几周内给我们一个答复，因为我们需要知道这项计划面临怎样的处境。几天后，他回复我们说：成功了，渥太华同意出资。这是我听说过的渥太华做出的最快回复。对我们而言，这是多么巨大的胜利——但是没有得到媒体应有的关注。如果没有联邦政府的支持，天知道我们这项计划能走多远，甚至能否实施都成问题。

现在我们面临的棘手难题是说服赞助商为"登上领奖台"计划下赌注，帮助我们的运动员实现这项计划里提出的国家梦想。我知道，如果我们能获得一个赞助商的公开巨额捐助，其他赞助商就会纷纷解囊。我们需要这么一个能起决定作用的带头者。加拿大贝尔集团恰在此时为我们雪中送炭，同意为"登上领奖台"计划赞助1500万美元，显示出这家实力雄厚的知名公司对运动员的鼎力支持。我们也会回报我们的支持者。加拿大贝尔会与每一位登上领奖台的加拿大运动员一起，共同接受鼓掌喝彩。

随着事情的进展，我对"登上领奖台"计划越来越有信心，也越来越确信，我们同意参与筹款的决定是正确的。以前从未有组委会对这样一项计划如此全力投入。对此，我也必须感谢克里斯·拉奇，是他敲开了我们的大门。他知道，实现"登上领奖台"计划的唯一机会就在于我们的参与。对于加拿大奥委会来说，筹集11万美元都无法办到，更别说1.1亿美元了。他意识到，在接下来的五年里，温哥华奥组委才是关键，只有我们具备"登上领奖台"计划所需要的影响力和实施能力。最终，联邦政府同意才会为我们的计划提供资助，但是最多分摊一半的资金。

通过推行"登上领奖台"计划，我们力求能在温哥华举办一届不一样的冬奥会，不过我们也承认，在体育赛事中，任何事都可能发生，充满了不确定性。我觉得克里斯·拉奇引用的那句维克多·雨果的名言再恰当不过："你可以阻止一支行进的军队，但你无法阻止正在到来的时代思潮。""登上领奖台"计划正是要顺应时代，做出改变。

美国运动员们在温哥华尽情享受着人生中的荣耀时刻，这令美国全国广播公司备感轻松，他们的冬奥报道大出风头。与此同时，还有一些惊喜的变化正在加拿大发生。加拿大人对冬奥会的关注与日俱增。

在全国各地，冬奥会成了家家户户餐桌上的头号话题。由加拿大电视网主持的联合调查确切地反映出了这种情况，调查收集到的数据令人震惊。随着冬奥会的进行，加拿大人逐渐从临时观众变为全天候啦啦队，他们全情投入，似乎自己也脚踩冰刀和滑雪板，与运动员一起体验冬奥的每一刻。他们找出啦啦球，脸上涂抹颜色，掏空自家冰箱，和邻居们一起观看冰球、短道速滑，或者任何一场有加拿大选手参加的比赛。从圣约翰斯到维多利亚，到处都能感受到这种兴奋狂热。

每到夜晚，全国的酒吧里都挤满了为我们的运动员助威的加拿大人。为了冬奥会而发起的即兴派对在千家万户的客厅里举行。这种现象正变得像冬奥会本身一样意义非凡，类似的全民参与盛况在加拿大历史上只出现过几次。

赛事进入最后一周，我希望我们对保障工作比以往更加警惕。我们无法承担放松警惕的后果。我们需要由始至终近乎完美。我们似乎扛过了开始时困难和批评不断的最糟糕的阶段，舆论正在朝对我们有利的方向发展，而正因如此，我才希望确保我们的团队不要放松。

我一有机会就去惠斯勒。每当我开车去那儿的时候，都会惊叹于这段车程的美丽与快捷。多么令人震撼的雄伟山势。美国全国广播公司体育频道的迪克·艾伯索尔说过，这条路唯一不好的地方就是还不够长，我觉得他说得对极了。经过一番彻底的改造工作，这条路变得更加宽阔和安全。我想象着来自世界各地的运动员和游客沿着它，经过豪湾，进入群山时的心情。

在最后一周里，我最喜欢的时刻就是走访惠斯勒医疗站的时候。诺达尔意外身亡的阴影无处不在，相较于冬奥会的其他场所，在这里工作的人们对此感受尤为深刻。然而，当我在事故发生一周后去看望他们时，我感到他们正在走出那可怕的阴影。他们已经竭尽全力抢救诺达尔。医生、护士、牙医、理疗师，每个人都非常了不起，他们在本职工作之余抽出时间,来到医疗站做志愿服务。当我对他们为国家做出的贡献表示感谢和敬意时,我看到他们真的被感动了。他们都说,能在这么一场对全体加拿大人民而言非同寻常的盛事中发挥作用,是他们每个人的荣幸。

我除了与尽可能多的志愿者握手交谈,还尽量去观看我们极有可能摘取奖牌的比赛。当加拿大女子冰球队为我们再添金牌的时候,我就在比赛现场。这支球队简直不可战胜!哈里·维肯海塞尔绝对会成为名载史册的最伟大的女性运动员之一,下一次在加拿大举办奥运会时,她有可能点燃主火炬。我知道发生了一件备受关注的事:姑娘们在夺金之后,又回到冰场上喝了点儿香槟,抽了几根雪茄。我压根儿没把这事放在心上——不过是过分炒作的媒体报道罢了。聪明的姑娘们第二天发表了一封措辞慎重得体的道歉信,对该事件的报道马上销声匿迹了。

乔安妮·罗切特在花样滑冰女子单人项目决赛中的长节目表演是冬奥会期间最打动我的时刻,可能全国观众和我的感受一样。成为一名顶尖运动员殊为不易,而奥运赛场的气氛又是如此紧张,令人生畏。在所有的冬奥项目中,花样滑冰单人项目一定是最孤独、最残酷、最严苛、最考验心理素质的项目之一。能在现场的 15000 名观众面前清醒镇定地完成比赛绝非易事,更何况还要强忍着内心巨大的悲痛。

乔安妮的母亲从魁北克赶来观看女儿的比赛,却在到达温哥华不久因心脏衰竭而去世。当举国上下得知这一消息后,人们把最热烈的喝彩送给了乔安妮。许多人都觉得,母亲的去世对乔安妮的打击太沉重了,她不可能完成编排动作里那些复杂的高难度跳跃。然而,就在母亲去世后几天的短节目比赛中,她奉献出了冬奥历史上一次最令人惊艳的表演。对于她来说,在接下来的长节目比赛中,凭借又一套近乎完美的编排动作,最终摘得铜牌,这是非常了不起的成就。我的五个孩子那晚都在比赛现场。我看到他们一动不动地注视着她，满怀敬仰之情，为她的表现惊叹。我想，他们亲眼见证了人类真正的、强大的勇气，乔安妮为他们树立了如何直面人生逆境的最佳榜样，此情此景，他们必将在未来的岁月中时时忆起。乔安妮·罗切特是我的书中少有的英雄，在现场观看她的决赛是一次超乎寻常的经历。

当赛事接近尾声时，尽管我们已经不可能取得奖牌榜首位的目标，但毋庸置疑的是，我们的运动员正在享受越来越多成功的喜悦——遍布各个赛场。有如此多伟大的加拿大故事正在被书写。男子单板滑雪平行大回转选手杰赛-杰伊·安德森曾参加过多届冬奥会，但都失望而归，因此，赛前并不被许多人看好。但是，这次有了整个国家的支持，他出人意料地摘得了金牌。在短道速滑和女子雪橇项目上，我们也有金牌入账。

特萨·维楚和斯科特·莫尔在冰舞比赛中为加拿大再添一枚金牌。整个国家都沉醉在他们迷人的表演中。第二天早上，他们在冬奥会火炬台接受加拿大电视网的采访。我闲步到那里，与他们分享我的喜悦，告诉他们，我们都为他们感到骄傲。优雅而谦逊的特萨热情地拉着我的手，说她和斯科特听过我之前的一次演讲，在那次演讲中，我向听众阐述了本届冬奥会将为我们的国家带来什么。他们两个都告诉我，我的演讲激励了他们全身心投入比赛当中。这两位漂亮出色的加拿大人鼓舞着成千上万的加拿大年轻人为伟大梦想奋斗，对于我来说，和他们在一起的时刻真是兴奋而美妙。

传奇运动员克拉拉·休斯的身上也有太多的故事。她是加拿大最棒的奥运选手之一。对于她来说，帮助别人几乎是第一本能。多么伟大的榜样！我对她今后的人生成就充满了期待——她还能带来更多的惊喜。她在女子 5000 米速滑比赛中摘得铜牌，使我们举办的这届伟大的奥运会再次迎来历史性的巅峰时刻。

当阿什莉·麦基弗赢得女子雪地越野金牌时，我也是现场狂欢人群中的一员。一周前，我曾遇见她和她的男友兼队友克里斯·戴尔·博斯科，博斯科也很有希望在男子项目上冲击奖牌。他们看上去轻松愉悦。我停留了一会儿，看看他们的备战情况，从阿什莉温和镇定的话语中，我可以预测，她会为我们带来特别的惊喜。事实的确如此。我想她一定无数次在脑海中想象过夺金时刻。

尽管我们的运动员在赛程后半段掀起了又一轮争夺奖牌的高潮，整个加拿大代表团的表现却仍有不少问题。媒体怀疑即使抛开奖牌榜首位的目标不谈，我们能否进入奖牌榜前三位都是个问题。克里斯·拉奇似乎每天都在回答有关"登上领奖台"计划的提问。他甚至为这个计划辩护，这令我大感惊讶，但他的确这么做了。到赛事结束时，几乎所有人都认为，我们举办的这届最好的冬奥会应该归功于"登上领奖台"计划。

当距离本届冬奥会闭幕还有两天时，越来越多的人才意识到，加拿大极有可能在奖牌数量上取得突破。忽然之间，历史机遇就在眼前。我们最终获得了 14 枚金牌，成为冬奥会历史上获得金牌最多的东道国——奖牌总数达到 26 枚，也是我们的最好成绩。

在赛场之外，运动员们也在尽情享受他们的冬奥时光。我去惠斯勒和温哥华的奥运村探访了他们。同我交谈的运动员都对他们在这里的经历大加称赞。温哥华奥运村的食宿条件给那些幸运入住此地的运动员们留下了极为深刻的印象。他们怎么能忘记呢？温哥华奥运村的公寓耗资上百万美元，恐怕是奥运史上最奢侈的了。难怪那么多运动员对我说，他们住下就不想走了。

这两处奥运村与 2006 年都灵奥运村形成了鲜明的对比。那里的公寓房间四处透风，没有足够的毛毯，伙食也不好。我们想给运动员最舒适的体验。我们希望在确保他们安全的同时，安保措施不会给他们带来不便。冬奥会期间，常常可以看到运动员们停下脚步，与热情拥抱他们的警察合影留念。

我所到之处，无论是在比赛现场，颁奖仪式上，还是在由某省或某个大赞助商主办的活动中，得到的反馈是一样的：人们都在尽情享受冬奥时光。我们经受住了开赛最初几天的疾风暴雨，如今迎来了顺风顺水的航程。所有人都为此感到高兴，确切地说是兴奋不已。国际奥委会的委员们在赛事初期就不看好我们，唯恐和我们这样一个开赛伊始就麻烦缠身的组委会扯上瓜葛。现在，就连他们对我们也不吝溢美之词。我终于可以欣慰地微笑了，我的团队为了实现这一切，付出了多么辛苦的努力，只有我才能深刻体味。

温哥华市中心的街道已经变成奥林匹克的狂欢海洋，这是一场自发的盛大派对，欢迎每个人加入其中。在加拿大女子冰球队击败劲敌美国队的那个夺冠之夜接受了一个采访后，我站在了国际演播中心的二楼。我听到外面的人群高唱《哦，加拿大》。成千上万人，虽然彼此陌生，却在那一刻手挽起手来，沉浸在欢乐当中。举国上下洋溢着狂热、兴奋的爱国之情。3400万加拿大人民凝聚在一起。

在赛事即将结束的几天里，每一场比赛似乎都在取得新的超越。惠斯勒的庆典广场每晚都热闹非凡，当地居民挤满了每个角落。卑诗体育馆每晚爆满，每一位在这儿领取奖牌的运动员，无论他们来自哪里，都会受到英雄般的礼遇。唐纳德·萨瑟兰像瓦尔多[①]一样，似乎无处不在。韦恩·格雷茨基的身影也出现在各种场合。坎贝尔省长从早到晚废寝忘食地为加拿大代表团加油助威。联邦体育部部长加里·伦恩为运动员们呐喊到嗓子沙哑。全力支持代表团的还有我们的总理和总督。似乎整个国家都在奋力追逐我们强烈渴望的东西。冬奥会感动着每个人，如同一颗投入池水中的石子，激起了串串美丽的涟漪。

[①] 儿童绘本《瓦尔多在哪里》的主人公，译者注。

我所希望的一切都在本届冬奥会上得到了实现。全国人民都为冬奥会暂时放下手头上的事情，穿上加拿大队服，一起为运动员喝彩。每当我想起那些群情激越的场景，哪怕只有一瞬间，我也不得不控制情绪。

那些场景太容易令我激动到不能自已。

13

The **Closing** Curtain
大幕落下

开赛最初的几天，我感到时间是如此漫长，有时甚至痛苦难熬，而现在，我却惊讶于时间的飞逝，转眼间赛事就要结束。似乎昨天我还在台上欢迎全世界的客人来到温哥华，今天我就在考虑我的闭幕式致辞了。

此时的我已经身心俱疲，但飙升的肾上腺素和高度兴奋的神经刺激支撑着我。还有一个大日子要迎接，还有一场冰球金牌大战将上演。换句话说，闭幕的那个周日仍有许多大事，仍有可能出现严重失误，将之前几周营造出的美好的冬奥氛围毁于一旦。

戴夫·柯布和我还在老时间共进早餐。他看上去好像忽然年轻了，也不再那么紧张。我们讨论了闭幕式的准备情况，冰球决赛时有可能发生的混乱，以及确保闭幕当天一切顺利的安保和交通措施。我们还讨论了有人正在计划的抗议示威活动对人们去参加闭幕式会有什么影响。

我们可不想重蹈开幕式那天的覆辙。那天警察全力确保安全，却令我们的交通系统陷于瘫痪。闭幕那天早上，我还要应付媒体事务。在惠斯勒还有一场重要的50公里越野滑雪比赛。我的闭幕式致辞也令我忧心忡忡，尤其是要用法语演讲的部分。

我打算听从总理先生的建议，在致辞时尽可能早地说法语。但是即便有他的指导和策略建议，说法语对于我仍是一件难事。对于我的开幕式致辞的一些评价仍在我的耳边回响。前几周，我已经接受了一些发音训练，不过这就像教一个说英语的人说盖尔语一样收效甚微。我也不想仅仅为了降低难度就在致辞里说些简单的套话。我想让每句话都有意义，有价值，是致辞里不可或缺的。我越想越觉得紧张。为什么上学时我没有好好学法语呢？

但是我在致辞里的首要任务，是充分传达，或者至少力求传达，在过去的16天里，这个国家发生了什么。是的，加拿大也曾有过举国上下齐声欢庆的时刻。但如果你问加拿大人，他们上一次目睹全国人民兴奋而自豪是什么时候，他们通常会提到1972年加拿大队战胜苏联队的那次冰球系列赛。那是我们最近一次举国上下如被魔法牢牢吸引，无论在城镇还是乡村，人们在同一个时间关注着同一件事。

我认为本届冬奥会无疑让加拿大展示出了它真实的国民性格，让全世界看到了我们不为人知的一面。可能有许多人觉得，我们这些不苟言笑、低调谦逊的加拿大人似乎变得跟平常不一样了。不管怎样去描述，大家都注意和感受到了这一点。雅克·罗格的评价可能最为恰当，他说国际奥委会从未见过奥运会在哪个东道国获得如此规模的全民参与。

人们再也不会说加拿大人安静腼腆、缺乏爱国热情了，再也不会说我们不会挥舞国旗，或者不愿把爱国标志印在衣袖上了。我无数次听到有人说："我从来没有像现在这样为自己是加拿大人而骄傲。"冬奥会充分证明，我们有多么乐意在从头到脚的穿戴上表达我们的爱国之情——特别是我们手上的东西。本届冬奥会的红手套已经成为国民标配，甚至在世界最偏远的角落都能发现它们。似乎所有人在这两周里都成了加拿大人。这种感觉棒极了。

温哥华和惠斯勒的赛事受到举国上下多么热烈的关注，收视率当然是最有力的证明。开幕式当天，超过1300万加拿大人全程收看了长达三个半小时的开幕式，部分收看的观众则超过1000万，使开幕式成为加拿大历史上收视人数最多的电视直播节目，和2002年盐湖城冬奥会时收看男子冰球金牌大战的1030万观众相比，人数增加了29%还多。还有300万人通过其他平台关注了开幕式直播，包括互联网、电台、手机及其他手持设备。

对于接下来发生的事来说，开幕式只是一个前奏。加拿大电视网集团大概每隔一天就会发布一次新闻，公布一场加拿大选手有望夺取奖牌的决赛的收视数据，这些数据高得惊人。有数以百万的人收看颁奖仪式，我的天哪！竟然比北美职业冰球联赛的最高收视场次还要多出四五倍。当我们后来得知有2200万加拿大人守在电视机前收看男子冰球夺金大战时，我们一点儿也不感到奇怪了。真想知道那天是谁在维持这个国家的正常运转。

在冬奥会的两周里，显而易见，变化正在温哥华的街头巷尾、全国各地的家家户户发生，我们见证着这一切，也被这一切所惊讶和震撼。我们加拿大人并不爱炫耀，但是现在，我们趾高气扬地向世人充分展现我们自己。坦率地讲，那些关注本届冬奥会的人早在几个月前就明显察觉到了特别之处。有清楚的迹象表明，加拿大对本届冬奥会不仅全力以赴，而且全情投入，后来这一点果然得到了证实。加拿大人似乎要重塑自我。他们炽热的激情从火炬传递的那一刻起就向世人显露无遗。

当我们宣称本届冬奥会将是属于加拿大的体育盛会时，我们试图让所有加拿大人觉得，无论他们生活在哪里，冬奥会都与他们密切相关。相当一部分人对此不以为然。他们认为我们的设想太遥不可及，有人说它永远也不可能实现。这个国家幅员如此辽阔，冬奥火炬不可能走遍全境。然而就是在火炬传递期间，加拿大人的热情开始被点燃，我是指所有加拿大人，无论肤色和信仰。我们的设想正在一步步实现。那小小的火焰似乎打动了每一个人。就是在那时，加拿大人第一次走出家门，亲身感受冬奥气氛，许多人都把红白相间的国旗色穿在了身上。

我常常怀疑，如果火炬没有传遍加拿大的每个角落，让90%的加拿大人亲身近距离感受到奥运精神，我们运动员的表现还是否能令全国人民的爱国热情高涨，至少能否达到现在这种狂热程度。正是火炬传递激起了我们强烈的自豪感，赋予了我们勇往直前的动力，加拿大人的风采在冬奥会的17天里得到充分展现。

当我开始一遍又一遍练习我的演讲，努力寻找词语来表达加拿大人民在闭幕这一天的感受和期待时，这些想法萦绕在我的脑海之中。周日上午，我花了大把时间来检查、润色和修改讲稿，大声练习法语。每次排练，激动和紧张都使我抑制不住泪水和汗水。但是我决心不断改进。对闭幕式本身我也满怀期待，想象着这场盛大的表演将如何开启。至少可以肯定的一点是，我们已经准备好了一份小惊喜。

开幕式上，原本应由四根冰柱点燃主火炬，但其中的一根没有从地面升起，当时这尴尬的一幕令我们目瞪口呆。大约一周后，大卫·阿特金斯约我去他的办公室，我们进行了一次闭门长谈。他想跟我谈谈他和其他几个人讨论过的关于闭幕式的想法，那和最初的方案有很大的不同：观众们落座后会发现，迎接他们的仍是由三根冰柱撑起的未点燃的主火炬，好像主火炬真的永远"残缺"了一样。大卫他们的主意是，把升起第四根冰柱作为闭幕式表演的一个环节，由卡特里奥娜·勒·梅·多恩点燃主火炬。开幕式那晚，正是多恩点燃的那根冰柱固执地罢工，把她抛在彻骨的寒冷中苦等。大卫设想让一个装扮成电工的小丑从地面下冒出来，装作拉绳子的样子，把那根不见的冰柱拉起来。这时，卡特里奥娜出场，点燃主火炬。

这滑稽的一幕将永载史册，大卫描述他的设想时，一定能看到我脸上露出了微笑。这是天才的设计——无论从哪个方面来说都是。首先，这是我们跟自己开的小玩笑。没错，回忆起开幕式上的小失误，有些人似乎仍能感到那酸涩的滋味。但现在，我们要把这个酸涩的柠檬变成可口的柠檬水。开幕式上表现得庄重得体的卡特里奥娜将享受到本应属于她的焦点时刻，加拿大人将为之沸腾。

第二点，我们承诺举办一届双语奥运会，这不仅仅是指使用法语，而是要在我们所有的环节中，广泛体现出加拿大英、法文化共存的二元性。对于开幕式和闭幕式来说，这种二元性可以通过我们选择参加表演的艺术家、舞蹈演员，出现的音乐、形象，以及讲述的故事等来体现，而不必局限于语言。大卫选择一名来自蒙特利尔的小丑演员恰恰体现了这一点：小丑演员代表着法语区的文化，但他根本没有开口说话。

在处理如何体现法语区文化的问题上，我们要面对来自各方的压力，更不要说网上还不时地出现一些无理的要求。我觉得在这种情况下，大卫展现出了真正的创意才华。开幕式上，我们以一首法语歌作为结束曲，对此美国全国广播公司无动于衷。它的美国观众大多都说英语，所以它肯定更希望我们选择的是一首他们所熟悉的英语歌。加拿大电视网则极力游说我们在闭幕式上采用他们提议的主题曲《我相信》。大卫的回答是不可能，我不打算同他争论。他坚持己见，不被那些看客的干扰和游说左右，这有什么可指责的呢？我喜欢《我相信》这首歌，但我也喜欢能同大卫召集起来的这支天才团队共事。而且，尽管加拿大电视网是我们重要的合作伙伴，我们的工作也不是为他们做推广。我们当然不会把他们的利益置于冬奥会和大卫精心策划的方案之前。

一方面，我强烈期待着冬奥会为我们带来狂欢和兴奋，另一方面，我也不会忘了这些场景背后的政治和商业角力，对于开幕式和闭幕式而言尤其如此。

上午晚些时候，我动身前往加拿大冰球馆观看金牌争夺战。此时的冰球馆犹如一个火药桶，因兴奋而躁动不安。闭幕式已经让我够紧张的了，我可能真不该再来受这出充满悬念的大戏的刺激。但话说回来，希尼·克罗斯比在加时赛中为加拿大奉献的一记绝杀，哇哦，就算是好莱坞最棒的编剧也写不出比这更精彩的情节。我们的好小子希尼，我们整个冰球队，为加拿大和2010年冬奥会创造了又一个历史时刻，这一时刻在今后的数十年中必将让人们念念不忘。这场比赛为历时17天的冬奥会打上了一个感叹号，使加拿大人民前所未有地凝聚在一起。

赛后从冰球馆赶到紧邻的卑诗体育馆花了我一点儿时间。几乎每走出几步远，就会有人来跟我谈论刚才的比赛，对温哥华奥组委出色的工作表示祝贺。每个人都热情洋溢，兴高采烈。终于，我到达了体育馆，不过我打算到临近闭幕式开场倒计时的时候再露面。这么做是出于几个考虑。第一，我想再花点儿时间来检查讲稿，做些修改，把刚刚这场创造冰球史的比赛加进去。我们迎来了一届战果丰硕的奥运会——14枚金牌，对于参加冬奥会的国家而言，无论东道国还是非东道国，这个数目都是史上最多的。多么辉煌的成就！是对"登上领奖台"计划多么有力的肯定！这一点必须在致辞中得到体现。我还想再多练习几遍法语部分。临阵磨枪，不快也光嘛。

我提前求助于马塞尔·奥伯特，他是新当选的加拿大奥委会主席，魁北克北方人队的前老板，"美丽之省"的传奇人物。我清楚地记得他在魁北克进行火炬传递时的情景，他的身后有一大群跟随者。我想他可以在表达、措辞和演讲技巧方面给予我帮助。他立刻提出了几条建议，使我能在这次演讲中更好地用法语进行表达。他甚至面对面地指导我，我们一起在卑诗体育馆的房间里练习我的法语致辞，共同度过了闭幕式开始前的几个小时。他让我一遍又一遍地练习，就像一位充满激情、全心投入的合唱团指挥。"还不够好，"他冲我喊道："再来一遍。"他不停地挥动双手，语速飞快。如果不是这么严肃的事情，他的样子肯定会令我忍不住放声大笑。经过他的一番精雕细琢，我在上台时已经信心满满。他的帮助让我克服了焦虑与绝望，开始有勇气迎难而上。我已经准备好尝试一下了。

我不想露面的另一个原因是大卫对第一幕的策划。雅克·罗格和国际奥委会其他委员的目光肯定只会被只有三根冰柱支撑的未点燃的主火炬所吸引。圣火没有燃烧，这才是最要紧的——因为这违反了国际奥委会的协定。一旦主火炬点燃，赛事开始，圣火就应保持不灭直至该届奥运会结束，而世界人民将在四年后，在圣火的召集下在下一个主办城市重聚。当人们来到闭幕式现场时，圣火本应继续燃烧，让每个人觉得这 17 天里，圣火的光和热从未中断。

但是——哎呀。

缺了一根支柱、没有点燃的三脚架形状的主火炬显得那么蹩脚突兀、毫无生气，我完全能够想象得到，当现场观众看到这幅场景时是什么心情。他们都会以为，开幕式的尴尬又要重演了。

我还有点儿担心我的小女儿莫莉。就在冬奥会筹办期间，她已经从小女孩变成了漂亮的少女。她将参加开场的舞蹈表演，展现我们的单板滑雪运动。从申请参加舞蹈表演，到进行面试，再到最终入选，她都是悄悄进行的，没向我透露一点儿消息。她多年的舞蹈课没有白上。我为她感到激动，同时也为她紧张。我知道此时的她可能也紧张到肚子疼呢。

终于，我该去找达琳·普尔，陪同她一起去主席包厢了。当我们落座时，空气中似乎都弥漫着一种期待的震颤。许多人都注视着主火炬，好奇到底会发生什么。就在即将宣布表演立刻开始时，我向达琳探过身去，对她耳语道："准备好了，这是个巨大的惊喜。"

几分钟后，羽毛飘舞，火花四射，我们的小丑装扮成电工的模样出现了，闭幕式正式开始。没过多久，卡特里奥娜颇富戏剧性地登场，人们这时都预料到了接下来的事：我们用一种有趣的自嘲式幽默，使错误得到了纠正。观众陷入了疯狂，他们爱死了我们这出拿自己开涮的小喜剧。坐在我前面的荷兰王子威廉·亚历山大转过头来对戴夫·柯布大笑着说道："天才的创意！"

的确如此。纯粹的大卫·阿特金斯式的天才创意。仅仅这一幕，他就对得起他的合同报酬里的每一分钱。

我没有看到雅克·罗格对刚刚在舞台上发生的这一幕有何反应，但我想他应该很高兴。对他来说，这是又一个富有启发意义的奥运时刻。我希望此时的他面露微笑，不再计较开场时圣火熄灭违反了国际奥委会的协定，而记住眼前这一幕真实的场景。我不将这一幕视为履行协定方面的一次过失，甚至也不将它视为事后补救。人们会久久回味这一幕。它让我们，不仅仅是奥组委，还有整个国家，都充满了人情味儿。一直以来，国际奥组委用拿破仑军队般的坚定和忠诚，捍卫着它的规则和传统。我想，这一幕甚至也会令它变得不再那么古板守旧。这一幕以一种与众不同的方式，给本届冬奥会留下了难以磨灭的印记，展现出真实的加拿大人：自由闲散，敢于自嘲，不为传统所束缚。

我们的小丑演员让整个体育馆的气氛都轻松起来。观众们情绪高涨，准备尽情享受接下来的快乐时光。很快，场地里站满了几百名身穿白色服装、手拿滑雪单板的舞蹈演员，他们在温尼伯摇滚乐队"心灵之眼"主唱的《温哥华》歌曲声中，向燃烧的主火炬聚集。他们大多是高校学生，莫莉就在他们之中。为了圆满完成这三分钟的表演，她已经练习了无数次。我努力想在场地上那些起劲舞动的演员中找到她。但根本不可能。不过这并不影响我的心情，此时我是一个为女儿骄傲的父亲。

运动员入场式一如既往地充满和谐友好的氛围。当运动员们放下宿怨，与来自全球各地的朋友——无论肤色，无论性别——握手言欢时，国界也随之消失了。他们彼此交换着队服和国旗。世界似乎变成了一个国家，人类和平梦想的完美典范。这是一场无拘无束、放飞自我的狂欢派对。运动员们似乎告诉我们，体育是真正的、最伟大的人生隐喻。我能想象得到，此情此景给予全世界的孩子们多大的鼓舞，奥运之梦开始在他们的心中扎根。

我离开座位，同雅克一道去往舞台，准备发表闭幕致辞。按照传统，奥组委首席执行官的闭幕致辞应该比开幕致辞短得多，但我还是希望温哥华和惠斯勒发生的一幕幕能在这次演讲中得到充分的展现。这不是说空话和琐事的时候。我想应该有人代表加拿大人民讲出这个国家的感受。在本届冬奥会期间发生了那么多深刻感人的故事——我们要感谢太多事，太多人。今晚，我们满怀谦卑和仁爱，表达出真情实感。

我从未在演讲前感到如此紧张——并不是因为亿万人的观看，而是因为今晚哪怕出现一个失误，都会成为我终身的遗憾。我在开幕式上致辞之前相比现在可要淡定多了，那会儿外界的关注比现在更强烈。开幕式时我并不担心我的法语，而现在我恐惧得几乎说不出话来。

当我站在后台，等待接到出场指示的时候，我能听到现场观众正在为体育馆内发生的一切欢呼。

"该你上场了。"有人对我说。

在6万双眼睛的注视下，我迈向漆黑的舞台。此时的心情难以用语言描述。兴奋与紧张交织在一起，大脑一片空白。我甚至都没有意识到自己已经颤抖着双手把讲稿放在了面前的讲台上。雅克·罗格就在我右边几步远的地方，等待轮到他致辞。我牢牢记着哈帕总理的建议：开头用法语向罗格博士和国际奥委会委员、总理、总督、省长、运动员一一致谢。总理先生的话犹在耳边："早点儿说法语，人们会赞赏这一点，而且会佩服你勇于尝试。"

我开始渐入佳境。

我谈到，在刚刚结束的赛事里，我们见证了竞技体育力量的非凡呈现，这种力量能够使我们摆脱绝望，奋发振作，联结在一起。但是现在，终于还是到了说"再见"和"谢谢"的时候。"也到了该比较加拿大今昔不同的时候了。"我在致辞中这么说。

这是我几天前就决定要提到的一点，也是我认为最重要的一点，要明确地告诉世人，本届冬奥会对加拿大产生了非同寻常、巨大深远的影响，与开幕时相比，我们取得了一些进步。我还要提醒世人，通过本届冬奥会，他们认识了真正的加拿大人，过去有关我们的种种传说和先入之见，现在都可以抛在一边了。

"我们有一种含蓄温和的民族自豪感，有时不愿表露，而现在，全国各地的大街小巷都洋溢着最热烈的爱国之情……（加拿大人）不仅仅在喝彩——你们似乎也在赛场上为金牌而战，亲历每个光荣时刻。"

亚历山大·比洛多赢得的首枚金牌让全国人民都体验了一把冠军的滋味。我们在男子冰球项目上赢得的最后一枚金牌将被世世代代所铭记。

我必须感谢志愿者们。没有他们的奉献精神、坚定意志和辛苦劳动，本届冬奥会就不可能顺利进行，更不可能取得现在的成功。他们是无可争议的奥运英雄。他们中的有些人战胜了巨大的困难。我在致辞中说道："你们的贡献就是一枚终身荣誉奖章。你们通过你们的服务，为我们所有人定义了如何成为一个自豪、慷慨的加拿大人。"

在我最后的这次演讲中，我不可能不提到诺达尔的悲剧。那场悲剧本来可以轻易地令本届冬奥会惨淡收场，但事实并非如此。"我们向格鲁吉亚人民表示深刻的哀悼和遗憾。每个加拿大人和所有来到冬奥会的人，与你们一起分担这份难以想象的悲痛。你们最亲爱的儿子诺达尔·库玛利塔什维利，他的精神将被永远铭记，激励全世界的青年人去做自己的人生冠军。"

我还说到，2010年冬奥会留下了许多宝贵遗产，不过我的心愿只有一个："每个加拿大孩子——无论来自希库蒂米、蒙克顿、大草原城、斯阔米什，还是尼亚加拉大瀑布——在成长的过程中都能有机会体验体育的快乐。不能落下一个孩子。为了保障全世界每个孩子享受体育的权利，我们全球奥运大家庭将不懈努力。"

随着用法语喊出"加拿大万岁"，我结束了演讲。

我走下舞台，观众们热情的、巨大的喝彩声令我振奋，我觉得浑身轻飘飘的。我又能畅快地呼吸了，紧绷的身体放松了下来。很高兴我挺过来了。还没等我回到座位，我的黑莓手机振动了起来。前几条短信中有一条发自联邦政府文化部长詹姆斯·莫尔，我和他曾有过争吵，还有一条发自马塞尔·奥伯特。他们都称赞了我的法语。我不由自主地露出了微笑。我当然清楚我的法语并不完美，可能还会让某些追求纯正语言的人觉得刺耳，但是我已经尽力了。就像总理先生对我说的那样，我永远不会去试图取悦所有批评者，但我会因鼓起勇气尽力尝试而赢得赞赏。

直到今天，我也没有观看我的演讲视频，不管是开幕式上的还是闭幕式上的。可能总有一天我会去看的。

现在，我能够开始真正观赏下面的表演了，这是送给加拿大的一份精心设计的特大礼物，精彩夺目，不时地拿我们自己开开玩笑，令每个人脸上都绽露出笑容。对那些关于加拿大人的陈年笑料，我们没有装作无视它们，也没有否认它们有符合事实的地方，而是将它们轻松地展现出来。于是有了这一幕：当威廉·夏特纳在台上说"我骄傲，我们加拿大人连喝四杯啤酒后还能自由说出'胡安·德·富卡海峡'"，全国观众都心照不宣地窃笑不已。麦克·布雷演唱的《永远的枫叶》也是整场晚会的亮点。

第二天，我读到了一篇对晚会表演的评论，作者是《温哥华太阳报》的皮特·麦克马丁。我觉得其中的描述十分贴切。尤其值得一提的是，这篇善意的评论的作者一开始是本届冬奥会的批评者。"布雷表现完美，"皮特写道，"他所置身的这场百老汇式的演出是如此精彩，滑稽有趣，以至于我在观看时不禁认为，加拿大的国家形象在这场演出中得到了重塑。加拿大骑警队，巨大的骑警木偶，枫叶宝宝，划着独木舟的法国猎人，壮硕的海狸和驼鹿，欢快舞动着轮番登场，最棒的要属壮观的模拟桌面冰球比赛了。整场演出是真正的天才之作，其中的幽默之处只有加拿大人才能领会。一切都精彩绝伦，震撼着每个加拿大少年的心灵（注意到那些表演冰球比赛的演员们脖子上挂着的金牌了吗？）。这是我们跟自己开的玩笑。就差没把一大罐枫糖浆浇上去了"。

我们跟自己开的玩笑。真是恰如其分的描述。如果说对这场表演有什么讥讽的话，那就是与饱受批评的都灵冬奥会闭幕式有不少相似之处。展现有关加拿大人俗套笑料的环节被一些人嘲笑。这个环节的确在很多方面都同都灵冬奥会闭幕式相似，不过还是因滑稽有趣、"笑"果极佳而广受称赞。

在圣火逐渐熄灭的几分钟里，加拿大出生的民谣歌手尼尔·杨为运动员们带来他的成名金曲《你将跑向远方》，如小夜曲般动人的旋律令整个体育馆平静下来。这完全是加拿大人的告别方式，提醒世人，加拿大拥有众多本土的世界级大师。

当尼尔退场的时候，我能感受到体育馆里有一种奇怪的氛围。圣火已经熄灭，但人们不愿意就此告别。他们全情享受整场表演，觉得自己也成了台上耀眼的明星，这让我欣喜不已。我环顾四周，惊讶地发现还有那么多人留在座位上，直至演出结束的最后一刻，而另一些人则涌向出口，到场外继续庆祝狂欢。当我和达琳一起往外走的时候，我对她说，我总是觉得杰克也在这里，如果真如我所想的那样，此刻他可以放心离去了。他未竟的事业已经完成。他一定在某个地方对我们微笑——我知道。

闭幕式结束后，我们马上在主新闻中心举行了一场新闻发布会。这场发布会的气氛与开幕式后的发布会截然不同。我为大卫感到由衷的高兴，他极富创意的策划一定会大受称赞。没有人对法语部分或残缺的主火炬提出质疑。倒是有人问他是怎么想到用现在这种精彩的开场方式的。同大卫和我一起在讲台上的还有几位参与演出的演员和歌手。我回答了几个关于闭幕感受的问题。这不是结束，我答道，现在我们要为冬季残奥会做好准备了。

总的来说，发布会上的提问都是善意和积极的。这种基调说明，我们克服了早先的一次次挫折，以加拿大人的方式绝处逢生。我们不仅成功举办了这场伟大的赛事，而且还树立起了全新的标杆。人们将以不同于以往的标准来对我们之后的主办城市进行评判。我没准备在发布会那天接受赞美，现在也依然如此。我只感到高兴，人们不会再说本届冬奥会是史上最糟糕的一届了。

发布会之后，我到杰克·普尔广场上逛了逛。尽管圣火已经熄灭，但仍有数以千计的人流连在火炬台的周围。我站在那里，微笑着看着这一切，圣火带来的巨大变化让我感动。它是奥运精神的象征。每天都有成千上万人来瞻仰它，希望感受它的光和热，它的传奇历史发人深思，它代表的力量超越时间，未曾稍减。父亲和母亲，怀中抱着孩子，凝视着这奇迹与希望之光。奥运会并非完美无瑕，有时也会麻烦缠身，我们清楚这一点。但奥运的内在核心是有价值的，蕴含着改变人生、改变世界的潜能，也蕴含着让整个国家凝聚起来的力量，就像它已经对我们国家产生的影响一样。在当今世界，这显得尤为难能可贵。

如果说冬季残奥会圣火代表着奥运灵魂与精神，那么把它安放在以杰克·普尔的名字命名的广场再合适不过了。杰克·普尔正是奥运灵魂与精神的践行者。我强烈思念着这位伟大的朋友，尤其是在闭幕式那晚，我多么想拥抱他，感谢他为我所做的意义非凡的一切。我们的友情终生不渝。35年前，我失去了父亲约翰·杰克·福隆，如今，约翰·杰克·普尔也离我而去。我想我没有辜负他们对我的付出，我希望我做到了。

最后，我返回湾岸，那里的气氛轻松愉悦。国际奥委会的委员们纷纷走到我的面前，对我说我的团队应该感到骄傲，因为我们举办了一届史上最棒的奥运会，可以与悉尼和利勒哈默尔相媲美。这真是对我们莫大的肯定。一切都感觉很好，不过我还是准备回到我的房间，彻底放松下来，享受几个小时的安静时光，暂时告别紧张忙碌，给孩子们打个电话。无数个庆祝活动邀请我去参加，我都推脱掉了。更何况明天我还得早起，第一件事就是赶往机场，确保那里的保障工作一切顺利。

那天夜里，当我的头碰到枕头的那一刻，我在想什么？这个问题我已经被人问过上百次。我在想什么？感到轻松，这是肯定的。虽然不等到冬季残奥会结束，我的团队不可能完全放松，但此时我知道我们已经取得了与众不同的成就。我们的目标无疑是大胆的。我们梦想重塑我们的国家，以某种方式为它做出贡献。那晚当我躺在床上，思索我们的目标是否实现了的时候，我知道，我们很快就会从其他人的话语和行动中找到答案。

那个夜晚可能是我人生中最幸福、最平静的一晚。我开始意识到我们已经取得的成就；我能看到和感觉到。当有什么事令你感到心满意足时，它一定会占据你的全部身心。你脑中想到的都是幸福的事情。那晚我入睡前就是如此。我想到我的孩子们，希望他们为我而骄傲。我想到我自己的家庭，尤其是我的父母。如果他们还在世，他们的儿子在这人生中重要的 17 天里将为他们带来什么样的感受。

有些时候，我会觉得我有点儿疏远我的父亲。对他来说，体育不过是种业余爱好，周日消遣罢了，算不上真正的工作——至少在 1974 年的爱尔兰如此。当我告诉他我想靠体育谋生时，他总是摇头，说他希望我总有一天能醒悟过来。如果那晚他在体育馆，他一定会被那里的景象惊呆的。

我的父亲是我的英雄，我想我给我的团队传递的所有价值观和理念都是他灌输给我的。我的母亲则教我做一个重荣誉、有教养的人，做正确的事，尊重别人的付出。这些也成为我人生哲学中的重要信条。那晚当我躺在床上，我想到他们，还有我的姐姐罗斯玛丽，在申奥期间，她因红斑狼疮而去世。为了能在这儿，和她的弟弟在一起，她肯定愿意付出一切。

我想到第二天早上醒来的孩子们，他们肯定整晚都梦见自己亲身在奥运赛场上拼搏，下一个希尼·克罗斯比就在他们中间。

14

A Final **Farewell** to Nodar
与诺达尔的最后告别

第二天早上，迎接我的是一条条颂扬本届冬奥会成功的头版标题，优美得如同诗句。这些积极评价有的出自我们最苛刻的批评者之手。之前曾猛烈抨击过我们的英国报纸之一——伦敦《每日电讯报》——宣称："对即将在 2012 年举办奥运会的伦敦人来说，本届冬奥会难以超越。"《每日电讯报》在伦敦新闻界的对手们也表达了同样的观点。大卫·阿特金斯在闭幕式上的天才策划广受称赞。甚至连法语环节也得到了肯定。

不过，3 月 1 日还意味着，我们成千上万的客人该动身回家了。派对已经结束，现在我们要面对的是拖着疲乏的身躯涌向机场的庞大人群。对于这些来参加奥运的人来说，在机场的体验将在他们的记忆里留下不可磨灭的印记。正因如此，我们一直将"第 18 天"视为奥运日程中最重要的日子之一。我们最不愿发生的事就是，在我们的客人即将离开时，原本拥有的非同寻常的美好感觉在登机和安检过程中被破坏。

即使精彩如盐湖城冬奥会，它给许多人留下的最后记忆也是回家时在机场长达 10 个小时的排队等待和极度混乱。那种场面并不好看，还出现了几次群情失控的事件。我们发誓不让这种情况发生。

温哥华机场管理局从一开始就是我们本届冬奥会的全面合作伙伴。机场不再仅仅是航班起降的乏味的地方。我们决定把这里也变成一个奥运场所，赋予它独特的个性。当人们抵达温哥华时，立刻就能感受到正身处一座奥运主办城市。温哥华机场管理局首席执行官拉里·伯格同我们团队的成员们一起，用本届冬奥会的主色将整个机场装点一新，让抵达的旅客感到，迎接他们的似乎是专门为他们准备的欢迎派对。机场的工作非常出色。

一大早，在快乐的早餐会上，我和我的同事们一起接受了由国际奥委会颁发的奥林匹克勋章。之后，我前往机场，去看看那里的情况进行得如何，并向冬奥会志愿者和机场志愿者表达谢意，他们从凌晨起就在那里工作，确保旅客的需要能得到及时满足。当我到达那里的时候，整个机场回荡着一种低沉的嗡嗡声，就像伦敦爱乐乐团的演奏一样美妙。上千名旅客已经离开。安检过程简便快捷，出港航班按时起飞。

在筹备工作阶段，温哥华机场兴建了一座相当于航站楼的建筑，以应对冬奥会带来的超大客流。无论何时，只要出现排队过长的情况，工作人员就会把部分旅客引导到这座临时建筑里（现在它已成为永久建筑），在那里，他们几乎可以立刻完成所有登机前的手续。

返程日当天的井然有序同以往大多数奥运会的情况形成了鲜明的对比，给国际奥委会留下了极为深刻的印象。我想出现问题的部分原因在于，以往的奥组委没有意识到，与机场进行全面合作会产生如此神奇的作用，机场应该被视为奥运会整体工作中至关重要的一环。要力图让这个全面合作伙伴相信，尽管它的工作只在奥运会短短的几天里才会被放在首位，但对于奥运会的成功而言，它是不可或缺的。拉里·伯格对他的员工们进行的所有应对冬奥的培训卓有成效。冬奥志愿者和机场志愿者随处可见，有的在分发饮料和食物，甚至还有音乐和其他娱乐，以供排队等候的人们消遣。

眼前的景象令我欣喜不已，疲累之感一扫而空。但是今天对我来说，无疑是忧伤和甜蜜交织的一天，它意味着将要和许多特别的朋友告别。有些人在八九年前我并不认识，而今天，我要一次又一次恋恋不舍地对他们说再见。他们已经成为我终身的朋友，至少我这样认为。比如国际冰球联合会主席勒内·法泽尔，他曾在我们申办冬奥过程中发挥了举足轻重的作用。我还会想念格哈德·海伯格，他是多么值得敬重的人，我渴望有机会能再见到他。

当我和格哈德道别时，他对我说："约翰，你取得了令人难以置信的成功。"赞扬出自格哈德之口，意义非比寻常。他曾担任1994年利勒哈默尔冬奥会组委会的首席执行官，该届冬奥会为奥运会主办城市树立了最高标准。我们的工作能被该届冬奥会组委会成员所称道，这真是我们得到的最高褒奖。

我甚至还会想念雅克·罗格，尽管在我任职奥组委期间，我们并不是特别熟稔。诺达尔的去世在我们之间建立了一种以前不曾有过的联系，当我最后一次与雅克握手的时候，我感到了不同。他似乎比我在开幕之前认识的那个雅克更热情、更平易近人。他从来都不是那种活泼健谈的人，但是我非常尊敬他，对于奥运事业，他坚持原则，恪尽职守。他承担的是一项艰难的工作。

在机场，我花了不少时间同来自世界各地的运动员交谈。"史上最棒的奥运会"，这是许多人的共同评语。这无疑感觉不错。我遇到一个小伙子，他完全爱上了温哥华，以至于在煤港买了一套公寓，附近就是燃烧着的冬奥会的第二根主火炬。"我控制不住自己。"他说。

随着成千上万的人飞离，又有新的一批旅客在兴奋中着陆，海关大厅再次变得拥挤起来。世界各国的媒体对本届冬奥会不遗巨细、连篇累牍的报道，令抵达的人群对他们的温哥华之旅充满了期待——现在轮到他们怀揣证件，搭乘冬奥专线，尽情感受冬奥了。

冬残奥会已经近在眼前。

我们已经做好了全面过渡切换的准备。没有时间休息或庆祝。我的团队以火箭般的速度撤除所有冬奥会的布置，换上冬残奥会的布置，物流工作量大得吓人。场馆根据不同用途进行装置和改造，有些则已停止使用。上千名做好准备继续服务的志愿者摘下佩戴的冬奥会会徽，换上残奥会的"三色带"标志——这是我们为了应付资金紧张而采取的节约成本的措施。它的实际效果非常不错。

下午早些时候，我离开了机场，我们在那里也完成了一场近乎完美的比赛，对此我感到心满意足。和我同车的同事们显然更镇定、更放松了，不过他们仍然会坚定地为接下来的工作全力以赴。他们给予我动力，他们夜以继日、事无巨细地操劳，随时准备去解决哪怕最微小的难题。他们没有让我因为任何纰漏而受责。和他们共事，我是多么幸运。

临近傍晚，我接到了孩子们的电话。强烈的自豪感令他们陷入无尽的兴奋之中，几乎懒得去想回到生活的正轨上来。我的儿子小约翰在电话里急切地要和我聊聊他的感受。他说："爸爸，你知道，我从小到大就清楚我们的邻居是个超级大国。他们个头比我们大，实力比我们强。在大多数事情上，我们都不是他们的对手，他们拥有最多的财富，最强的武力。他们去哪儿，我们就跟到哪儿。生活在他们的阴影下，对我们这代人来说还好，但是我们的下一代再也不会有这种体会了。我们加拿大人在体育比赛中，或者在其他方面，都能一展身手。从现在起，我们甚至要为更高的目标拼搏，我们有获胜的希望，我们有信心取得任何成功。"

哇哦，我心想，如果这就是本届冬奥会留下的唯一的永久遗产，那么，我们付出的一切都值得了。

虽然我们很想久久享受和回味冬奥会的余热，但现在，该为接下来的三个星期做全力准备了。我们只有几天的时间来确保一切就绪，让冬残奥选手能够顺利入住，尽快适应新环境。明天早上，我会提醒执委会委员们，我们必须保持警惕，不能得意忘形。大街小巷的人们正渴望迎来第二轮盛会。我的同事们向我保证，所有车站的工作人员都已到岗，周三之前我们就能准备就绪。这正是我们的一贯作风。

从冬奥会到冬残奥会的过渡工作没有出现任何疏漏，我们的准备时间甚至还有一点儿富余。我们本以为会遇到更多困难。周三之前，运动员、教练员和官员们都已抵达，惠斯勒和温哥华奥运村内的气氛舒适宜人。技术人员和其他赛事工作人员忙于对所有环节进行最后检查，确保场馆设施达到比赛使用要求。

过去10年中，我经常被问到的一个问题是，为什么奥运会和残奥会不同时举行？同时举行肯定会更高效吗？成本肯定会更低吗？与奥运会的赛场相比，残奥会的赛场显得不是那么耀眼和迷人，残奥会选手难道不更愿意同其他奥运会选手一样，在同一个伟大的舞台上展现自我吗？

过去，的确有过一些残奥会项目的比赛在奥运会期间举行。但事实上，国际奥委会和国际残奥委会不希望这两个赛事合二为一。它们都想保持独立性，作为单独的组织存在。而且，它们一个总部在瑞士，另一个总部在德国；合并只会增加而不是减少成本。运动员村不得不扩大规模，以容纳同时抵达的更多的参赛选手，膳食设施也必须增加。奥运会比赛结束后，场馆需要进行全面改造，以适合残奥会比赛使用，如果两个赛事同时举办，就需要修建更多的场馆，还要有更多的看台及一整套其他配套设施。

这意味着，对于像温哥华奥组委这样一个负责组织工作的机构来说，在冬奥会结束后重新再进行一轮筹备，实在太困难了。整个团队已经精疲力竭，却还得立刻恢复到工作状态。我们对这一挑战早有预料，因此决定采取一种简单的组织策略——将两个赛事作为一个主题节日，由同一支团队来组织筹划。以往某几届残奥会的组织工作是外包给一个单独的代理机构的（比如都灵冬残奥会就是如此）。但是我们认为，那样做会增加不必要的风险。

我们都意识到，人们十分期待我们为本届冬残奥会带来不一样的东西，而不是把它作为次等赛事来对待。因此，我们以和冬奥会同样的标准来要求自己的工作，两个赛事的过渡切换进行得非常迅速。

现在，我的注意力，至少是部分注意力，该集中到冬残奥会的开幕式上来了。帕特里克·罗伯格——开幕式演出的执行制作人——和他的团队正在体育馆里汗流浃背地工作。彩排虽然还有点儿生疏，但正在不断改进。帕特里克对演出的匠心独具之处非常有信心，不过他还缺少执导大型场馆演出的经验。如果说曾经有过一个遭遇大麻烦的执行制作人，那这个人一定是帕特里克。卑诗体育馆的重装切换不算顺利。帕特里克可以利用所有冬奥会的装台物料和布置，但是场馆内的整体状况令他苦恼。就像头天晚上你家里举办了一场盛大派对，第二天早上醒来你不得不把所有东西都收拾干净，而这个烂摊子根本不是你造成的。帕特里克没想到这些扫尾工作，他本以为只要轻松接管场馆就行了。

他的团队迎难而上，解决了场馆清理的问题，周末之前，体育馆内又焕然一新，演员们也全部就位。他不放过每分每秒的时间来进行排练，敲定那些惊喜环节。艺术家们开足马力，确保音乐和歌曲万无一失。国际残奥委会的委员们提前观看了部分排练，他们非常喜欢我们准备的一切。

这场演出实际上的成本很低，但现在它看起来的效果正相反。一些关于开幕式转播的传闻开始出现。一会儿说会有直播，一会儿又说只会录播，反反复复。国际残奥委会都快被搞疯了。人们都在密切关注着，期待冬残奥会也会被直播，以践行自然公正的原则。我们曾经承诺直播，现在仍然希望能做到这一点。加拿大电视网则怀疑，演出直播能否吸引住观众达两个小时之久。

到3月2日中午，我们又奔波在路上了。我们要去往首都渥太华，冬残奥会火炬传递将在那里开始。我们最忠实、最努力的委员之一，杰夫·穆尼，知道我们旅途辛苦，让我们免费使用他的私人飞机和飞行员，确保我们安全往返。他以前也曾这么做过。他就像我们的救生员一样，坐在长凳上，随时准备跳进水中，把我们搭救上来。作为A&W商业帝国的灵魂人物，他对温哥华奥组委贡献良多，尤其是在联络交往和市场推广方面。那天，杰夫绝对是我们最喜爱的温哥华市民。

破晓时分，我们就起身了。早上8点之前，我要连续接受10个采访。10点左右，我们将圣火火种送到了国会山。在此之前，火炬传递导演吉姆·理查兹和他的先遣组早已抵达渥太华，为即将在温哥华岛进行的加拿大原住民点燃火炬活动策划每个细节。全国人民依然狂热地谈论着冬奥会，不愿它就此结束。

现在，我们又迎来了圣火，它经由几个中心城市，传向温哥华。在冬残奥会火炬传递的路上，包括在温哥华及其周边进行的24小时不间断传递活动中，会有许多人跟随火炬手奔跑的脚步，也会有许多人以其他的方式参与进来。我确信，在吉姆的指挥下，所有传递活动将万无一失，圣火肯定能够准时抵达它的最终目的地。吉姆没有让我们失望。

从渥太华回来后，执委会委员们在罐头厂餐厅一起吃了工作午餐。我们已经很久没有这么悠闲地聚餐了。我不禁注意到，同事们的表情已经没有以前那么紧张了。他们看上去似乎变得年轻了，他们依然团结一心，快乐地工作着。他们经历了许多，我为他们每个人感到由衷的骄傲。接下来没什么值得一提的大事——过渡切换工作迅速忙碌地进行着。整个团队都相信，一切都已顺利就绪，只等"第二个奥运会"开始。餐厅工作人员极为周到地为我们服务，我们每个人临走时都收到了一份礼物———声"谢谢"，他们感谢我们"为祖国所做的一切"。

下午晚些时候，我顺便去拜访了凯尔·米歇尔，是他录用了我和我的大多数执委会同事。现在，他正在努力帮我们之中的顶尖人才争取新的职业发展机会。他们原本担忧会在赛事全部结束后的几周里暂时失业，这让他们在工作时分心。凯尔决心帮他们"软着陆"。他就像个魔术师，现在要再次施展他的魔法了。

哈得孙湾百货公司在冬奥会期间盈利丰厚，这令首席执行官杰夫·谢尔曼欣喜若狂。3月5日，他举办晚宴，招待执委会全体委员。在晚宴上，他谈到本届冬奥会对这家老牌百货公司的巨大影响。我回想起几年前的某个晚上，在多伦多，我同该公司前首席执行官乔治·海勒在后台的握手约定。就是从那一刻开始，在此后的多年里，我们共同为冬奥会付出了汗水和努力。如今在这里，我们似乎又回到了那时——使命圆满完成。哈得孙湾百货又重振风采。杰夫对我们热情亲切，充满感激，送给每位委员一条哈得孙湾百货公司专属的条纹毯，以庆祝和纪念我们的合作。听到他在席间说"这是哈得孙湾百货公司历史上第一个盈利的二月"，我感觉好极了。

3月6日周六之前，火炬抵达维多利亚，我和其他人在那里迎接它。省长和里克·汉森的状态都不错。里克曾和前奥运赛艇选手特里西亚·史密斯一同担任过短时间的温哥华奥运村副村长，现在，他再次成为世界的焦点。每个火炬手脸上都洋溢着笑容。接下来是一场盛大的群体庆祝活动。媒体人依旧兴奋活跃，顾不上极度疲劳，全力报道现场情况。之后，火炬传递到埃斯奎莫尔特军事基地，那里也有一场传递仪式，让官兵们得以瞻仰火炬。接着，火炬随我搭乘水上飞机回到温哥华。我在温哥华的办公室里有一大堆积压的工作要处理，来自世界各地的邮件源源不断。来信者都感到他们必须表达出对本届冬奥会的激赏。他们来自澳大利亚、智利、美国、英国、法国、德国，当然，少不了加拿大。这些来信让我意识到，我们走了多远，取得了多么大的成就。

随着日子一天天过去，场馆准备工作都已就绪，我开始忙着向国际残奥委会提交我的最后进度报告，与之前面对国际奥委会的感受相比，这次要轻松多了。冬残奥会的大部分事务都由温哥华奥组委体育部负责。我们已经决定采取与都灵完全不同的做法。那届冬残奥会表面上看似乎仍是由都灵奥组委负责举办，但实际上外包给了一家独立代理商。

离冬残奥会开幕只有几天了，门票销售量大幅攀升，冰橇冰球比赛门票几乎销售一空，冰壶比赛同样场场爆满。开幕式门票销售情况也离挂出"售罄"牌子仅有一步之遥。

一切看上去都进展顺利，场馆的新面貌真是引人注目。冬奥会的各种标志已经不见，取而代之的是鲜明的国际残奥委会标志。安静的奥运村里，来自40多个国家的新房客们都在为即将到来的比赛跃跃欲试。

临近周末，在完成了上百次排练和上千项琐碎的过渡工作之后，是时候向媒体宣布我们对本届冬残奥会的期待了。国际残奥委会主席菲利普·克雷文爵士以他的主席身份，表示他对本届冬残奥会的成功充满信心，对我们的工作给予了充分肯定，而且呼吁转播商保持对冬残奥会的关注热度，对赛事进行直播。他很擅长处理压力，同时他又是那么热情亲切，心存感激，明显渴望缓解气氛。我只是向媒体保证，冬残奥会将会继续像冬奥会那样，吸引众多的观众，取得加拿大奖牌数量的突破，涌现出感动人心的志愿者事迹。

起初，冬残奥会计划全程在惠斯勒举行。国际残奥委会十分喜欢惠斯勒的小巧便利，认为如果赛事在同一个地点举行，会让运动员拥有更好的奥运体验。这是毫无疑问的。但是迫于成本压力，我们不得不重新考虑。在温哥华已有的奥运场馆举行部分赛事可以节省开支。鉴于我们曾经承诺过冬残奥会全程在惠斯勒一地举行，我认为只有取得国际残奥委会的首肯后，才能更改计划。因此，我动身飞往英国曼彻斯特，让菲利普爵士听听我们的想法。他自己曾是一名出色的轮椅篮球运动员，多次代表英国出战残奥会及其他欧洲锦标赛。

到达菲利普家的当晚，他留我在家中住宿。当我坐在那里面对着他的时候，我感到了一丝脆弱和不安。这不会是一场轻松的谈话，但我真的相信，如果我们把一些重要比赛放在温哥华举行，会赢得更多的关注，本届冬残奥会将大获成功。我向他保证，我们曾承诺举办一届最好的冬残奥会，这个承诺我们绝不会放弃。虽然国际残奥委会的要求令我们之间的良好关系遇到了一些小小的麻烦，但是感谢菲利普爵士，他最终使我们摆脱了困境。

3月12日，当运动员们乘坐大巴从惠斯勒抵达卑诗体育馆时，开幕式工作人员正在对馆内各项设施进行最后检查，不放过任何疏漏。到处洋溢着欢快友好的气氛。整个体育馆座无虚席。前一晚的带妆彩排非常顺利。演员们在后台兴奋得发狂——只有帕特里克·罗伯格紧张得直咬指甲。

这个晚上完全没有四周前那种切切实实的发自内心的紧张感。奥运会的高潮部分已经过去，人们准备再一次无拘无束地全心投入。门票售罄，群情高涨。当倒计时开始时，总督、总理、省长（穿了一身红色）、本地市长，还有其他许多人，全都在场。演员们全力以赴，唱出他们的心声，舞出他们的活力。

运动员入场式棒极了，充满了前所未有的和谐氛围，激情澎湃，活力四射。每支代表团受到的热烈欢迎似乎都令他们感到自己是独一无二的，只有一个例外——加拿大代表团。当加拿大代表团入场时，全场沸腾了。代表团中包括五枚金牌得主、有望在本届奥运会再次夺金的劳伦·伍斯滕克罗夫特。这种疯狂到近乎混乱的场面倒是我们最期待的。

总督早早出场，面带微笑，孩子们围在她的身边。观众们报以热烈的掌声。我们看到了里克·汉森、贝蒂·福克斯和罗利·福克斯，他们使我们再次记起残疾人士为加拿大和世界做出的卓越贡献。加拿大皇家骑警和加拿大武装部队都换上了军礼服，再次开心地为我们的安保工作执勤。这是温哥华奥组委的骄傲之夜，这是加拿大的美妙之夜。

我在致辞中说道，从此刻开始，运动员们的生命因奥运会而永远连接在一起。我要借此机会，请人们关注全世界运动员的奉献精神："他们的人生使命，就是要通过体育使生活更美好，并激励孩子们……体育是我们共同的语言，世界上还有如此多的人正生活在危难之中，因此，我们通过体育传递的和平信息比以往任何时候都更加重要。"

在这一晚，要感谢的人太多了。我最后以对运动员的祝愿作为结束："愿今晚开启你们生命中最美好的时光。"接着，我引出菲利普爵士。他风度翩翩，言辞坚定，清晰地阐明了今晚的意义所在。他极富感染力地传达出残奥会的价值理念，并对残奥会有幸在加拿大举办表示感谢。如果有谁能游刃有余地以国际残奥委会主席身份致辞，那非菲利普爵士莫属。就算他在台上唱出《迈克尔，把你的船划到岸边》[①]，也会像猫王一样，令现场6万名观众掌声雷动。现在，他已经实现了接掌国际残奥委会时的理想，成为真正的伟大领导者。他意志坚定，充满自信，精力充沛，热情似火，思虑周到，幽默风趣。对他来说，这是一个难忘的夜晚。冬残奥会的赛场成了舞台中心，正在由电视直

---

① 经典儿童歌曲，译者注。

播。加拿大电视网观看了排练后非常满意，决定进行直播，让全国人民都能同步分享这项赛事。我们因此成为首个促成冬残奥会电视直播的奥组委。到赛事结束时，加拿大电视网的报道超过60小时，观众达数百万——大破历史纪录。对于国际残奥委会来说，这是一个新的标杆。希望索契能在2014年取得更大突破。菲利普爵士不遗余力的呼吁收效显著。正是他不厌其烦的请求，才最终实现了由米夏埃尔·让总督正式宣布冬残奥会开幕。

冬残奥会火炬在巨大的欢呼声中到达，由贝蒂·福克斯和罗利·福克斯夫妇传递到场馆中央，人们不会忘记他们英雄的儿子为国家创造的精神财富。在经过围成一圈的火炬手的传递后，火炬最终到了15岁的扎克·博蒙特的手上。这位未来的残奥之星点燃了主火炬，似乎也点燃了他人生中最大的荣耀。

在我的脑海中，对开幕式结束后的记忆已经略显模糊。我出席了一场新闻发布会，穿过喜气洋溢的市中心，精疲力尽地倒在床上。运动员们正在返回奥运村的途中。这是开赛前的最后一个安眠之夜。一切就绪，只等明早比赛开始了。

3月13日周六，运动员们结束了赛前等待。我因为剧烈的头痛从睡梦中醒来，看到窗外仍然繁星满天。我尝试了各种止痛药物。我的偏头痛近年来已经很少发作，但是一旦来袭，仍然令我痛苦不堪——就像这次一样。似乎有针戳刺着我的双眼。十点之前我的日程表爆满，我必须摆脱掉头痛的困扰。现在，冰橇冰球成了热议话题，人们都在推测，在都灵冬残奥会上创造了历史的金牌得主加拿大队能否在本届卫冕成功。

尽管从表面看来，加拿大队依然充满比赛热情，但是这支队伍年龄已经偏大，明显不占优势。他们拼尽全力，杀入了半决赛，卫冕之梦却不得不于此提前终结。我非常熟悉这些小伙子们，他们的人生态度令我惊叹。本届冬残奥会对他们来说意味着一切，卫冕梦想自2006年以来无时无刻不萦绕在他们的脑海之中。他们要面对的挑战是我们大多数人无法想象的，然而他们的人生完整充实，他们为这个群体献出了一切。

我们的小伙子们在冰场上犹如神风特攻队一般，全力以赴，毫无保留。在家门口痛失奖牌对他们而言是场灾难。没能拿到铜牌令他们伤心欲绝。美国队对不久前在冬奥会男子冰球决赛中输给加拿大，无缘金牌的结果耿耿于怀，他们用这枚金牌报了一箭之仇，加拿大冰球队包揽三金的目标因此落空。能为美国队员颁奖献花是我莫大的荣幸。他们的确拥有冠军风范，当他们的国旗升起的时候，他们发自肺腑地唱响国歌。美国队的球迷没有一个离场，他们不愿错过颁奖仪式，他们与美国队队员们共同沉浸在喜悦和欢庆之中。加拿大观众则起立喝彩——显示出我们的良好风度。

轮椅冰壶项目经常被比作"冰上国际象棋"。很难想象观看这项比赛也会令人激动兴奋。然而就在位于山顶公园的温哥华残奥中心，冰壶比赛的观赛礼仪却被观众们抛诸脑后。从冬奥会选手掷出第一颗冰壶石，到冬残奥会选手掷出最后一颗，现场观众无拘无束，完全打破了观赛常规。选手们起初似乎受到干扰，但很快就适应了观众们疯狂而怪诞的举动，比如组成人浪，不时自发地高唱《哦，加拿大》，对甚至是最不具威胁性的击石也报以雷鸣般的欢呼。这是乐趣满满的21世纪的冰壶比赛。

周三，我走访了温哥华奥运村，偶遇加拿大冰壶队队长吉姆·阿姆斯特朗。在他因健康问题不得不坐上轮椅之前，曾是世界一流的冰壶运动员。他承认，比赛现场的狂热气氛的确令他吃惊，他低估了残奥会蕴涵的力量。他和他的队友们正享受着人生中最美好的时光，他喜欢坐在奥运村餐厅里与其他运动员交谈，陶醉于奥运的激情活力和多姿多彩。

　　一年前，吉姆带领他的队员们参加了世锦赛。本届残奥会，他带着金牌梦想而来。当决赛中，加拿大队在韩国队的追赶下，逐渐失去大比分优势时，我们都紧张地屏住了呼吸。但是，吉姆坚持住了，续写了他在都灵的英雄战绩。看到他挂上金牌有一种特殊的感动，许多人都流下了泪水，因为这会是我们在本届冬残奥会上取得的最后一枚金牌。

　　有两个伟大的加拿大故事发生在惠斯勒。温哥华姑娘劳伦·伍斯滕克罗夫特在高山滑雪项目中连夺五金，成为本届冬残奥会的宠儿。从赛道起点到终点，她全程都受到观众们最热烈的欢迎。盲人越野滑雪选手布莱恩·麦基弗本来入选本届冬奥会代表团，但是后来未能参赛。在北欧中心，他令观众们欢声雷动，他夺得的三枚金牌充分证明，他是加拿大最伟大的残奥选手之一。加拿大代表团完成了一次伟大的残奥征程，实现了他们"登上领奖台"的目标，在奖牌榜上排名第三。

　　惠斯勒庆典广场每晚都人头攒动，颁奖仪式在此举行，加拿大人和各国来客们蜂拥而至，表达他们对运动员们的喜爱和赞赏。残奥运动员们所到之处，都受到每个人的特殊关照。整个国家显示出非同一般的友善，似乎变成了只会在故事书中存在的世界大家庭，我们决心让每位运动员都带着这份难忘的记忆踏上回家的旅程。这就像我们给每位运动员都配了一把度假别墅的钥匙。我们十分清楚，今天的付出会获得长期的回报，客人们一定会在某个时候回到这里，再次体验曾经的美好时光——这就是惠斯勒的成功之道。小镇惠斯勒证明了自己能够并且已经做到了这一点。它知道自己拥有不可抗拒的独特魅力。

　　就在赛事即将结束的时候，我收到了诺达尔·库玛丽塔什维利父母的邀请，他们请我去参加诺达尔的葬礼。按照他们的传统，葬礼定于诺达尔去世 40 天后举行。一方面，我想他们是出于礼节向我发出邀请。另一方面，我也不确定他们是否真的希望我参加。自从悲剧发生的那个周五以来，他们的儿子总是出现在我的脑海里。去看望这对父母可能也会治愈我的悲伤和抑郁。问题在于，如果我要在冬残奥会闭幕式上完成致辞，再从惠斯勒赶往格鲁吉亚几乎是不可能的。这令我左右为难，一筹莫展。我的团队开始为我制订行程计划，把一路上可能遇到的各种情况都考虑到了。

我估算，如果我搭乘周日夜间从温哥华到伦敦的最后一趟航班，到达格鲁吉亚首都第比利斯后立刻转乘汽车，就可以及时赶到位于巴库里阿尼的偏远小村参加葬礼。那样意味着我得在惠斯勒山间繁忙的公路上慢速穿行，不过只要能按时赶到，我可以做任何事情，前提是所有环节都必须按部就班，在时间上不能出现任何延误——而我必须完成我在闭幕式上的职责，否则就是对国际残奥委会的极度不尊重。

我决定对闭幕式流程稍做调整，如果国际残奥委会同意在协议规定上通融的话，我可以提前出场致辞。但即使这样，如何及时到达机场赶上航班仍然是个问题。从惠斯勒到温哥华没有任何商业航空或直升机服务。事情要一件一件地解决。首先，我向菲利普爵士解释了调整开幕式流程的原因。他同意了我的做法，并且理解这场葬礼对我多么重要。我会在闭幕式致辞环节中早早出场。我的团队正在努力寻找从惠斯勒到温哥华机场的最佳交通方式，并确保周日夜间飞往伦敦的最后一趟航班为我们留有座位。蕾尼·史密斯-瓦拉德会与我同行，因为我们预料到在格鲁吉亚会受到媒体的强烈关注。

临近最后时刻，我们依然找不到合适的解决方案。我只得向一位老朋友求助。我想到，加拿大部队在惠斯勒雪山有数千名驻军，如果他们有直升机的话，肯定在惠斯勒和温哥华之间往来飞行，能够帮助我们抵达机场。这是个万不得已的选择。他们的直升机都是为军事用途而设计，简单实用——乘坐起来却绝对不会舒适，但谁在乎这个？只要能坐上，我就心满意足了。加拿大部队一如既往地给予我们支持，他们调整了原定日程，为我调拨了一架直升机，在我发表完致辞后几分钟内，直升机搭载我飞往温哥华。就这样，在最后的紧急关头，我们解决了难题。正是这次夜空飞行保证了我按时抵达温哥华国际机场，顺利登上去往伦敦的航班。

接下来两天的一大半时间都是在飞行中度过，我们先后经停伦敦、慕尼黑，早上4点抵达第比利斯。尽管旅程漫长，但我还是为一路顺利而感到庆幸。这是我人生中难得的一次经历，睡眠也显得不是那么重要了。我希望我们能参加葬礼，我觉得，如果我们做不到这一点，会给加拿大和本届冬奥会带来不好的影响。因此，我要向格鲁吉亚人民表明，我们想尽一切办法及时赶到。我以为雅克·罗格也会来参加葬礼，但国际奥委会派来的是欧洲奥委会主席帕特·希基。

冬残奥会的最后几天，我陷入了疯狂的忙乱之中。一次次走访各个场馆，尽可能多地和人们握手致意，拥抱那些仍然干劲十足的志愿者，参加一场又一场招待会和赞助商们举办的活动。闭幕式前最后几个小时，我还参加了国际残奥委会举行的闭幕招待会，会上，我被授予残奥勋章，杰克·普尔也被追授这一荣誉。我还练习了我的演讲，最后一次努力改善自己的法语。我还接受了几个采访，采访中我表现得十分疲惫。不过，我也告诉记者，奥运经历对我有多大的触动。我说："今天，我比以往更叹服于梦想的力量，更叹服于人们全力追求所能取得的成就。这个国家已经发生了非同寻常的变化。很高兴我也为此贡献了一份力量。"

紧接着，我出发去往闭幕式现场。

到达惠斯勒庆典广场时，雨已经停了。运动员的队伍从奥运村到来，两旁狂热的人群向他们依依不舍地挥别。广场内人潮涌动,帕特里克·罗伯格和他的幕后工作人员已经做好准备,要为人们带来一场伟大的演出。开场几分钟后,随着运动员全部入场,动听的《哦,加拿大》演奏完毕,我穿着志愿者蓝色外套登上讲台,发表我在本届冬奥会的最后一次致辞。我说道:"今晚,我们同我们的众多伙伴一起,代表加拿大人民,向属于加拿大的奥运终点线发起最后的冲刺。我们的使命已经完成。我们已经尽了最大的努力——今晚,我们亲爱的朋友杰克·普尔一定会感到快乐和欣慰。"

我向所有做出贡献的人们致谢,尤其是那些为运动员提供服务的人们。"你们的灵活应变,你们的巨大力量,你们的坚定毅力,你们的体育精神,无不令我们折服。你们体现了高尚、正直、专注的品质。你们证明了,任何痛苦都无法与你们的勇气相提并论。"

几分钟后,我就该出发了。

"现在,我们带着谦卑和一点遗憾,要说'再见'了——能为你们服务是我们真正的荣幸。非常感谢——Go Raibh Míle Maith Agaibh Go Léir. Slán Agus Beannacht." 这是一句传统的盖尔道别语。我的父亲如果听到,一定会露出微笑的。

等候在场外的 SUV 已发动了引擎,我背上收拾好的行囊,走下舞台,跳进后座。我们前往离此 15 分钟车程、位于惠斯勒北部的直升机机场。这绝对是一次奇特的出发经历。在停机坪上迎接我们的是两位飞行员和一位高级军官,他们向我们简要介绍了乘机安全须知,我们登上直升机,很快就已上升到夜空中。几位军人为能帮助我们而十分激动,像执行其他重大任务一样严肃认真。我们向南飞去,途中经过庆典广场,闭幕式仍在继续。广场上空散发出耀眼的光芒。我非常遗憾不能等到闭幕式结束,无法听到菲利普爵士的致辞了。

戴夫·柯布已经做好面对媒体的准备,他还将在接下来的时间里代替我负责处理一切事务。我们的负责人出色可靠。团队的其他成员也会和他在一起。我确信，我们会以对待奥运客人同样的效率与精神，将我们的残奥朋友送上回家的旅途。

这个时候，我多么希望第二天一早醒来，读到所有有关这些的消息。我坐在派尔将军的身旁，戴着夜视镜，观看脚下壮观的景象。将军也为此感到自豪和喜悦。当我们飞近斯阔米什，我独自陷入了沉思，我想到我身边的军人们，以及像他们一样服务和保护我们的、驻扎在世界各地的军人们。他们勇敢、忠诚、自豪、奋进。与他们相比，我的工作轻松容易多了。

45分钟后，我们登上了飞往伦敦的航班。我几乎已经记不清旅途如何。飞抵伦敦后，我们马上又转乘飞往慕尼黑的航班，再从慕尼黑飞往第比利斯。第比利斯是个美丽的城市，坐落在库拉河岸边。我们没有时间观光和体验。抵达后不久，格鲁吉亚国家奥委会的委员就接到了我们。在一队路虎的陪同下，我们要经过三四个小时的颠簸跋涉，去往第比利斯以西160千米开外的巴库里阿尼。

关于路上要花费的时间，至少加拿大驻土耳其领事馆的工作人员是这么告诉我们的。但是为我们开车的可不是一般的司机，都是急速转弯的高手。有好几次，我几乎都不敢看我们的车速有多快。当我偶尔偷瞥时，速度计的读数总是170。蕾尼和我不止一次交换眼神，心想这恐怕是我们最后一次同车经历了——我们最后的旅程，到此为止。

不过，我们最终还是在下午早些时候安然抵达小镇巴库里阿尼。它坐落在特利阿勒梯山脉北麓的博尔若米峡谷内，被有数百年历史的冷杉和松树林所环抱。从苏联时代开始，它就是著名的滑雪胜地。虽然它宣称自己是个"度假小镇"，但看起来饱经沧桑。民居都很矮小。许多建筑尚未完工。当我们赶到诺达尔家的时候，那里已经聚集了许多人。他们都在等候我们。诺达尔家是一座两层的灰砖建筑，外面挂着已逝英雄的大幅照片，就在大门的上方。

我很高兴能在第比利斯与我的老朋友帕特·希基会合。帕特此行代表欧洲田径协会，对他的道义支持，我深表欢迎。他也非常理解我此行的重要意义。如果我不想尽一切办法赶来出席葬礼，那么我对诺达尔的去世说过的所有话语都会显得虚伪敷衍。但是当我抵达时，我又感到极度的紧张和恐惧。我们即将面对的是一群悲痛欲绝的人。而且，我仍然觉得，如果我没有出现，巴库里阿尼的人们，尤其是诺达尔的父母，也不会有多在意。他们邀请我只是出于礼节而已。

我们走进厨房，那里挤满了诺达尔的家人。诺达尔的母亲多多一身黑衣，坐在沙发上。一张堆满了食物的桌子上，摆着一幅装在相框里的诺达尔的照片，他孩子气的脸庞注视着我们。看得出来房间已经被仔细打扫过，显得明亮整洁。同在房内的还有一些记者和几架摄像机。很快，人们开始致悼辞。我被邀请说几句话。

我没有料到要发言。所以，我只是如实地表达了内心的感受。我说我多么希望自己是出于别的原因来到这里，我难以想象诺达尔的父母遭受的莫大悲痛，我觉得有必要亲自赶到这里，表达全体加拿大人民的强烈哀悼之情。我没有多说，当我结束致辞时，房间里一片安静，似乎长达几分钟之久。

致辞完毕，有人把蕾妮和我领到屋后。登上几级简易的阶梯，我们来到了一间阁楼里。这是诺达尔的房间。床上散放着来自加拿大冬奥会的用品和纪念品。床头挂着诺达尔在惠斯勒手持奥运火炬的大幅照片。屋内简陋的布置使我意识到，诺达尔·库玛丽塔什维利要克服多少困难才能参加奥运比赛。显而易见，他的家境并不优裕，无法为他提供实现奥运梦想所必需的金钱及其他资源。但是，我也能看到，他的背后有整个小镇对他的爱和支持。

接下来，人们乘车去往教堂。我们走到诺达尔的墓地，那里翻动过的泥土还很新鲜。一位神态坚定、身着整洁长袍的神父随同诺达尔的父亲大卫和母亲多多一起来到。在墓地前举行了简短的宗教仪式，其间曾因多多倒在墓地旁失声痛哭而中断。这催人泪下的一幕将永远烙印在我的记忆之中。

仪式结束后，人们又停留了一会儿，接着，到了前往镇礼堂赴宴的时候了。我需要找一个机会，能与诺达尔的父亲单独谈谈。这家人因诺达尔的去世而将获得15万加元的保险赔偿。但是谁知道要过多久保险金才能到账？他们显然现在就需要用钱。我们早早决定，在等候保险金到账的同时，尽力为他们募集现金。

通过拍卖一座冬奥颁奖仪式上用过的领奖台，我们募集到了2.5万美元。我们把这笔钱兑换成欧元，用一个信封装好。此刻，这个信封正在我西服内侧的胸袋里。我这么做，是为了力求表现得神圣庄重。我想确保让这家人觉得，我们这一举动善意而得体，没有唐突无礼之处。我知道巴库里阿尼的习惯是所有交易都使用现金，像我们平常那样开支票会带来很多不便。

在镇礼堂，有人帮我们找了一个房间，蕾妮和我在房间里与大卫和他的弟弟菲利克斯进行了会面。菲利克斯也是诺达尔备战冬奥的教练。同时在场的还有一位翻译。我向他们解释说，我和我的执委会同事们希望在保险金到账前能为库玛丽塔什维利的家人提供帮助。我们估计大卫和他的妻子、女儿会需要一些支持。我掏出信封，递给大卫，并把里面的金额告诉了他。

他的脸上显出百感交集的神情，似乎有点儿窘迫，但又不乏宽慰。我还看到，他那写满悲痛和忧虑的面孔上掠过了最微小的一丝喜悦。失去爱子的痛苦将伴随他的余生，但是有了这笔钱，毕竟可以帮助他生活得轻松一些。他走过来拥抱了我。我握住他的手。这双手因常年的户外劳作而坚实、粗糙、有力。我们走进礼堂，宴席正在进行。压抑忧伤的气氛令我回想起了我祖父的葬礼。人们依然沉浸在悲剧带来的震恸当中，都尽他们所能安慰大卫和他的妻子。诺达尔的去世对他们而言，无疑就像失去了自己的儿子一样。

　　该动身了。我向诺达尔的父母和叔叔菲利克斯告别，然后钻进了等候在外的路虎的后座。我疲惫不堪，对马拉松般的返加旅程心存恐惧。汽车开动，夜幕开始笼罩小镇。我最后一次回望，巴库里阿尼闪烁的灯光逐渐消失在寒夜之中。我把头靠向车窗，闭上了眼睛。

　　我已经尽我所能做到了最好。

Epilogue
后记

时至今日，纪念版 DVD 和 2010 年冬奥会其他视频还整齐码放在客厅的咖啡桌上，从未拆封。

我也不太清楚，为什么自己不看看那些包装精美的光碟，里面承载了各种冬奥会的报道，尤其是冬奥会期间，我忙着安排一项项活动，穿梭于不同的场馆间，错过了很多精彩的瞬间。或许我只是不想回顾自己在开幕式和闭幕式上紧张、刻意说好法语的样子。或许，更可能是因为我怕一看到那些运动员、志愿者、海滨主火炬、人群和意外身亡的运动员诺达尔等，会抑制不住涌动的情绪……

总有一天，我会回顾这届冬奥会，但不是现在。

奥运会结束后的几个月里，我遇到了数以千计的人（在飞机上，餐馆里，散步时），他们坚持要告诉我一个有关奥运的故事，他们自己的奥运故事，一个说完后令大家会心一笑的故事。我知道，他们的故事令我非常开心这种说法听上去很老套，但除了这么说，我真不知道该如何表达自己所感受到的温暖。每当人们告诉我，冬奥会如何触动了他们的生活，令他们比任何时候都为加拿大感到骄傲时，我就能感受到那种脉脉温情。

我遇到的一位年轻志愿者告诉我，曾有人出资 1 万美元买他的蓝色夹克（志愿者制服），他都谢绝了——这太光荣了，我舍不得，他说。另一位志愿者满含热泪地向我讲述了她在太平洋体育馆做志愿服务的经历。惠斯勒有位先生，夜夜睡在自己的车里，也不会错过一次志愿服务。有位女士专程从安大略省坐公交车前来为奥运会服务。这些才是我渴求的纪念：出色的加拿大人的壮举，而且在他们看来，自己有权利积极投身到志愿服务之中。

我收到全世界1万多封信件、贺卡、电邮和许多人打来的电话，纷纷向我们表示感谢。如今还有人继续这么做，而这一切都证明，14年前，我们投下希望之石，至今还在湖面上泛起涟漪。

奥组委解散后过去了很长时间。令人高兴的是，他们当中很多人都有了新的工作。我接到很多雇主打来的电话，他们正打算雇用温哥华奥组委成员，因此想向我求证。团队成员拥有如此巨大的价值，令我深感骄傲。冬奥会结束后，有些同事确实情绪上有些崩溃，至少在一段时间内如此。过去数年来，他们每天都要早起，处理各种变化多端而激动人心的事务，而如今这种日子一去不复返了，他们要学会适应。有些人应邀参与了2012年伦敦奥运会或2014年索契冬奥会，重新开始——他们为奥运会四处奔波。

虽然很困难，但是我们信守诺言，做到奥运会运营与场馆建设费用收支平衡。我们利用5.8亿预算建成了场馆，没有任何运营负债。总结报告证实，90%的奥运会运营预算收入来源于私营行业和门票收入，政府投资了火炬接力和开幕式与闭幕式等目标领域。

我写下这些文字的时候，温哥华奥组委的规模大大缩减。2010年2月时，其成员多达5万人，如今只有少数人留下处理账单，清理复杂账务、文件，并整理档案，以便将来查阅。原先奥组委的工作地点已经改造为新的温哥华警察局，体育场馆也立即停止使用，发挥着新奥运遗产的作用。下一代运动员已经开始在部分场馆展开训练。

惠斯勒的奥运村按照原定计划被改造为住宅区，同时也是对当地社区可持续性愿景的绝佳证明。温哥华仍需出售福溪东南部闲置的公寓，那里必将成为北美最值得拥有的房地产开发区。五年前，加拿大捷运线就通到了这里，令通往惠斯勒的旅程更加安全和快捷。温哥华会议中心蜚声国际，推动了商业发展。11月，享有盛誉的未来品牌全球调查第一次称，加拿大是世界顶尖国家品牌，这一殊荣得益于奥运会。2010年冬奥会也击败了国际足联世界杯、美国职业橄榄球锦标赛、世界职业棒球锦标赛和环法自行车赛，被誉为世界最佳运营项目。

我可以继续前行了。

温哥华人如今也可以备感欣慰了——或许他们已经变得更加开朗与自信。奥运会开幕前，一些人因为怀疑和担忧离开了温哥华，如今他们却为这座城市深感骄傲且"信心倍增"。

过去几个月里，我走遍了加拿大、美国和欧洲，讲述奥运会的故事。我想，对很多人来说，我们还是个谜。即便今天，还有很多人问我们：你们是怎么做到的？很多人希望了解幕后故事——我想，这本书恰好回答了这一切。

我在街头巷尾听到无数人的谈话（完完全全是陌生人），谈论着自己身为一个加拿大人的骄傲。温尼伯市一位退休的女士告诉我，温哥华冬奥会前，她从未看过体育比赛，她的丈夫也证明，她从一个从不看体育比赛的人变成了超级体育迷。人们告诉我，他们把草坪装点成奥运色，自己制作国旗和主火炬，堆起雪人并把它打扮成冰球守门员的模样。我收到人们创作的诗歌、艺术品、音乐和歌词，还有孩子们通过各种方式创作的奥运畅想作品照片。

必须承认，我对国际体育赛事的影响心存偏爱，这一点不可否认。所以我或许不太有资格评判2010年温哥华冬奥会留下的精神遗产。但我知道，温哥华是我们必须依靠的榜样。我们从中发现了自我，奥运会上也发生了太多的事。我们取得了第一名的成绩。

奥运会提升了我们的信心，令我们充满自信。加拿大贝尔公司总裁乔治·库普回忆称，自己曾被堵在路上，只能通过手机与家人一同观看女子冰球决赛。那时，他意识到自己正在迈向未来。几个月后，乔治负责购买加拿大电视网相关事宜，谈到了观看奥运会的经历对自己这一重大举措的启发。

奥运会则令我拥有一段个人的旅程。我到过很多地方，见过许多杰出的人物。作为2010年冬奥会和冬残奥会的温哥华奥组委首席执行官，我接手的从来都不是一份工作，而是一项事业。1964年，东京奥运会上，目睹了美国赛跑选手比利·米尔斯的英勇身姿后，我就对奥运会的使命深信不疑。可以肯定，世界上许多其他国家的人们都有一个奥运梦想，但他们却没有机会实现梦想。然而，加拿大则不存在这样的阻碍。

与奥运结缘时，我还没有孙子——如今我有了11个。我的孩子玛利亚、约翰、达米安、艾玛和莫莉与我更加亲近。奥运会通过各种方式触动了他们，他们每天都为我加油打气，伴我共渡难关。我希望，他们能够满怀骄傲地期待未来，并将这种骄傲代代相传。

奥运会结束后的这么多年来，我获得了多项殊荣。老实说，获得认可的感觉很好，但实际上，这些荣誉不应只属于我个人。成功的奥运会是数千人共同努力的结果。当你内心十分清楚，这份荣誉属于很多人而只有你一人获奖时，还是会感到不太舒服。佩戴上加拿大官员荣誉勋章和卑诗省荣誉奖章的时候，我备感荣耀而且十分清楚，之所以能够获得表彰，是因为团队成员们的壮举。

如今，我志愿服务于"登上领奖台"计划。委员会全身心投入工作，其成员不知疲倦地鼓励人们，为运动员们提供更多的器械和经济支持，帮助他们在伦敦和索契奥运会上取得成功。温哥华冬奥会上的加拿大代表队就是鲜活的例证，证明我们可以与任何人竞争并赢得胜利。

杰克·普尔是个信守诺言的人，其承诺胜过任何合约。最后一次与他交谈的时候，我向他保证，无论发生什么事，我们都会信守诺言——绝不食言。今天，我为我们两个都信守承诺而感到骄傲。对杰克来说，这份坚定最为重要。从他的身上，我们可以学会谦逊，学会更相信他人，奉献更多，原谅我们所受到的伤害，继续前行。

诺达尔·库玛利塔什维利的意外死亡总是在我的记忆中挥之不去。如今，人们在他的埋葬地巴库里阿尼树立起一座美丽的纪念碑，并计划以他的名义建造一处无舵雪橇设施。卑诗省总验尸官给出了诺达尔的验尸报告，证明主办地并没有责任。我们所能做的唯有期望和祈祷类似惨剧不会再重演。体育运动的安全措施不可能万无一失，但却值得我们持续保持关注。

本书的内容并非金科玉律，但奥运会结束后，它可以为以后的举办地提供参考。《阳光终将闪耀》一书旨在向许许多多卓越的英雄致敬——他们展现了加拿大人的勇气、信念和出色的团队合作。2010年温哥华冬奥会激发了无限可能，其成功举办，很大程度上归功于一千多个地区的加拿大人的共同努力。他们心无旁骛，全身心、无条件地投入到这一事业之中。千言万语都不足以表达我们的感激之情。他们获得的唯一回报，就是知晓自己的成就并一直为此而骄傲。

英国及其他国家媒体的尖刻抨击，随着奥运圣火的熄灭，都转变为啧啧称赞和溢美之词。《独立报》的结语写道："总的来说，对运动员、体育迷和媒体，尤其是主办国而言，这都是一届成功的奥运会。"《卫报》此前对冬奥会进行了无情的批判，总结时却称："看看人们对温哥华奥运会的热情，2012年伦敦奥运会无疑也会如此精彩。伦敦奥运会可以学习温哥华在组织工作和志愿者服务方面的经验。"

人们需要时间来理解奥运会的成效。哈珀总理说过："请记住我的话,终有一天,历史学家回顾21世纪加拿大不断增长的国力时,会说这一历程是从西海岸开始的,那里召开了世界上最好的一届奥运会。"我觉得他是对的。

我们都热爱的这个国家,在一个闪耀的时刻,成为奇迹真正发生的地方。连美国记者都辛酸地问道:"为什么我们不能像加拿大那样?"

这回他们可算注意到我们了,不是吗?

Acknowledgements
鸣谢

我最担心忘记感谢那些真诚的、慷慨帮助过我的人,他们触及了我的生活,也完全改变了我的工作。希望在本书中,我可以表达自己的感激。

我原本已经放弃了写这本书的想法,直至斯考特·麦金太尔找到我说奥运会改变了整个国家,我才重新提起笔。必须承认,这句话正中下怀,斯考特真是块干销售的料。

如果已经有了腹稿,我知道自己是无法单独提炼出其内容的,直至我的好朋友加里·梅森给我以灵感,我才将封存的记忆转化成文字。不仅如此,他还成功地克制了我为保护隐私而字斟句酌的本能。这几个月来,我们既像朋友又像兄弟,在数千次互通电邮和电话的过程中,我对加里的直觉和独到的文字功底越来越钦佩。对他而言,没有最好,只有更好。我还要感谢我们的好朋友马文·斯托乐为我们提供了工作和讨论的空间,这本书才得以诞生。

感谢道格拉斯的团队和麦金太尔,谢谢你们对此项目的信任。尤其要感谢天才编辑特雷娜·怀特,她耐心与细致的工作帮助本书成功出版。我也原谅你私下对我大吼大叫的行为。

如果没有那些卓越而具有开拓性的主席与首席执行官为我们触及

国家灵魂的崇高使命全心全意地付出，那么本届加拿大冬奥会的愿景也将缓缓地悄然消散。这些人物包括：加拿大贝尔公司的乔治·库普、加拿大皇家银行的戈德·尼克松、罗纳公司的罗伯特·达顿、加拿大石油公司的罗恩·布伦纳曼、通用汽车公司的阿特鲁·S.埃利阿斯和哈得孙湾百货公司的杰夫·谢尔曼。他们和其他 60 多位加拿大一流公司的首席执行官及其员工和客户，共同构成我们的支持者和大使，大力协助我们完成了此次使命。他们给了我们助力——与传统赞助商截然不同，他们承担起了大量重任，成为了最佳团队成员。

我要感谢温哥华奥组委数千名员工、全心全意奉献的管理团队和我总部办公室外，每层楼办公桌上孜孜不倦、辛勤奋斗的英雄们，他们的努力使我看起来更好，也令我的工作更加顺利。当然，我还要感谢从全国各地赶来，身着蓝色制服，用英语或法语服务的志愿者们，感谢你们无私的牺牲。你们不断地奉献、奉献、再奉献。奥运会的故事，实际上是你们的故事，我将永生难忘。

克雷蒂安总理为我们开了个好头——而哈珀总理则带来了精彩的结尾。我要感谢省长坎贝尔一直为我们保驾护航，感谢他来自各省和各地区的同事，谢谢你们对这次独特的冒险所给予的信任。我要感谢奥运事务大臣欧文、爱默生、摩尔、鲁恩、汉森和麦克尼尔，你们的支持、想法、勇气和友谊对我们而言非常重要。感谢全国所有当选公职的官员（各个领域和各个层级的官员），感谢你们的关心，你们从未令我们失望。

感谢 2010 年温哥华奥组委一直给予我们支持的董事会成员们（你们都是伟大的加拿大公民），你们的工作给予我们所有人灵感。感谢加拿大皇家骑警，你们是身着制服的勇士、公仆和奥运会大使。当然，我也要感谢杰出的运动员们——你们在赛场的表现十分英勇。我要向所有国际奥委会成员表示感激，感谢你们无论顺境、逆境都向我们施以援手。我还要向鲍勃·斯托瑞表示感谢，他教会了我所有的流程——这份恩情我无以为报。

99%的加拿大人都到现场或通过电视观看了奥运会。你们欢呼雀跃、彼此欢庆、身着红衣，时刻与我们在一起——是你们真正改变了奥运会。本书的标题《阳光终将闪耀》就是受到你们对奥运会热情的感染而写就的——感谢你们。

我很幸运，拥有很多良师益友——数百名朋友每天都在为我加油。这里无法一一列举他们的名字，他们自己心里有数，多亏了你们，我才能渡过难关，变得更好。

感谢杰克和达琳·普尔，谢谢你们陪伴我走过这段非凡的旅程，一直对我深信不疑，感谢你们无条件付出的深厚友谊。

感谢我的孩子玛利亚、约翰、达米安、艾玛和莫莉和你们的孩子——你们的爱、尊重和支持对我而言至关重要，虽然为此付出了巨大的代价，但你们从未放弃过我，让我走到哪里都能感受到家的温暖。因为你们，我成了世界上最幸福的父亲。

感谢我的父母，不论你们在哪儿，我都要感谢你们所做出的牺牲和树立的榜样，你们教我辛勤工作，谦逊做人，教会我如何更好地生活。我发誓将永不言败。

撰写此书，如同举办奥运会一样，我都认真对待，如履薄冰。在此期间，我无数次想放弃，但是感谢自己没有那么做，也要感谢我的挚友凯瑟琳·巴尚德给予我的支持、鼓励、同情、爱、忠诚和灵感——通过各种方式对我施以援手。她拥有一颗爱国的赤子之心。对此我不胜感激！